职 场 写 作 实 训

总主编◎於可训 邱飞廉

U0665575

中国写作学会
推荐使用

主编◎汪 莉

新闻应用写作

中国人民大学出版社

·北京·

编委会

- ▶ 主　编　汪　莉
- ▶ 副主编　骆　鹏
- ▶ 编　　委（以姓氏笔画为序）

　　　　　闫　洁　　汪　莉　　肖玉清　　李　涛

　　　　　杨爱林　　钟　颖（西华师大）钟　颖（西南大学）

　　　　　骆　鹏　　梁　佳　　谢太平

总　序

在全球化的大背景下，交际与沟通已成为人们的一种重要的生存方式，尤其是随着市场经济的深入发展，社会契约化程度的不断提高，应用文写作的重要性也逐渐为社会所认识，随之而来的，对应用文写作规范化和精准度的要求也在不断加强。正是出于这种原因，我们合力打造了这套职场应用写作丛书。

应用文写作是一种社会性的活动，这一社会性活动需要进行理论的概括并形成一定的写作规范，以此来进一步优化其有效性与可行性。本套丛书的编写正是出于这一目的，故而它的理论阐述力求做到从实践中来、到实践中去，以实用性取胜，以可操作性见长。

从社会应用的层面上说，我们今天不但要从写作学的角度，而且应当从社会学、政治学乃至心理学的角度去审视应用文写作的过程，这样才能发现其写作的真谛。应用文所具有的社会性、政治性和实践性，使之成为人们沟通思想、凝聚社会的有效手段，进而起到组织社会、统一步调和发展事业的巨大作用。

执本驭末、先本后末是人们的一种思维习惯，本套丛书在体例上就是遵循这一基本的思维方式而设计的。这种设计有利于写作者掌握写作要领，并能节省学习时间，因为它不但具有必要的理论阐述，还列有病文修改和范文的专门分析，并有对应用文写作注意事项的特别说明及实际的操作训练，让写作者"在错误中学习"，从而避免实际操作中易于出现的毛病。客观地说，本套丛书是目前国内所能见到的在体例上最为完备的应用文写作理论丛书，它不但适合教学者使用，更适于作为职场工作人员的自修教材。

我们都是从学生时代走过来的，深知那种用不得要领的空话废话搪塞、在体例内容上没有遵循学习规律的教材，其实际效果是欠佳的，所以我们尽量避免这些问题，虽然做得还不够完善，但我们做了尝试，并尽力而为。

假如这套丛书能让读者觉得适用、有用、能用，那将是我们莫大的荣幸！

诚挚欢迎读者提出宝贵的批评建议，以帮助我们日后完善本套丛书。

於可训　邱飞廉

2010 年秋于珞珈山

目　录

第一章

概述

第一节 什么是新闻

一、新闻的起源

在没有文字之前，人们通过发出某种声响、作出某种手势及画图的方式来传递信息，这便是最原始的新闻传播。而关于新闻起源的种种说法，概括起来，最有代表性、影响最大的观点主要是以下两种："天性论"和"本能论"。即新闻起源于人的好奇心，新闻根源于人的本能。

唐时，"新闻"一词已初具体裁的含义。有比较明确的体裁意义的"新闻"，出现于宋代。"新闻"一词第一次出现，是在《新唐书》中："恨天下无书以广新闻"。说的是一位叫孙处玄的人，因当时缺少传播海内外新鲜事的书刊而抱怨。也有人说"新闻"一词最早见于唐代文学家段成式的《锦里新闻》。唐代的《南楚新闻》，是记载楚地逸事传说、风俗人情的一部著作。它们与现在的新闻有区别，记载的并不一定是新近发生的事，用现在的文体分类观念看，应属于散文。但它们都与现代的新闻有着密切的关系。

在我国四大名著之一《红楼梦》第一回中，作者曹雪芹也用了"新闻"两字："当下雨村见了士隐，忙施礼陪笑道：'老先生倚门伫望，敢是街市上有甚新闻否？'"这里贾雨村所说"新闻"，应是指社会上发生了什么事。孔尚任所著《桃花扇》中"设朝"一折里有："晚生在朝房藏着，打听新闻来。"这里的"新闻"涉及"最近朝中所发生的变化信息"之义。而真正使用"新闻"一词的现代词义，则是近现代报刊产生之后的事了。

在国内，虽然有人认为我国在汉代就产生了最早的报纸——邸报，但多数人认为我国最早的报纸应该是唐代的邸报。"邸"是当时地方官员进京时所居之处，"邸"中的官员将京城的一些重要的文告、奏章、人事任免、宫廷和边疆大事等传抄给地方官员看，这就是"邸报"。在宋代，又产生了一种不同于邸报的小报，专门刊登探子们刺探来的官场情报。"其有所谓内探、省探、衙探者，皆私衷小报，率有泄漏之禁，故隐而号之曰新闻。"（赵升《朝野类要》）

国外关于新闻一词的来源，通常认为"NEWS"一词是由英文中"北"、"东"、"西"、"南"四个单词的第一个字母所组成，这应有特别的意味。而最早的新闻报纸的雏形应是街头小报《威尼斯新闻》。15世纪，意大利的一些沿海城市工商业逐渐兴起，但整个欧洲的形势却动荡不安。一些贵族、商人和官场人士，都急切地想了解最新的商情和政治动态。1566年，《威尼斯新闻》正式诞生，于是在威尼斯、热那亚等地，手抄小报风行一时，进而影响到整个欧洲。

二、新闻的定义

新闻的定义有广义和狭义两种。

广义的新闻指及时报道新近发生的重要事件或生活现象的各种文章，包括消息、通讯、特写、评论、新闻图片和兼有新闻、文学双重特征的报告文学等。

狭义新闻专指消息。

新闻定义的争鸣伴随着新闻学的研究，已走过了漫长的历程。其说法也有多种："记录说"，认为新闻是一种记录；"事实说"，把新闻定义为一种事实；"信息说"，认为新闻是某种事实信息；"报道说"，认为新闻是对事实的报道。关于新闻的含义，国内外众多资深新闻学专家和新闻工作者众说纷纭。其中有代表性的观点如下。

（一）国外关于新闻的定义

美国威斯康星新闻学院教授希莱尔：新闻是最近发生的、能引起兴趣的事实。能引起最大多数读者的最大兴趣的就是最好的新闻。

美国学者约斯特在《新闻原理》一书中提出：新闻是已经发生或正在发生的事情的报道。新闻在根本上是一件事情或一种情况的报告。

美国哥伦比亚大学教授麦尔文·曼切尔提出：新闻是关于突破事物正常轨道或出乎意料的事件的情况报告。

苏联《真理报》消息部主编哥捷夫说：新闻是能引起共同兴趣的、有典型意义的事实。

德国柏林大学新闻学教授比法特在他的《新闻学》第一卷中，对新闻定义作了这样的规定：新闻就是把最新的事实现象在最短的时间距离内连续地介绍给最广泛的公众。

日本新闻研究所所长小泉秀雄在《新闻学原理》一书中提出：新闻是根据自己的使命对具有现实性的事实的报道和批判。

美国《纽约太阳报》19 世纪 70 年代的编辑主任约翰·波加特说：狗咬人不是新闻，人咬狗才是新闻。

美国《纽约先驱论坛报》采编主任斯坦利·瓦利克尔提出，"新闻"建立在三个"W"上。即：women（女人）、wampum（金钱）、wrongdoing（坏事）。

美国堪萨斯州《阿契生市环球报》主编爱德华·贺说：凡是能让女人喊一声"啊呀，我的天哪"的东西，就是新闻。

美国《纽约太阳报》19 世纪六七十年代的采访部主任戴纳认为：新闻是一种令人读了就会惊叫的东西。

这些定义中，前六种是对新闻的较为规范的阐释，而后四种仅仅涉及的是对新闻事实的选择，它们并不是严格的学术意义上的定义。

（二）国内关于新闻的定义

徐宝璜在《新闻学》一书中指出："新闻者，乃多数阅读者所注意之最近事实也。"

邵飘萍在其《新闻学总论》中说："新闻者，最近时间内所发生认识一切关系于社会人生的兴趣、实益之事物现象也。"

戈公振在《中国报学史》中认为："新闻者，读者所欲知之事物也。""新闻者，有人类之兴趣，与人类之生活上及幸福上能发生影响之一切事件及观念等相关之原质的事实也。"

范长江认为："不是所有的'新近发生的事实'都可以构成新闻，只有其中'群众关心的、重要的'，也就是'广大群众欲知而未知的重要事实'才能构成新闻。"

王中在《论新闻》一文中指出："新闻是新近变动的事实的传布（播）。"

陆定一在《我们对于新闻学的基本观点》一文中指出："新闻的定义，就是新近发生的事实的报道。"

我国新闻界目前一般认同陆定一 1943 年给新闻下的定义，认为这个定义言简意赅，概括了新闻的本质特征，对掌握新闻写作规律起着指导作用。

2005 年出版的《现代汉语词典》（第 5 版）释"新闻"为：（1）报纸、通讯社、广播电台、电视台等报道的消息：新闻记者/新闻广播，采访新闻。（2）泛指社会上最近发生的新事情。

2009 年出版的《辞海》（第 6 版）对新闻的解释是：（1）新近发生或变动的事实信息。一般为受众所关注，并需经传播者选择，借助语言、文字、图像等符号载体及时传播。产生于人们沟通和了解情况的社会需要。由于生产力的发展与人际交往的频繁，出现从事采集与传播新闻的社会职业，并逐步成为各种政治力量、社会团体的宣传手段和舆论工具；在经济领域中也成为一种商品。（2）指新闻文体。广义包括消息、通讯、特写等体裁。狭义专指消息。（3）指新近发生的事情、新消息。（4）新的知识。

综上所述，我们可以将新闻理解为：新闻是对新近已经发生和正在发生、或者早已发生却是新近发现的有价值的事实的及时报道。

第二节　新闻写作的意义及基本原则

一、新闻写作的意义

（一）新闻写作是媒体传播目的实现的关键环节

传播信息是新闻媒体的主要功能，新闻写作是新闻传播过程得以实现的一个重要环节。书面语言的不可替代性决定了新闻写作不可替代的地位和作用。新闻写作是新闻"制作"环节中的一个重要节点，是不可缺少的环节，也是媒体传播目的实现的关键环节。

（二）新闻写作是新闻写作者素质展示的重要形式

新闻作品是新闻写作者工作的表现形式和最终成果。以新闻写作的理念和思维方式面对工作和生活，将生活中的发现和思考，通过写作以新闻作品的形式传递给受众，是新闻写作者的一项基本功。新闻作品质量的高低将直接影响传播效果，并最终对媒体形象产生影响，决定新闻写作者的生存发展空间。因此，写作能力是新闻写作者必备的基本功，新闻写作水平是衡量新闻写作者专业素质的重要标准。

（三）新闻写作是新闻写作者职业责任所在

受众的多元化新闻需求、媒介融合的发展和媒体间竞争的加剧、新闻制作技术发展后出现的"草根记者"现象等，使新闻写作者肩负的责任更加重大。提高自身新闻写作水平、提高媒体传播质量和影响力，是新闻写作者义不容辞的责任和义务。牢记使命，夯实新闻写作的基本功，了解和掌握新闻写作的基本方法和基本规律，将自己对社会的观察、分析、认识、判断，用新闻作品反映出来，让新闻发挥出应有的作用，是新闻写作者的职业责任所在。

（四）新闻写作已成为信息时代人们的生活方式之一

手机、互联网的广泛普及，改变了传统媒体的新闻传播方式，使新闻传播有了更加广阔的空间。新闻写作已不再是记者的特权和专利，在网络时代，人们既是新闻的写作者，又是新闻传播者，更是新闻受众。社会文化的变化和媒介技术的发展，影响着人们对新闻的需求，从而使新闻写作在类型、体裁等方面发生了相应的变化。对于专业的新闻写作者来说，新闻写作的难度更大，更需要写作的艺术和技巧；对于社会公众来说，新闻写作更多的是以一种意识和思维方式存在于人们的生活之中。

二、新闻写作的基本原则

新闻写作具有自身的特殊规律，应当遵循以下一些基本的原则。

（一）真实性

真实性是新闻报道的最高原则，也是新闻的第一生命，新闻不坚持真实性，就失去了它存在的价值。新闻写作一定要真实反映客观事实，确保构成新闻的基本要素准确无误，做到新闻报道事实真实、新闻写作行为真实。新闻如果不能保证真实性，也就失去了其传播的基本价值和承担的职业责任。保证新闻真实性，最为关键的就是要坚持用事实说话。

（二）时效性

时效性是新闻存在的价值所在。它是指新闻事实的新近程度和新闻报道的及时程度。时效性是新闻存在的基本条件，也是受众关心新闻的根本所在。一般说来，新闻报道越及时，为受众提供的信息越新，信息量越大，时效性越强，新闻价值就越大。胡正荣在其《新闻理论教程》中说过，"新闻事实不断转化为一般事实，新闻不断转化为旧闻，新闻事实及新闻只存在于时间长河的一瞬间"。由此可见，报道及时对于新闻来说是必需的。

《华西都市报》曾刊登了一条题为《为加快新闻时效性 央视在 8 个城市设立应急报道驻点》的消息，报道央视新闻各大栏目包括金牌节目《新闻联播》，为了进一步提高新闻频道的质量，提高时效性、新闻性，正在秘密改版的情况。从 2009 年 6 月初开始，央视已率先在全国 8 个城市设立应急报道驻点，往各驻点派记者，一旦当地发生突发事件，驻点记者必须在 4~6 小时内赶赴现场报道。央视驻成都应急报道驻点，是央视设立的首批站点之一。过去央视新闻频道播发地方的突发新闻，包括 2008 年四川"5·12"大地震，大多第一时间采用当地地方台记者采拍的新闻画面。但"6·5 成都公交车燃烧事故"发生后仅仅 50 分钟，手持"CCTV"标识话筒的央视记者就出现在了事故现场，出镜的都是央视驻成都站的记者。时效性要求新闻报道不仅要实现"第一时间采写"，而且要实现"第一时间发布，即时滚动播报"。新闻写作者既要在"第一时间"赶到事发现场，采访新近发生的事件（内容），追踪新闻事实的动态变化情况，还要在事发现场完成新闻报道。

（三）简洁性

文贵精要，简洁是新闻写作贯彻始终的原则。新闻写作中既不能面面俱到、事无巨细地记述新闻事件，将报道搞成微观事件的简单叠加；也不能一叶障目，瞎子摸象般将单个新闻事件（或新闻事件的局部）简单放大提升到全局的层面进行以点代面的报道。新闻写作者应当用最准确、简练的语言，向受众传播最具有新闻价值的新闻事实；以最浅显易懂的形式，让受众了解新闻事件的本质特点；以敏锐的捕捉能力，精选出最有价值的新闻事件，制作出最有价值的新闻产品。

（四）完整性

新闻写作要确保完整，让受众真正了解事情的全部真相。因此，要将新闻事件的各个方面充分展示给受众，不能回避或忽略受众关注的要素和问题。新闻写作的完整性并不是对通俗明了、简洁凝练的否定，也不是对烦琐庞杂的认可，而是对新闻写作力求简洁的进一步肯定。

第三节 新闻要素与新闻价值

新闻要素和新闻价值这两个概念，是新闻理论中经常涉及的基本概念。随着新闻事业的不断发展、对新闻理论的深入探讨和全媒体时代的到来，人们对新闻要素和新闻价值这两个概念的含义也提出了新的思考。

一、新闻要素

一说到新闻要素，我们马上会想到五个 W，即 who（谁）、what（什么）、when（时间）、where（地点）、why（原因）。传统的观点认为，新闻由五要素构成，因为这五要素用英文词汇来表示，五个英文词汇都以 W 开头，所以也将这五要素简称为五 W。也有人认为，新闻要素在 5W 之外，还应包括 How（结果）在内，所以有时也称新闻六要素。

五 W 作为新闻要素是新闻学普遍的一种提法，也是为大家所公认的。但也有研究者提出了新闻要素不能等同于新闻事件的观点，认为 5W 不是新闻特有的因素。因为社会生活中大量事件，无论是否是新闻，都包含着时间、地点、人物、事件、原因等因素。每件事情的发生、发展过程，总是由时间、地点、人物、事件、原因、结果等六个要素构成的。所以 5W 虽为新闻所具之元素，但并不能区分"新闻"与"一般事件"，不是新闻必须具有的实质，将 5W 作为新闻要素违背了"要素"这一概念的内涵。这种提法是有一定道理的。

二、新闻价值

新闻价值是信息之所以成其为新闻的前提。一条新闻，其新闻价值的大小，主要体现为有多少人关注这条新闻，以及对这条新闻的关注程度。一般说来，关注的人越多、关注的程度越深，这条新闻的价值就越大。

（一）新闻价值的定义

新闻价值作为新闻学中的一个基本概念，是在西方商业报刊盛行之初出现的，是西方学者在大众化报纸大量涌现时期提出来的。1892 年，美国学者朱莉安·拉弗（Julian Ralph）首次运用了"新闻价值"这一专业术语，此后多年，对于新闻价值的争论一直没有停止。

在我国，第一次引入新闻价值这一概念的是徐宝璜和邵飘萍。徐宝璜在 1918 年 10 月 14 日成立的北大新闻研究会讲学期间最早提出新闻价值。1919 年，他在《新闻学》一书中写道：

> 新闻之价值者，即注意人数多寡与注意程度深浅之问题也。重要之最近事实，自能引起较多人数与较深程度之关注，故为价值较高之新闻。次要之最近事实，仅能引起较少人数与较浅程度之注意，故为价值较低之新闻。

此后，中国学者对新闻价值问题展开了激烈的讨论。学者们对新闻价值的定义主要集中在"素质说"、"标准说"和"功能说"。

素质说：新闻价值是指一个事实所包含的足以构成新闻的特殊素质和各种素质的总和。

标准说：新闻价值是记者选择和衡量新闻事实的客观标准。

功能说：新闻价值就是新闻影响读者并通过读者影响社会的功能。这一定义强调新闻价值是主观与客观相结合的产物，比较全面地解释了"新闻价值"这个复杂的综合性概念。

余家庆主编的《新闻学辞典》关于新闻价值的解释是："新闻价值是选择和衡量新闻事实的客观标准，即事实本身所具有的足以构成新闻的特殊素质的总和。素质的级数越丰富越高，价值就越大。"

综上所述，新闻价值的定义是：新闻价值就是事实所包含的足以构成新闻的特殊素质或各种素质的总和，这种素质决定了新闻事实能否满足社会对新闻的各种需要，它构成了人们判断和衡量新闻的标准，并且这个标准是客观的。

（二）新闻价值的构成要素

新闻价值要素是指新闻事实自身具备传播价值的主要因素，也叫新闻价值标准，它是新闻传播者对新闻事件进行选择的主要依据。

西方新闻学术界一致认定：新闻价值构成要素有五个，即及时性、接近性、显著性、重要性和人情味。

我国新闻学术界对新闻价值的构成要素进行过很长时间的研究，认为新闻价值包括真实性、时新性、接近性、显著性、重要性、趣味性等要素。这些要素虽然在字面上与西方新闻价值构成要素相似，但在具体理解时与西方有所不同。同时各要素之间的关系并不是并列均等的。其中真实性和时新性是必须具备的，是不变要素。接近性、显著性、重要性、趣味性等要素是可变要素。当各要素都集中、丰富地体现在一条新闻里时，这条新闻的价值就大。

真实性和时新性已在新闻写作的基本原则部分论及，下面谈谈接近性、显著性、重要性、趣味性。

接近性　指新闻事实及新闻报道与受众的接近程度。接近性之所以构成新闻价值，是因为人们一般容易对发生在身边的事情感兴趣。接近性是某些地方新闻或专业新闻的特色，它针对的是某些特殊的受众群体。接近性包括地理上的接近性、职业上的接近性、性别上的接近性、年龄上的接近性、民族上的接近性、心理上的接近性，等等。某个事件的新闻价值一般与事件发生的地理距离成反比，关系距离越近，新闻价值越大。因为人类固有的趋利避害的本能，与自身利益攸关的事件或发生在自己周围的事件总能引起他们最大的关注。当然，有时发生在远处的事件也会成为读者特别关注的新闻对象，这是因为心理上的接近。即读者对自己所经历过、接触过的人物或事物，心理上的接近性可能超越地理位置的距离，会令他们产生兴趣，从中发现新闻价值。《黑龙江日报》在 2007 年连续发表了四篇有分量的长篇报道《俄罗斯零售业非常搜索——我们将何去何从》特别专题报道，受到了许多读者的一致好评。2007 年年初，俄罗斯政府下令禁止外国人从事零售业。受这股"扫地清市"潮的影响，在当地从事零售业的华商纷纷流泪返乡，返乡潮中也有很多中国朝鲜族的商人。因此，关注在俄中国朝鲜族商人们的去向，成为当年年初广受朝鲜族关注的一个重要话题。这是充分利用新闻事实来靠近读者的一个范例。

显著性 指新闻中涉及的人物、地点、事件、时间等因素具有一定的知名度。人们的一般心理显示，越是著名、显要、突出的人和事，越能吸引受众，新闻价值也越大。但显著性只是部分新闻所具有的特质，而不是所有新闻所具备的元素。目前，显著性大都鲜明地体现在名人新闻中，以产生所谓的"名人效应"，这是娱乐新闻的最大特色。但这类新闻还是要以有新意的内容和快速的传播为基础。

重要性 指"事实所包含的社会意义"，"即在纷繁复杂的社会生活中出现的为多数人所关心的，与社会生活有较大影响的那些事件的性质"[1]。一般说来，凡与民众的利益关系密切，对民众工作、生活和思想具有较强引导意义的新闻，就具有较大的新闻价值。新闻媒体应抓住大众普遍关注的热点、疑点和难点问题，予以及时、恰当的报道。如全球金融风暴、我国的医疗体制改革、大学生就业等问题，都是大众迫切关注的，是重要而有价值的新闻。

趣味性 指新闻事实和新闻报道使受众感兴趣的程度。趣味性的实质是新闻事实和新闻报道对受众精神与情感的善意满足，意在唤起受众接收新闻的兴趣，并使受众产生愉悦的心理效应，从而乐于主动地接受新闻。早期西方报人是最强调新闻的人情味的，因为他们认为"兴趣是吸引读者的良方"。约斯特甚至说"趣味是新闻的第一因素，是新闻的试金石"。一般说来，大多数人对新奇、反常、变态、两性等带人情味的东西有一种天然的兴趣，这类特质因此成为新闻价值构成要素。

第四节　新闻事实与新闻采访

一、新闻事实

新闻事实是"构成一条新闻所必须具备的客观的现实性内容。必须具备时效性、真实性与重要性等特殊素质。一般要求具有五个要素：人物、时间、地点、事件经过、原因，由此构成完整的新闻事实"[2]。

---

① 胡正荣：《新闻理论教程》，29 页，北京，中国广播电视出版社，1995。
② 余家宏、宁树潘、徐培汀等编：《新闻学简明词典》，119 页，杭州，浙江人民出版社，1984。

要从大量存在着的、纷繁复杂的社会现实中，选取具有时效性、真实性与重要性等特点的新闻事实，就要求记者必须具备鉴别新闻事实的能力。有些媒体出现所报道的新闻不新鲜、事实雷同、重复、枯燥乏味甚至是失实新闻，原因就在于不会鉴别新闻事实。同时，能否正确鉴别新闻事实与作者的政治见解、文化修养、阅历、新闻敏感度、材料的选择及选材角度有密切的联系。

新闻媒体要具有权威性和公信力，首先要做到的就是对新闻事件的真实客观报道。如出现虚假新闻、不实报道，媒体就会失去受众的信任，也就失去了市场，其权威性和公信力更是无从谈起。2008年5月四川汶川地震发生后，一幅《给妻子最后的尊严》的新闻图片，让四川村民吴加芳为世人所知。他把妻子的遗体绑在自己身后，骑着摩托车把她背回家的画面，曾感动无数中国人，被国内众多媒体称为"一个中国农民的爱情"。中央电视台新闻频道也曾反复播出一个以吴加芳为主角的公益宣传短片，讲述他的故事。但是，2009年2月9日成都电视台《真相30分》却播出了名为《吴加芳：情义男还是绝义人？》的节目。节目中，一位与吴加芳同村的中年妇女以确定的语气大声说："是他死了的婆娘的兄弟硬要他背的。"还有人说，因为吴加芳不赡养自己的父亲，村民们都不愿意帮他，出于无奈，他才一个人把死去的妻子石华琼背了回来。众村民口中的吴加芳不仅人缘差，人品也差。《真相30分》揭开的这个"真相"，让众多网民感到被骗、愤怒和失望。直到《青年周末》的记者再次到当地采访，才还原了事实真相：《真相30分》的记者从网上获悉吴加芳背妻是被逼这一线索后，前往吴加芳所在村子进行实地调查采访，村民们证实了网上那个帖子的说法。但村民们的说法是以讹传讹，还是他们亲眼所见呢？没有一个人能说是亲眼所见。当天因为拍摄完已经很晚，《真相30分》的记者没找到现场目击者，也没有再去找吴加芳亡妻的娘家人核实事实，就赶回去了。然而，当《青年周末》的记者向当事人和吴加芳亡妻的娘家人核实后，得出的结论却是：背妻确有其事，但当初把妻子背回来时，吴加芳本人并没想到爱情、情义这些"高大"的词汇。他对《青年周末》的记者说："说实在的，记者第一次找到我时，就对我有一个好高的评价，他就说你好伟大，如何如何。当时我就有点吃惊，我说自己只是做了对得起老婆的事情，说不上什么伟大。"对此，网友写道："媒体应该反思，在树典型。搞宣传的同时，一定要铭记新闻是有温度的。""只有真实、客观的新闻才能经得起各种检验。"这些都是值得我们深思的。正确选择新闻事实，既要注意抓那些能充分反映生活主流和本质、体现时代精神的事实，更要掌握好分寸，把握好热度，这样才能真正体现新闻的真实性原则。

附：吴加芳"背妻"事件回顾

2008年5月12日，汶川大地震，妻子石华琼去五公里外的汉旺镇给吴加芳手机充值，再也没有回来。当天下午，吴加芳在汉旺一家茶楼的废墟里发现了妻子的尸体。

2008 年 5 月 14 日，吴加芳用旧摩托车载妻子尸体回家，被美籍华裔记者沈祺徕拍摄下来，取名为《摩托车上绑在一起的夫妻》。经英国媒体首先刊发后，这张照片广为流传。

2008 年 6 月之后，《一个中国农民的爱情：把亡妻绑在背上载她回家》等国内媒体的报道广为传播。

2008 年 10 月 14 日，深圳一家公司的打工妹刘如蓉看到关于吴加芳的节目后感动不已，决定找到吴加芳。两个月后，两人在深圳举行婚礼。

2009 年 2 月 2 日，有网友爆料说吴加芳在当地口碑极差，背妻行为是被亡妻兄弟所逼，生前夫妻感情并不好，吴加芳还不赡养父亲。

2009 年 2 月 9 日，成都电视台第二套节目《真相 30 分》播出《吴加芳：情义男还是绝义人》，进一步引发公众对吴加芳的关注和讨论。

2009 年 2 月 27 日，《青年周末》的记者再次到当地采访，还原事实真相。

二、新闻采访

采访是获取新闻材料的重要途径，是新闻写作的前提和基础。在新闻报道活动中，采访是起点，是第一位的，起着举足轻重的作用。"采访"这一词，包含了两个方面的意思：一是采集，二是访问。在中国古代，"采访"主要是指朝廷内的史官，为搜集历史资料、各类情报所进行的活动。到了近代，随着报纸的出现，许多报馆有了专职的记者，"采访"一词才成为新闻工作的专门术语。

关于什么是采访，新闻界有多种说法。我们认为：新闻采访应是指新闻记者为了采集新闻素材、挖掘新闻事实所进行的调查研究活动。

采访是一门学问，也是一门艺术。在这里主要谈谈采访前的准备和采访技巧与方法。

（一）采访前的准备

美国新闻界曾发生过这样一件事：英国电影明星费雯丽到美国去参加电影《乱世佳人》的复映式，费雯丽抵达纽约机场、走进记者室后，一位外国记者第一句话就问："请问你在《乱世佳人》这部电影中扮演什么角色？"费雯丽很不高兴，因为这部电影当时获多项奖，费雯丽本人也获评最佳女主角，于是她反问这位记者："你看过这部片子吗？那部小说你读过没有？"记者回答说："没有。"费雯丽回答说："我无法和你这样无知的人交谈。"这位记者的采访是失败的。失败的原因就在于他不了解被采访对象的相关情况，事先没有做好采访的准备。

所谓新闻采访准备，就是记者在发现新闻线索或接到采访任务之后，到进入采访之前所搜集的与采访对象有关联的历史、文化、政治、环境、政策等素材以及有关采访的必要物质条件方面的准备。意大利著名女记者奥里亚娜·法拉奇，在国际上特别是在新闻界是颇有影响的。她曾以出色的报道成果，获得过意大利最高新闻奖——圣·文森特奖，是一位在人物采访方面卓有成效的女记者。法拉奇曾先后采访各国政府和政党的著名人物三十多人，其中包括邓小平、基辛格、霍梅尼，并写作《采访历史》一书。法拉奇在每次采访前，都会用几个星期的时间作准备，大量阅读与采访对象有关的资料，认真做笔记、写心得。她说，每一次采访之前都要像学生准备大考一样，准备几个星期甚至一两年。由此可见，重视采访准备是成功采访的保障。

采访前的准备包括经常性准备和临时准备。经常性准备即平时准备，包括知识修养、理论修养及对党的路线、方针、政策的了解和掌握。临时准备指的是记者发现某新闻线索或接受某项报道任务以后，为了顺利完成采访所进行的采访前的准备。

1. 围绕报道内容查找阅读相关资料、背景材料及与采访对象有关的情况

记者在采访前应了解与采访内容相关的方针政策、法律法规及与采访对象相关的背景材料。背景材料包括直接和间接两种。直接的背景材料是指与报道对象有直接关系的材料，如被采访者写的回忆录、文章等。如果我们采访的是一个单位或某个部门，就应搜集与报道内容有关系的资料，如该单位的内部文电、档案记录、会议记录等。间接背景材料一般是指与采访对象有关的一切文字材料，是用来与采访对象作比较、研究的材料。如果是专业性较强的采访，还须了解相关的技术知识和专业知识，了解被采访者的工作状况、主要成就、性格爱好及个人简历等，并对这些材料进行深入的研究。只有这样，才能在采访中提出有针对性的、目的性很强的问题。中央电视台记者水均益为了能独家采访基辛格博士，就准备了大量相关背景材料。他不仅对基辛格博士的性格特点进行了分析，还打电话与基辛格的办公室联系采访事宜，并当面向办公室工作人员陈述了基辛格接受采访的种种好处，最终使基辛格接受了水均益的独家访问。

2. 必要的知识储备

优秀的记者常常是具有渊博知识的。美国的杰克·海敦在《怎样当好新闻记者》一书中说："记者应当是具有各方面知识的通才。"新华社原社长穆青同志访问奥地利后，以散文式笔法写了一篇通讯《维也纳的旋律》，让很多读者以为作者在音乐方面很有研究。其实，这是作者在写作前查阅了许多音乐方面的材料、进行充分的知识准备的结果。

记者的知识要具有博与专的特点。这是因为记者的采访对象来自各行各业，具有不确定性因素，所碰到的问题也是不可预测的，记者要顺利完成采访任务，就必须具有广博的知识。既要拥有文、史、哲、经、法等方面的人文社会科学知识，也应了解数、理、化、生、地等自然科学方面的知识，同时对自己分工采写范围内的知识也要精通，并熟悉相关业务。当然，知识的储备是日积月累的过程。只有平时多读书，广泛涉猎各学科知识，注意收集和了解新知识、新信息，并关注社会的热点、焦点、难点，才能在采访中做到得心应手、应用自如。

3. 有针对性地拟定采访提纲

新闻采访中，向被采访者问什么、怎么问，也是需要我们事先准备的。这种准备，即

拟定采访提纲。采访提纲是记者逻辑思维和思考问题层次的体现，一个好的采访提纲，能够帮助记者坚定信心、临阵不乱，掌握采访的主动权，使采访达到较好的效果。新华社记者郭超人为了采访我国运动员突击珠穆朗玛峰顶峰的经过，事先用了几小时，反复研究运动员突击顶峰的计划，拟定了一个较为详尽的采访提纲，并有针对性地拟出 20 多个小问题。他抓住运动员在医务室进行简单包扎和治疗的间隙进行采访，总共用了两个多小时，便获得了写作通讯《红旗插上珠穆朗玛峰》所需要的材料。

采访提纲主要包括采访目的、采访步骤、采访方法、采访时间、采访对象、采访问题等。

4. 营造良好的采访氛围

新闻采访的过程，是新闻写作资料、素材收集的过程，更是思想情感交流、心灵沟通的过程，采访气氛是否和谐融洽，对采访质量有着重大的作用和影响，甚至直接决定采访成功与否。因此，营造采访的和谐氛围应当贯穿于采访的全过程。

其一，通过心理共鸣营造和谐氛围。采访时通过寻找共同点（共同语言、共同兴趣、共同经历或阅历、共同熟悉的人物或事情等），消除彼此间的陌生感，缩短与采访对象的距离，尽可能快地与采访对象形成心理上的共鸣，取得采访对象的信任，为深入采访打下基础。

其二，以"人文关怀"强化和谐氛围。采访时要本着"以人为本"的态度，充分尊重采访对象（包括生活习惯、风俗习惯、职业、身份、隐私等），在采访对象熟悉的生活、工作环境中开始采访，在真诚、平等交流的过程中增强采访对象对自己的信任，力促采访成功。

5. 相应的物质准备

采访之前，必须做好相应的物质准备。通常的采访应当准备好如下物品：笔、记录本、地图、相机、录音机、录像机、手机等。而在全媒体时代，一个全媒体记者采访应当准备的采访物品主要有：视音频采集设备（高清摄像机、数码相机、录音笔）、笔记本电脑和日常生活用品。采访重大突发事件（如地震等）还应当配备海事卫星电话、GPS 全球定位仪等。为了确保采访成功，采访前，记者应当尽可能地对采访事件和采访目的地进行了解，根据以前的采访经验，对可能用上的物品进行预测，尽可能备齐、备足所需物品，确保采访时有足够的可用物品。

（二）采访技巧与方法

1. 采访技巧

采访是新闻写作者为取得新闻材料与采访对象进行的交谈。提问是采访活动中最通常、最基本的形式之一，在采访活动中具有极高的使用频率。可以说，采访活动更多的是在问与答之间进行，而新闻采访技巧更多地表现为一种提问艺术。

提问的方式方法多种多样，主要有正问法、侧问法、设问法、反问法、激将法、追问法等，将不同的提问方法用得恰到好处，体现了一个新闻采访者的采访艺术水平。

（1）根据采访对象特点提问。

根据对象特点提出问题，是采访的基础。不同国家、民族、地区、级别、阶层、职业的采访对象能够回答的问题各不相同，所得的采访效果也各不相同。采访提问首先要明确采访对象特点，评价采访所提问题是否适合采访对象。要让所提问题成为最适合采访对象回答的问题，使提问富有特点和个性，问得恰到好处。

（2）循序渐进提问。

提问是新闻采访者与采访对象间的对话，这种对话应当是渐进式的。为了便于采访对象回答问题，采访提问应当本着就近的原则，从身边的事、最熟悉的事谈起，然后由近及远、由易到难、由现象到本质，循序渐进地提出问题，让采访对象具有回答提问的信心和热情，避免采访活动出现"开场冷"和"接不上趟"的现象。使新闻采访者与采访对象在心灵交流的过程中，共同寻求采访事件（人）的真实，完成采访。

（3）温馨谈话式提问。

新闻采访者与采访对象在人格上是平等的。在采访中，不要以居高临下的姿态和"审问"式的口气提问，要尽可能地在一种温馨谈话的气氛中，以聊天、谈心、讨论的方式，以求教式、商量式、探讨式的语气与采访对象进行交谈，在自然化、生活化的状态中提问，在融洽、亲切的交谈中求得问题的答案，获得富有真情实感的材料。

（4）论辩式提问。

有时采访中会遇到一些善于言辞、思维敏捷、极度自信的采访对象，特别是当采访题材与采访对象的利益或行为发生冲突时，采访提问仅靠温馨谈话是不够的，它更需要的是在一种论辩式的提问中完成采访。这时，应当紧扣采访主题，抓住要害，针对实质性的问题提问，让采访对象觉得你是一个内行，提问切中了要害，不得不与你就此问题进行交谈，不得不回答你的提问，从而使采访获得能够说明问题的关键性材料。

（5）即兴式提问。

新闻采访时，现场人物和情景会出现各种预料不到的变化和发展，这些新的情况可能是采访准备中所没有的。新闻采访者应当善于应对这种变化，针对新的情况，通过即兴提问，完善并完成采访。有时，这种即兴式提问不但有助于完成预定的采访任务，还能发现新的新闻材料。当然，即兴提问不是乱问，而是对预定采访内容的拓展和完善。

（6）请教式提问。

有的采访对象不习惯或不愿意按照采访者的思路逐条回答提问，而是更愿意作一种自我陈述。这时，采访者应当学会倾听，并在采访对象讲述的过程中，针对发现的问题，见缝插针、适时有度地以一种请教式的语气提问，让采访对象自然地、不知不觉地回答问题。

2. 采访的方法

（1）书面采访。

进行书面采访可以突破时空界限，在同一时间内采访不同地区、不同国家的许多人。缺陷是不能保证每次书面采访都得到答复。

（2）电话采访。

因种种原因，记者难以与采访对象直接接触和见面，或对一些不明真相的事实进行澄清或证实时，可采用电话采访的方式。

（3）隐性采访。

隐性采访又称为秘密采访或暗访，是相对公开采访而言的。指的是新闻记者在未被采访对象感知的前提下，运用摄像机、录音机或照相机等工具，秘密地采获新闻事实的方法。通过隐性采访可以获取使用其他采访手段难于获取的新闻事实，使新闻媒体获得"独家新闻"，并最大限度地提供客观性、公开性的新闻事实，产生极大的舆论效应，从而提高媒体的知名度和竞争力。我国的一些品牌节目《每周质量报告》、《新闻调查》、《新闻透视》、《新闻广角》、《新闻现场》等经常会用隐性采访的方法。隐性采访可分为两类：旁观式采访和介入式采访。

旁观式采访：记者将事件发展过程偷偷记录下来，成为新闻事件的"旁观者"。2005年的"3·15"晚会以明察暗访的方式调查了由知情者提供的许多骗局，曝光了一些坑害消费者、进行违法犯罪活动的个人和机构。如宣称"靶击癌细胞；靶向抑瘤，高科技抗癌"的坐堂卖药大夫，所售美容产品中含毒物质严重超标及随意销售有毒化学品的商家，设局欺骗投资人购买并未在海外上市公司股权的中介公司，推广种植食用仙人掌坑害农民的生物工程公司，掩盖吸氧过量导致新生儿失明医疗事故的医院等。

介入式采访：记者不公开身份涉入新闻事件过程中，作为当事人直接介入事件本身，并用偷拍偷录等方式获取新闻。这种采访方式中，记者的身份是双重的，既是采访者，又是事件过程的直接参与者。2001年央视播出暗访节目《亲历盗墓》。两名央视记者在西安假扮成文物贩子与盗墓贼接触后，亲历盗墓的全过程并购买挖出的文物。次日，记者报案后警方将盗墓贼抓获。

隐性采访不得违背正常的新闻采访原则，必须在法律许可的范围内进行，并最好与显性采访结合进行。

（4）网络采访。

网络采访主要是以互联网为媒介，依托网络环境，寻找新闻素材，完成对新闻事件的采访，并通过下载和编辑等方式整理、补充有关新闻要素，最终完成新闻文本。[①]

网络采访具有广泛性、互动性、方便快捷、成本低及隐秘性等特点。采访的途径有电

[①]　参见刘敬东：《网络采访的兴起及其特点》，载《青年记者》，2007（14）。

子邮件、QQ、MSN、聊天室、BBS 等。但由于网络采访经常采用匿名者提供的线索，其真实性一直受到质疑，所以对网络采访得到的信息，记者应进行认真仔细的验证。

（5）座谈会采访。

又名调查会，是指记者根据某一主题，向参加座谈会的人进行采访。座谈会采访具有快捷、广泛、相互补充和启发等特点。

（6）记者招待会和新闻发布会采访。

记者招待会是由一人或数人主持，主持人先发表谈话，然后回答记者提出的问题，政府官员或各方面知名人士与记者对话并回答问题。新闻发布会是由各单位新闻发言人主持，由新闻发言人首先发言，然后回答记者提问。无论采用哪种方式，记者都应在会前围绕主题精心准备要提的问题，同时应有备案。

第五节　新闻材料与选材角度

一、新闻材料

材料是事实的标志，是事实的中介，也是新闻写作的基础。新闻材料是"构成新闻事实的各种情况、表现、反映和记载的总和"[1]。

新闻事实与新闻材料是既有区别又有联系的两个概念。从新闻学的角度来看，事实是客观的、现实的、第一性的东西，材料则是事物和事实的各种形态、各种来源的表象、表现、反映和记载的总称。它既包括事物的表象、表现这类第一性的材料，如物证材料，也包括事实的叙述、转述、记载等这类第二性材料，如各类文字材料。这些材料中，不仅第二性的材料常常不能准确反映事实，就是那些第一性的表象材料中，有的也可能是假象。所以，不能将新闻"材料"等同于"事实"，否则就会出现虚假新闻。

新闻材料从不同角度有不同的分类。

从获取途径分，新闻材料可分为直接材料与间接材料。直接材料是新闻写作中最为常见、最重要、最生动的材料，是记者亲临现场的所见、所闻、所感，是新闻写作的最重要信息来源，是受众感到最可信的材料。间接材料就是记者从别人手中获取的材料，也就是转述别人提供的材料。但转述材料在使用中必须注意其真实性，否则就会失实。转述的次数越多，失实的可能性就越大，因此须加核实。

从材料的性质分，新闻材料可分为事实材料、背景事实材料和言论材料。事实材料是

---

[1]　刘海贵：《新闻采访写作新编》，157 页，上海，复旦大学出版社，1998。

新闻报道的主体材料。背景事实材料是为了对事实材料加以说明而引用的相关事实和历史事实。言论材料是记者为了说明新闻观点、新闻意义而引述的别人的言论。

二、新闻选材角度

新闻写作是一种选择的科学和艺术。选材角度决定写作效果，所谓"横看成岭侧成峰，远近高低各不同"，讲的就是这个道理。"新闻角度是观察新闻事实，提示新闻本质，彰显新闻主题的一个突破口。"[①] 因此，要深化写作主题、提升写作价值的效果，关键在于作者要尽可能地去找到最佳的角度。

（一）新闻选材角度的多样性

新闻选材既是新闻写作的前提，也是新闻写作的物质准备和基础工程。新闻选材首先要学会识材，对同一事物我们可以从多侧面、多角度去认识，获取相应的素材，在对比中发现选材角度的差异，进而发现其所蕴涵的新闻价值的差异。实践中，新闻写作者一定要有角度意识，要多"换一个位置"、"换一种思维"去研究新闻对象，通过多方位观察，就会有新的、更多的选材角度，以不同的选材角度揭示不同的主题。2009年四川省公招副厅级领导，各家媒体在报道笔试和面试工作结束、考察工作开始时，其新闻标题分别是：《公选副厅48人进入考察阶段》（华西都市报，2009-09-10），这是从工作进程的角度选择材料；《四川省公选副厅级干部　考察对象一半来自省外》（中国网，2009-09-09），这是从考察对象的地缘特点的角度选择材料；《48人进入考察阶段　博士以上占一半多》（成都日报，2009-09-10），这是从考察对象的学历构成的角度选择材料；《四川公选副厅干部　最小年龄33岁　5人来自基层》（腾讯　大成网），则是从考察对象的年龄和工作岗位层面选择材料。这些新闻标题反映了新闻媒体各自不同的选材角度，这些不同的选材角度，对受众的感染力也是各不相同的。

（二）新闻选材的原则和方法

1. 围绕主题选材

主题是新闻写作的灵魂，事关新闻舆论导向这一重大问题。将正确的舆论导向始终放在首位，是新闻写作者必须坚持的原则。新闻选材要与新闻报道的主题相吻合，通过选取好的题材来体现主题。主题一旦确定，就要围绕中心、紧扣主题选取最具代表性的材料，充分烘托、突出和展现主题。对于与主题无关或不能说明主题的选材，无论其生动与否，都应坚决舍弃。

2. 突破思维定势选材

新闻选材的思维方式规定着思维的方向和侧重点，并决定着对材料、信息的选择和组

[①]　方延明：《新闻实务方法论》，232页，广州，南方日报出版社，2005。

织。在新闻选材过程中，人的思维定势常常使新闻写作者犯经验主义的错误，从而影响新闻写作创新。新闻的本质特性在于"新"，这种"新"首先就应体现在新闻选材上，只有"不按常规出牌"，才能获得超常规的、与众不同的选材。因此，新闻写作者必须要突破思维定势的影响，用多角度化的思维视角，以"求异"和"发散"的思维方法去发现和研究材料，挖掘新鲜而有分量的新闻素材。拓宽思路换位思考，以超常规的分析和判断，对新闻事件、新闻背景、相关事实和资料做多侧面、多层次、多方向、多因素、多角度的挖掘分析，获取更多的信息，求得在广度、深度和高度三个维度上对报道对象立体、动态、全方位的整体了解和把握。如在对 2009 年四川省公招副厅级干部面试工作的报道中，很多媒体都以 160 名群众评委为新闻选材角度，作了题为《四川面试副厅级干部设 160 名群众评委》的报道。而《四川在线》则在深入分析评委结构的过程中，发现了公交司机任评委的信息，并作了题为《四川省公开选拔副厅　请来公交司机当评委》的报道，这是一例突破思维定势确定新闻选材的成功案例。

3. 贴近报道对象本质选材

新闻写作者在新闻选材时，必须坚持"贴近实际，贴近生活，贴近群众"，对各种获取的资料和素材作出正确选择，对蕴涵于新闻事实之中的新闻价值进行挖掘，以具有强大说服力的典型材料充实新闻写作。只有不断地贴近，才能在占有大量新闻素材的基础上，完整、准确地发现事物的本质特征，获得最有代表性的、最能反映事物本质的典型材料。也只有贴近，才能发现精彩，独辟蹊径地获得富有特色的新闻写作材料，从而提高新闻选材的准确性和可用性。

4. 依据媒体需要选材

不同的媒体有不同的立场观点和受众群体，其新闻的选材标准也各不相同。新闻写作者的写作成果要得到媒体的认可，其选材应当与媒体的选材要求相一致，要了解媒体的受众需求情况。在传统媒体与新媒体相互融合、共同作用的"全媒体时代"，全媒体运营实践中"新闻资源一次编辑，多用途应用"的新闻生产现象，对新闻选材提出了新的要求。按照全媒体发展要求，有针对性地选材并写作，为媒体提供全时段、全方位、全媒体的新闻信息，是全媒体新闻写作选材的责任所在。

第六节　新闻写作者的素养

我国的报刊、广播、电视等传播媒体是党、政府和人民的喉舌，新闻写作者是党联系群众的桥梁和纽带。新闻写作者在新闻生产过程中的精神状态和行为方式，直接反映了新闻写作者的基本素养。新闻写作者既要为公众寻找和收集有价值的信息，又要当好党和人民的耳目喉舌。因此，新闻写作者只有不断提高自身素养，才能在时代的风浪中经受考验，肩负起党和人民赋予的重任。一般说来，新闻与作者应当具备政治、道德、知识、专业几方面的素养。

一、政治素养

新闻写作者是精神文明的传播者，政治素养是新闻写作者最重要的素养之一。我国的新闻舆论，肩负着在建设有中国特色社会主义的伟大事业中发挥有力的思想保证和舆论支持作用的重任，它要求新闻写作者必须不断提高自己的政治素养，站在党和人民的立场上，从国家根本利益出发，为改革、发展和稳定提供舆论支持。

新闻事业的发展离不开正确的新闻思想作指导。新闻写作者应当了解并掌握党和国家的新闻思想，树立观察问题、分析问题和解决问题的正确立场和方法，熟悉党和国家的路线、方针和政策，了解历史和社会现状情况，充分认识新闻媒体的政治属性，保持新闻写作者的政治品格和政治敏锐，在政治上始终与党中央保持一致，确保新闻写作的政治立场、政治观点和政治倾向不出偏差。

二、道德素养

优良的道德素养是新闻写作成功的重要保证。新闻写作者的道德素养是与新闻职业道德规范紧密联系在一起的。新闻写作者是社会舆论的向导，对社会公众的思想观念、价值取向具有很大的导向作用。只有具备优良的道德素养，才能发现和讴歌生活中的真、善、美，才会在新闻写作中以正确的舆论导向，引领社会新风，促进社会和谐。

新闻写作者要以邓小平理论和"三个代表"重要思想为指导，树立正确的新闻写作观，以对党和人民高度负责的态度，为受众提供好的精神食粮。要在认真遵守《公民道德建设纲要》等社会基本道德规范的同时，自觉遵守《中国新闻工作者职业道德准则》，廉洁奉公、爱岗敬业、自律自勉、规范言行、诚实守信、抵住诱惑，以良好的道德修养和强烈的社会责任感，自觉维护国家和人民的利益。坚持以科学的理论武装人、正确的舆论引导人、高尚的情操鼓舞人、优秀的作品教育人，彻底杜绝虚假新闻和有偿新闻，牢牢把握正确的舆论导向。

道德素养的培养和提升需要坚持不懈、持之以恒。新闻写作者应当不断加强道德自律，以优良的道德素养担负起胸怀天下、关注民生、如实反映社情民意、为社会伸张正义、惩恶扬善、维护公正的重任。

三、知识素养

新闻写作涉及社会的方方面面，对于新闻写作者来说，知识素养决定着写作者的思想观念、思维方式、行为方式和新闻写作的能力，同时还关系到受众对媒体的信心和媒体的发展。只有具备足够的知识，才能顺利完成新闻写作。

在传统媒体与新媒体相互融合、共同作用的"全媒体"时代中，媒体对新闻写作者提出了更多、更新、更高的知识素养要求，新闻写作已成为一项更具挑战、充满竞争的工作。如果没有知识素养作保证，新闻写作就是一句空话。因此，新闻写作者既要了解和掌握新闻写作涉及的社会各个方面的知识（如政治、历史、地理、文学、语言学、哲学、经济学、社会学、法学、军事学、医学、心理学、教育学等），又要与时俱进地用新观念、新知识、新技术充实自己，以适应时代发展的要求，在写作内容、写作方式以及思维方式上不断创新发展。

四、专业素养

专业素养，是新闻写作的基本功。新闻写作者应当不断提高自身的新闻写作以及与之相关的专业知识水平，即专业知识、专业技能、专业能力和职业道德水平，以精湛的新闻写作，回报社会公众。

新闻传播是一个专业性很强的行业，新闻写作者除应具备新闻工作基本素养外，还必须要有厚实的专业素养，掌握相关的新闻传播知识（如消息、特写、通讯、评论、调查报告等各种新闻体裁的写作知识，电脑及多媒体应用技术等），才能拓展新闻写作的深度与广度。

新闻写作是一项实践性极强的工作，要求新闻写作者以高超的采访艺术，获得重要的新闻事实；以敏感的新闻洞察能力，准确捕捉新闻的苗头，判断新闻的价值；以高超的文字驾驭能力写出鲜活、生动、高雅的新闻作品；以良好的身心素质、不懈的探索创新精神和吃苦耐劳精神，正确应对新闻写作中的各种问题和困难，拓展新闻写作的生存空间；以较高的新闻理论水平，推进新闻写作改革进程；以广博的知识储备和优化的知识结构，成为新闻写作的专家。

在全媒体时代，新闻写作者将彻底告别"一个笔记本＋一支笔"的新闻写作模式。具有融合技能的新闻人才，运用现代科技手段处理新闻文本、图片、数据、音频和视频等，以全新的专业素养从事全新的新闻写作，已是历史的必然。

职场操练

找出最近某一报刊上你认为最有价值的几则新闻，并说明理由。

【参考答案】

可以从是不是重要新闻、关注人数多少与关注程度等方面进行评价。

参考文献

1. 刘敬东．网络采访的兴起及其特点．青年记者，2007（14）
2. 方延明．新闻实务方法论．广州：南方日报出版社，2005
3. 贾刚为．新闻采访技巧．北京：人民日报出版社，2003
4. 石长顺．当代电视实务教程．上海：复旦大学出版社，2005

第二章

消息写作

第一节 什么是消息

消息是用概述的方法，对新近发生或发现的有意义的事实进行迅速及时的报道。通讯社发出的"电讯"，报纸刊登的"本报讯"，电台、电视台的"本台消息"等，都属于消息的范畴。它是新闻的主要形式。

广义新闻包括消息、通讯、特写、调查报告、新闻评论等多种体裁；狭义新闻则专指消息。

"消息"一词，最早见于两千多年前的《易经》："日中则昃，月盈则食，天地盈虚，与时消息。"意谓太阳到中午就要逐渐西斜，月亮圆了就要逐渐亏缺，天地间的事物，或丰盈，或虚亏，都随着时间的变化一起变化，有时削减，有时生息。此处的"消息"虽然具有和今天的"消息"一词不同的含义，但从这段文字可见，我们的祖先早在两千多年前就已经把客观事物的发生、发展和灭亡等变化的事实与"消息"一词连在一起了。消息一词，也就有了"变化的事实"这一基本含义。

我国报纸历史悠久，人们将其概称为"邸报"，远的可追溯到汉、唐。各朝代的报纸名称不完全相同，有"杂报"、"条报"、"报状"、"状报"、"朝报"、"邸钞"等称呼。《杂报》、《朝报》等早期报纸逐日记事，不分首末，属于一种无标题的编年记事文体。"邸报"一词始见于宋代，主要刊登新近的圣旨、上谕、任免、命令、奏章等重要的政令文件，后来也刊登重大灾祸、公案、外事活动方面的新闻。到明末，出现了民间经营的《京报》，而且还有同内务府有关系的"探报人"从事采访。

近代中文报刊诞生于19世纪初。1815年，第一份中文报刊《察世俗每月统计传》在马六甲面世。后来，外国来华的传教士陆续创办了一批中文报刊。但报纸主要宣传西方的宗教，自编自采的新闻不多，其"新闻"更多的是模仿中国古典散文的文章。1862年9月6日，《上海新报》有一条消息：

> 克复嘉定前一日，已经官兵攻打一仗。次日西兵攻城约有二点一刻，其城即破。英法众兵同时进城，城内发贼无多，杀伤者不过二百余名。英军受伤十六名，阵亡一名，法兵受伤四名，常胜军死亡受伤十二名。

这条消息新闻要素齐全，已经具有消息的雏形。

1881年12月，天津到上海的有线电报线路敷设竣工，不久，《申报》就刊出了该报驻京记者经由天津拍来的关于清廷查办渎职官员的专电。新闻专电的出现，是消息体裁成熟的一个标志。

第二节 消息的特征及分类

一、消息的特征

（一）真实

真实是消息的力量所在，是所有新闻文体的共性。这一特性不允许作者"合理想象"，虚构、捏造、无中生有，或移花接木、添枝加叶，把新闻写成"假闻"。

（二）快捷

"快"指消息迅速及时地报道新近发生或发现的事实。时间上的快和内容的新鲜相联系，所以，"快"包含两个方面的内涵：第一，报道生活中的新情况、新问题、新事物、新经验，使消息具备新鲜性特质；第二，迅速及时地进行报道，追求消息刊发距离事实发生或发现的最小时间差，使消息具备时效性。

消息的时效性越强，价值越大。时效性要求做到事实把握快、文章写作快、稿子发得快，不能把新闻写成"旧闻"。"今天的新闻是金子，昨天的新闻是银子，前天的新闻是垃圾。"这是至理之言。

（三）简短

"短"即消息的空间性特点，由于新和快的要求，消息写作来不及长篇大论，故须简明扼要、短小精悍。用最经济的文字，报道新闻事实中最精彩、最重要的部分。短小精悍是消息写作的基本原则。它要求使用概括叙述的方法，在纷繁复杂的事实中，经过分析、筛选、综合，提炼出典型、有说服力、能体现一定思想观点的新闻事实，用简洁明白的语言进行报道。不细致交代前因后果、来龙去脉，不做过多铺陈和渲染。所以，消息通常几百字，稍长的上千字，"简讯"只有几十字，而"一句话新闻"则只有简明的一个句子。

当然，文字的长短应根据消息的内容而定，该长则长，该短则短。但是，总的来讲，消息文体要求写得短小精悍。

对纸质媒体而言，空间性表现为版面的大小。对电视、广播这样的电波媒体而言，空间性表现为播送时间的长短。空间的短小能够使媒体在有限的版面或播出时间中扩大信息量。

二、消息的种类

从不同的角度来考虑，可以对消息作不同的分类。

按事实发生的地域来分，有国内新闻和国际新闻。

按题材性质来分，有政治新闻、军事新闻、外事新闻、经济新闻、科技新闻、体育新闻、文教卫生新闻和社会新闻。

按新闻传播手段来分，有文字新闻、图片新闻、广播新闻和电视新闻。

在西方，常用的分类法是按内容题材的性质，把消息分为"硬新闻"和"软新闻"两类。"硬新闻"常以报道政治、经济、外交等对人类社会影响重大的事件为主，如新华网2009年9月26日的消息文章《G20决定发展中国家在世行将至少增3％投票权》；"软新闻"主要报道社会生活中的新变化、新动态，反映与人们的生活密切相关的新鲜事等，如《华西都市报》2009年9月13日的消息《谢顶男子因"有用"头发被剪索赔2万》，就是这样的消息。

现在国内较常用的分类法是按照综合消息的内容和形式来划分的，大致有以下几种：

（一）动态消息

动态消息是迅速及时、简明扼要地报道当前国内外发生、发现的或正处于运动状态的具体事实的一种消息种类。它又可分为事件性和非事件性两种，前者是报道一个单独的突发性事件，后者指社会生活中的新成就、新情况、新动向、新问题等。动态消息具有强烈的动感和可读性，是新闻特征最鲜明的新闻，是消息报道量最大、时效性最强的一种体裁。

动态消息一般篇幅短小、主题集中、一事一报、简洁明快，只报道发生了什么，不解释为什么，也不需要对事实作具体的叙述和说明。

（二）综合消息

综合消息也称为综合新闻，它是综合反映带有全局性的情况的消息。它一般在一个中心下，集中全国或某个地区、某个部门、某条战线、某个单位的带有全局性的新情况、新成就、新动向，加以综合报道。内容上常常一地多事或多地一事，对同类事物或同一事物的不同侧面进行综合归纳性的报道。这类消息声势大、概括性强，要求作者全面占有材料，善于把握典型事例和概貌材料，抓住事物本质，把全局性材料的概括叙述和典型事例的具体叙述结合起来、点面结合、生动具体地写作，并使分析与综合相辅相成。如新华网2009年9月16日的《黑龙江发生聚集性甲型流感　高校全面停课》，就是一篇综合消息。

（三）经验消息

经验消息也叫典型报道，它是向受众报道某地区、某单位在某一方面的典型经验和成功做法的一种消息，它既有概括的观点，又有具体的做法和典型的事例，对实际工作有很强的指导性，能收到以点带面、推动全局工作的目的。所以，它要求文章具备较强的针对性和说服力，交代情况和做法，反映结果，由事实中引出有指导意义和普遍性的经验。经验消息的写作特点，通常是寓经验于事实之中，着眼于思想上的启发，而不在具体做法。

从内容上看，经验消息以总结先进经验为主，但是也有总结教训，从反面提供警示和启迪的类型。

（四）人物消息

人物消息又称人物新闻，是以写新闻人物为主的消息。它可以报道对社会做出重要贡献、成绩显著、具有新闻价值的特定人物，可以报道有影响的社会知名人士，可以报道具有突出事迹、创新趋时、奋发向上的平凡人物，也可以报道负面人物，是介于动态消息和人物通讯之间的新闻样式。它通常采用以事带人的写法，抓住人物的本质特征，选取生动鲜活的事例或某个侧面，反映人物的某种行为或某个侧面，概括性地写出人物的典型事迹和精神面貌。不强调细节，也不作过多的描写。

人物消息与人物通讯的最大区别是：快、短、概要。它比通讯更能迅速及时地反映新闻人物，但是，内容不及通讯具体饱满。

（五）述评消息

述评消息又称"新闻述评"，是介于消息和评论之间的一种新闻体裁。它首先具有动态消息的一般特征，报道具有新闻价值的事实。同时，还采用夹叙夹议、边述边评的方式，对国内外重大事件进行述评性的报道。这种消息对事实的叙述较为概要，评论言简意赅，一针见血，其针对性、政策性较强，要求作者具备相当的理论水平。

述评消息常见的有记者述评、时事述评等形式。如 2008 年 8 月 16 日中新社的消息《易建联完成"自我救赎"　球迷山呼"阿联"》，就是一篇述评消息。

第三节　消息的要素内容及结构

一、要素内容

消息一般由标题、消息头、导语、主体、背景材料、结尾几部分组成。

（一）标题

"看报看题"，标题是消息内容的精粹，是消息的点睛之笔，也是受众接受消息信息的第一环节。好的标题能够用凝练精辟的语言揭示消息内容，传递消息的主要信息，评点新闻事实，引导受众理解主题。同时，报刊和网络新闻的标题还能起到美化版面的作用。

消息标题写法独特。它有三种类型：单行标题、双行标题、多行标题。

1. 单行标题

单行标题一般用简明的叙事语言点明消息内容的要素，提炼出消息内容的精华，使人一目了然。它具有朴实醒目的特点。如路透社一篇消息的标题：

奥巴马敦促北约和俄罗斯改善关系

也有的单行标题用比拟等手法写作，非常艺术，富于吸引力和感染力，如：

海洋问："我的鱼呢？我的鱼呢？"

2. 双行标题

双行标题有"引题＋正题"、"正题＋副题"两种。"引题"的位置在正题之上，其作用是介绍背景、说明原因、烘托气氛、阐明意义、引出正题，又称"肩题"、"眉题"。"正题"又称"主题"，是消息标题的主体，用以点明消息最重要的事实或新闻价值。"副题"置于正题之下，又称"辅题"、"子题"，主要对主题或正题进行解释、印证、补充说明。

引题＋主题式：

出席联合国系列会议和二十国集团领导人第三次金融峰会后

胡锦涛回到北京

主题＋副题式：

国庆焰火表演设 99 燃放点
全部焰火量是北京奥运会开幕式使用量的两倍

3. 多行标题

多行标题指三行及三行以上的标题，由引题、正题和副题组成，甚至还有提要题。

美国国防部长盖茨撰文称

弃东欧反导并非向俄妥协

俄称在加里宁格勒部署"伊斯坎德尔"导弹计划已无必要

三种标题相辅相成，更能激发读者的阅读兴趣。在三种标题中，正题的地位最突出，用大字号书写，引题次之，副题最小。

制作双行标题和多行标题时要注意处理好虚实关系。实题是揭示事实的标题，虚题是烘托气氛、阐明意义的标题。写作双行题时，必须一题为实，另外一题可实可虚，但不能全虚。多行题中，也必须有一题实写，其余可实可虚。一般情况下，副题为实题。

消息标题必须揭示主要的新闻事实，要具体确切、简练生动，使受众望题而知意，产生阅读兴趣，决不能文不对题，也不允许各种题目之间意思分离、矛盾、重复。

（二）消息头

消息头是关于发出消息的媒体、地点、时间和作者的说明。它是媒体对于消息文章的版权的标志，是消息文体的标志，它将消息同其他新闻文体区别开来。其具体位置，报纸、广播将其置于消息开头的导语之前，电视台往往放在消息之后，或用字幕标示。

按照传递消息的方式，消息头分为"电头"和"讯头"两个种类。"讯头"主要是通过邮寄或书面递交方式传递回报社的消息稿件。报社通过自己的新闻渠道获得的本埠消息，标为"本报讯"。如果稿件从外埠邮寄回报社，必须标明发布新闻的时间、地点，如写为"本报上海某某日消息"。"电头"主要指通过电报、电话、电传等形式传回本部的消息稿件。电头有四项内容：新闻单位名、发布地点、时间及播发形式，如"新华社巴黎7月21日电"。

（三）导语

导语是消息区别于其他文体的一个重要标志。它是紧接消息头之后的一句话、一段话或多段话，是消息具有一定独立性或统领性的开头。通常用一段比标题详细的简洁凝练的文字概括最重要、最新鲜的新闻事实，有时引发一两句依托事实的精辟议论。

消息导语的功能，一是提纲挈领，以凝练的形式反映新闻事实的要点、轮廓，揭示消息的新闻价值；二是定调和立意，确定消息报道的基调，表明写作意图，如孰是孰非、何贬何扬，等等；三是引起读者注意，先声夺人，激发受众的兴趣。

（一）按外在形式的特征分类

从外在形式的特征来看，导语常见的形式有单句式、一段式、复合式（即多段式）几种。由一句话构成的导语称为单句式导语，由一个自然段构成的导语是一段式导语，复合导语则指由两个以上自然段组成的导语。复合导语有主导语、次导语之分，通常用于外交、军事等新闻中。

以上是根据消息常见的情况，从外在形式角度作出的大致分类，但这种划分不是绝对的。美国的麦克道格尔在《新闻的结构》一书中指出："导语是新闻的开头，它以经济的笔墨反映出新闻的要点或轮廓。导语并不能和新闻的第一句或第一段画等号。有些报纸采用一句一段的表达方式，这时，导语就用几个段落来概述新闻内容。所以，导语的含义只是指组成新闻的头一个单位，它所担负的任务是以凝练的形式来表述新闻的主要内容。"

（二）按内容要素的多寡分类

如果从导语内容要素的多寡来看，导语有传统的五要素、六要素导语和后来的部分要素导语之分。19世纪60年代美国南北战争期间，人们要求迅速获得战争消息，通讯社和大报馆派往华盛顿、里士满等各地战场进行采访的记者，仍然按照流行的编年体方式报道战事。由于电讯业不发达，电报经常中断。昂贵的费用和技术的不完善，迫使记者想方设法在电报机可能出现故障之前，将主要的、能吸引人的新闻事实抢先发送出去，而把次重要的内容放在稍后的位置上，最次要的内容放在尾部。这样人们就进行要素写作，抽出最关键的事实六要素，放在消息最前面，像一个内容提要，使读者对新闻事实有一个宏观把握，从而产生了导语和倒金字塔结构的消息。19世纪末叶，美联社明确要求该社发出的每一条消息都要具备5个W和一个H，"5W＋H"式的导语就此确定下来。六要素俱全的导语被称为"第一代导语"，曾经在40年左右的时间里统治新闻界的导语写作。

1889 年 3 月 30 日，美联社记者约翰·唐宁发的一条长消息，其导语被许多新闻学著作奉为"六要素导语"的典范：

> 萨摩亚阿皮亚 3 月 30 日电：南太平洋沿岸有史以来最猛烈的风暴，于 3 月 16 日横扫萨摩亚群岛。结果有六条战舰和十条其他船只，要么被掀到港口附近的珊瑚礁上摔得粉身碎骨，要么被掀到阿皮亚小城的海滩上搁了浅。美国和德国的 143 名海军官兵有的葬身珊瑚礁上，有的则在远离家乡万里之外的墓地上，为自己找到了永远安息的场所。

随着时代的变化，人们生活节奏加快，部分要素导语兴起。20 世纪二三十年代，美国的传媒要求导语写作在结构上必须简洁明了，《纽约时报》认为"没有必要，也许永远没有必要，把传统的五个 W 写在一个句子里"。人们根据新闻事实的特点，选取几个最能反映事实主要内容、激起人们兴趣的要素，达到先声夺人的目的，而让其他的要素在主体陆续出现。从第二次世界大战到现在，凝练而新颖的部分要素式导语风靡世界，人称"第二代导语"。如：

> 今天是义务征兵的最后一日。珠穆朗玛迎来了她特殊的日子。

当然，在必要的情况下，五要素、六要素导语仍然可以使用，如：

> 新年以来的近一周时间，我省连续发生 21 起因食用未煮熟的四季豆而引起的食物中毒事件，造成 152 人中毒住院。

一般说来，要素俱全是新闻写作的基本要求，消息应该具备六要素，才能够报道得确实，才可能具备强大的说服力，否则，内容就不完整。所以，在写作中虽然不宜将六要素一应俱全地塞进导语，但是也要注意灵活多变、恰如其分地在不同的段落交代余下的新闻要素。有时，对消息中那些该省略的地方可以省略，力求做到短而精，但要以受众弄懂消息内容、不致产生误解为前提。

西方传媒界对于导语写作普遍的要求是：导语必须和消息符合；导语应具有使读者继续往下读的吸引力；导语要短，做到恰如其分；导语通常要以关键的新闻要点为基础。

（三）按表达方式分类
如果从表达方式角度来考察，导语常见以下一些类型：

1. 概述式导语
概述式导语是直接概括叙述新闻事实中某些要素的导语。

这类导语抓住消息中最新鲜、最主要的事实予以叙述，具有客观性。开门见山、简明、平易、朴实，非常适合快速报道新闻，已成为使用最普遍的导语写作模式。但它容易因为叙述的平淡无奇而缺乏吸引力，不易写好。所以，既要直截了当地叙述事实，又应选择最具冲击力的事实或要素加以突出，揭示实质性内容或突出事物特点。如消息《萨摩亚海啸死亡人数可能超过100》：

> 太平洋岛屿美属萨摩亚和西萨摩亚周三遭受多次海啸袭击，官员们表示，可能已造成100多人死亡，数百人受伤，并有多个村子被毁。

2. 描写式导语

是对新闻人物、新闻现场或事实进行描写，简洁地勾勒人物、事物的形象或再现场景的导语。描写式导语具有生动、形象、活泼的特点，能使受众获得如见其人、如临其境的效果。

消息《司机开车抓蚊子　汽车转眼飞下3米高坡险丧命》一文就运用了描写式的导语：

> 抬起手，抬起手，路是直的；放下手，路没了。

合众国际社的一则消息用形象化的描述性语言实现了一种见闻式的写意，具有很强的现场感和感染力：

> 圣海伦斯火山昨晚爆发，从烟雾笼罩的火山口喷出的巨大蘑菇状黑色烟柱升入天空，高达将近10英里。驾驶飞机在火山上空摄影的飞行员说，这次火山爆发看起来就像是原子弹爆炸。

3. 评论式导语

又称议论式导语，是直接评述新闻事实，揭示新闻事实的因果关系或其现实意义，表明态度的导语。

评论式导语有不同的写法：一种是先叙事实，后评论；另一种是先评论，揭示事实的意义或因果关系，后写明评论的事实根据或来源。不论采用哪种写作方式，都要借助一些事实因素来表达对事实的态度。新闻一般不需要大发议论，但不等于不可以议论。要注意写进导语的议论内容应言简意赅。

先叙事实、后评论的导语，如：

> 今天，月球距离地球最近和太阳、地球、月球三者排成一条直线发生在同一天，而且两者相隔只有两个小时，这是比较罕见的天文现象。

消息《G20峰会在国际金融体系改革方面取得重大进展》的导语还在叙事之前进行描写，形成"描写—叙述—评论"式的灵活写法，作者对"阳光"的描写既是写实，又与揭示意义的"亮点"相呼应，艺术地突出了主题：

> 秋日的阳光从云层中射出，照耀着匹兹堡——美国昔日的"钢铁之城"。25日，二十国集团领导人在这里达成诸多共识后，结束了一年来的第三次金融峰会。发展中国家在全球经济治理中的代表性和发言权得到大幅提升，成为此次峰会的最大亮点。

先议论、后写明事实根据的导语，如消息《媒体评中国最美 12 女性 巩俐章子怡杨澜等上榜》的导语：

> 六十年光阴足以湮灭太多的东西，但是仍有很多人，很多事，铭记在人们心里。据香港文汇报报道，广州《南方人物周刊》选出中国 12 位最美丽的女性，香港人熟识的巩俐、伏明霞、杨澜、章子怡等均榜上有名。

4. 引用式导语

引用权威资料、新闻人物权威的或精彩的语言作为消息的开头，以点明消息主题、要点，表明某种思想观点或体现某种政策等，叫引用式导语。

消息《广电总局称央视年收入 230 亿 跻身世界前 50 名》一文的导语是：

> 广电总局新闻发言人朱虹今天在接受媒体采访时提到，中央电视台建台时全部靠国家的财政拨款，现在中央电视台一年总收入 230 亿人民币，进入到全世界电视台前 50 位。

5. 结论式导语

结论式导语是在开头直接提出结论的导语。结论往往以一个较为明确或具有新意的判断，写明事实的结果或提示报道的意义、目的。《跨国公司对中国内地食用油市场控制力渐强》一文就运用了这种导语：

> 中国食用油脂油料对外依存度一直偏高，二〇〇九年以来，进口食用植物油价格大幅下降四成左右，使得广东省进口量连续四个月高位运行。尽管目前中国内地正处于传统的食用油消费淡季，但进口量并未回落，充分表现了外资对中国内地食用油市场的控制力。

6. 设问式导语

设问式导语是先提问题，引出下文，用事实进行回答的导语。新巧的设问能够集中受众的注意力，引起受众对所写事实的重视，使他们在积极主动的思考过程中阅读。

散文体消息《国宝大熊猫和狗原来是"近亲" 60％与人相似》的导语在设问的同时设置了悬念：

> 大熊猫为什么是"黑眼圈"？为什么身为"熊"却不冬眠？为什么对竹子情有独钟？大熊猫和"狗熊"是近亲吗？未来的大熊猫会是啥模样？这些问题将随着大熊猫"晶晶"基因组被解读而一一解答！

7. 解释性导语

概述主要新闻事实，并对其进行简要解释，或直接写出背景材料的导语，叫解释性导语。如，把新闻事实同其背景进行数量上的比较、阐述，注释专门术语、知识，对前面的叙述进行简要解说等。如消息《乌鲁木齐对 7·5 事件 6 起重大犯罪案件提起公诉》：

新疆维吾尔自治区乌鲁木齐市人民检察院将乌鲁木齐"7·5"打砸抢烧严重暴力犯罪事件中的六起重大犯罪案件21名被告人依法向乌鲁木齐市中级人民法院提起公诉，分别是阿不都克里木·阿不都瓦伊故意杀人、放火案，艾尼·玉苏甫等4人故意杀人、放火、抢劫案，艾合买提江·莫明等11人故意杀人、抢劫、放火、故意毁坏财物案，阿力木·麦提玉苏普、塔衣热江·阿布力米提故意杀人、抢劫、放火案，艾则孜江·亚森故意杀人、抢劫案，韩俊波、刘波故意杀人案。

消息《剑阁5名领导干部违规打麻将受到免职处理》在导语中直接写入了背景材料：

15日，记者从相关部门获悉，剑阁县5名领导干部违规打麻将受到免职处理。这是继6月份广元市劳动和社会保障局副局长黎春林等4名领导干部违规打麻将被免职后，今年广元市查处的第二起领导干部打麻将事件。

8. 比兴式导语

比兴式导语是借助"比"、"兴"手法，间接描述环境、渲染气氛或形象，展示所写对象情态的导语。常用于非事件性新闻。

消息《〈天气预报〉国庆"变脸" 四季片头更加明确》运用这种导语，取得生动形象的表达效果：

9月28日央视一套即将改版，《天气预报》紧跟央视一套的改版"潮流"也进行了"变脸"。本次改版在高清的背景下对画面、内容提出了更高的要求，片头也进行了改变。据中国气象局华风气象影视信息集团负责节目管理的副总经理王倩介绍，新版《天气预报》将在国庆期间揭开"神秘面纱"。

9. 悬念式导语

这类导语往往使用悬念技巧，抓住新闻事实中最新鲜的，使人感到反常、意外或紧张的部分，在消息开头设置悬念，激发受众的好奇心，使之产生阅读兴趣。例如《徐凯自杀，疑惑多多》，其导语是：

赵恩龙跳楼一事尚未尘埃落定，仅两个多小时车程距离的古城西安又曝出富豪自杀消息。

（四）主体

消息主体是处于导语之后，印证并展开新闻事实的细节和过程、回答导语中的问题的部分。也称为消息干，既是安排新闻事实的部分，也是表现主题的核心部分。它围绕主题具体展开消息内容，其使命是：第一，解释或深化导语，即对导语概括的主要事实提供必要细节和有关背景材料，以使受众更清楚更具体地了解事实全貌，表现消息主题；第二，补充导语没有涉及的事实，即对导语不能涵盖的全部事实要素、不能涉及的多个有关方面、所有尚未涉及而又应涉及的内容，作出补充交代，使受众对事实的来龙去脉有更深的理解。

写作消息主体应当注意两个问题：一要与导语一致，不能形成两个中心，也不能与之重复；二要注意补充导语未提到的事实，使文章饱满充实。

（五）背景

背景原指绘画等艺术作品中衬托主体的"背后景物"。在新闻学中，新闻背景指的是新闻事件或新闻人物酝酿与生存、存在与发展的环境和条件，它反映着新闻事件或新闻人物与社会各个领域发生相互作用和相互影响的原因与过程。①

要完整地理解新闻背景的内涵，我们不妨从三个方面来认识：

第一，从它与新闻作品的关系看，它是新闻作品的有机组成部分，是"新闻中的新闻"，或"新闻背后的新闻"；

第二，从功能来看，它是对新闻事件产生的历史、环境、原因、时间、空间等条件所做出的解释、说明，是补充、反衬或烘托新闻事实和新闻主题的重要材料；

第三，从内容来看，它是"用来解释新事实的旧事实"，或者说是对新闻本体做出解释、说明的附属事实。

新闻背景包括历史背景、地理背景、人物背景、事物背景、知识背景、社会背景等，无论消息还是通讯，对新闻背景的运用都是非常普遍的。

消息背景是新闻事实发生的历史条件、现实环境及其与其他方面的联系的材料。它在消息写作中有着重要的作用：可以帮助读者了解事情发生的来龙去脉、前因后果；可以对比、烘托；突出新闻事件的意义和价值，寄寓作者的倾向；可以使消息文章枝繁叶茂、丰富饱满，增加可信度和说服力。

背景材料的处理方式非常灵活。它可以写入导语，可以穿插在主体中，也可以安排在结尾。在形态上，可以独立成段，也可以穿插在别的内容当中。

背景材料的类型有以下几种：

1. 对比性背景材料

是提供新闻对象的历史材料，通过对新闻人物或事件的正反、左右、今昔、前后对比，来突出新闻对象的特点，突出主题及其深度的材料。通常有两种比较方法：纵向的当前情况和过去情况的对比、横向的此事物与彼事物的对比。如"有史以来的第一次"、"百年不遇的特大洪水"、"五百年一遇的日全食"，是事物自身发展中不同阶段情况的比较。"世界首张大熊猫基因组序列图谱绘制完成"，则是中国与世界上其他国家的比较。事物的新鲜度与新闻价值往往取决于纵向、横向的对比。

2. 说明性背景材料

是说明或解释新闻事实产生的原因、条件、环境，介绍新闻人物的身份或与周围人物的关系的材料。通过纵向或横向的联系，交代事情的来龙去脉、前因后果，帮助读者全

---

① 参见高钢：《新闻写作精要》，195页，北京，首都经济贸易大学出版社，2005。

面、深入地理解新闻事实的意义和价值。如消息《和平奖献给人质哈桑》的背景材料：

> 爱尔兰蒂珀雷里和平大会1日宣布，把蒂珀雷里国际和平奖授予在伊拉克遭绑架并可能已经遇害的人道主义援助机构"凯尔国际"成员玛格丽特·哈桑。
>
> ⋯⋯⋯⋯⋯⋯
>
> 哈桑拥有英国国籍，在伊生活30多年，一直致力于改善伊医疗系统和水利设施的工作，是国际人道主义援助机构"凯尔国际"驻伊首都巴格达办事处负责人。去年10月，她在巴格达被不明身份的武装人员劫持。卡塔尔半岛电视台后来收到一盘录像带，记录了一名女人质遭武装人员杀害的场景，这名女性很可能就是哈桑。英国政府曾表示，虽然一直没有找到她的尸体，但哈桑可能确实已遇害。

3. 分析解释性背景材料

对于消息中出现的新的、专业性较强或错综复杂的新闻事实，如科学技术项目的名称、新发明的产品及其技术性能、党和政府新出台的政策等，需要作出分析解释，以引导读者理解、阅读。这类材料叫做分析解释性背景材料。

消息《G20峰会在国际金融体系改革方面取得重大进展》在文章末尾对"G20"这一概念进行了注释：

> 二十国集团成立于1999年9月25日，其成员包括美国、日本、德国、法国、英国、意大利、加拿大、俄罗斯、中国、阿根廷、澳大利亚、巴西、印度、印度尼西亚、墨西哥、沙特阿拉伯、南非、韩国、土耳其和作为一个实体的欧盟。
>
> 2008年11月25日，二十国集团领导人首次在美国首都华盛顿举行峰会，商讨如何应对不断加剧的国际金融危机；2009年4月，二十国集团在英国首都伦敦举行了第二次金融峰会。

（六）消息结尾

结尾是消息的结束句或结束段。它的作用是收束全文，加强主题的表达，显示消息形式上的完整性和内容上的深刻性。但是，结尾不是所有消息必备的结构部分。有的短讯可以不要结尾。在事件性消息中，结尾通常就是事件的结束点，所以，事件消息完全可以自然结尾，并不一定在报道写完后写作专门的结尾。

结尾不能重复导语和主体，而应紧扣主题。

结尾的方法一般有：

1. 总结法

画龙点睛，总结全文，加深受众印象，突出主题。通常表现为议论。如消息《广电总局称央视年收入230亿 跻身世界前50名》的结尾：

> "以前都是中国人向外国人学习电视广播，现在外国人向中国学习，而且我们'走出去'取得很好的成效。"朱虹以动漫《三国》为例，称《三国》目前已经卖到了25个

国家，在国际上的影响力非常大。"所以这些年的中国广播电视成就还是很突出的。"

2. 拾遗补缺法

这种结尾一般是段落式，在结尾处增加、补充导语和主体部分没有提及的要素或背景，使报道更加完整、充实、圆满。

消息《G20峰会在国际金融体系改革方面取得重大进展》，在概述和说明G20峰会发表的《领导人声明》的主要内容，介绍峰会取得的成绩、进展后，用一个专门的段落补充G20峰会的历史背景，结束文章：

> 2008年11月25日，二十国集团领导人首次在美国首都华盛顿举行峰会，商讨如何应对不断加剧的国际金融危机；2009年4月，二十国集团在英国首都伦敦举行了第二次金融峰会。

3. 自然结尾法

自然结尾法是在主体部分已将必要的内容、要素交代完毕，至此自然收束，不再写作专门的结尾段落。如以下这则消息：

中国第一獒成都散步　身价800万片酬6位数

> 被称为国内第一"虎头獒"的纯血统藏獒"酋长"昨（26）日从西藏回到成都，在西三环路外的一座公园广场内歇脚时引起了众多市民的围观。
>
> 据了解，这只仅仅两岁的藏獒其身价已经超过800万元，同时还是在广州即将开拍的国内首部藏獒题材影视剧的绝对"主角"。和藏獒一起的某藏獒俱乐部理事长吴建春介绍，"酋长"生于青海玉树，堪称国内顶级的藏獒，不仅是"帅哥"，而且还是"大腕"。"即将在广州开拍的国内首部藏獒题材影视剧它是绝对'主角'！"吴先生透露，它的出场费都达6位数。

二、消息的基本结构

这里主要介绍消息主体安排材料的方式。常见的有以下三种：

第一种，按时间顺序，即按照事实发生的时间顺序或情节发生发展的过程顺序安排层次。重大事件消息、社会新闻、故事性较强的消息大多采用这种方式。

第二种，按逻辑顺序，即按照事物的内在联系和主次、因果、并列等逻辑关系安排材料顺序。动态消息、经验消息、综合消息等常常采用这种方式。

第三种，将时间与逻辑关系混合起来安排材料，内容复杂的经验消息、动态消息等多采用这种方式。

这三种材料组织构造方式的具体运用，是在长期的新闻写作过程中形成的，体现为以下几种常见的结构形式。这些结构形式体现了不同的审美规范上的风格差异，由作者的审美理想和对消息结构的不同理解所致。

（一）倒金字塔结构

这是按照内容的重要性程度递减排序的一种消息结构，也称为倒三角式结构或倒宝塔式结构，是按照新闻事实的重要程度或受众关心的程度，先主后次地安排事实材料，将最重要、最新鲜的事实放在消息开头的导语中（导语内部也按重要程度排序），相对次要的材料放在后面，形成最重要—重要—次重要的形式，借以突出最重要、最新鲜的事实和主题。这种结构的特点是读者兴趣呈递减状，内容方面上重下轻，形象地看，像一座倒置的金字塔，故名倒金字塔结构。

具体写作这种结构的消息主体，在解释和深化导语、补充新事实的时候，应将导语表达的主要事实要素作必要的展开，还要视读者对导语剩余的新闻要素的关心、关注程度，将读者最关心、最感兴趣的新闻要素，以递减的方式写出来。

倒金字塔结构是消息使用最多、最广泛的结构方式。一般地讲，其好处有三：一是能够突出消息"新"、"短"、"快"的特点，记者只要把握好新闻事实的主次轻重，就可以快速组织起材料，按照事实的重要顺序写作，自然形成消息文章清晰的结构；二是符合受众的信息接收需求和特点，便于受众在最短的时间里，对消息主要要素和自己最关心、最感兴趣的信息了解于心，根据自己的时间和兴趣自由掌握阅读的详略，对消息内容进行取舍；三是便于编辑删改，因为整篇消息以兴趣递减的形式写作，所以，当版面紧张时，编辑可以根据需要从文章的后面依次删节，而不至于丢失消息的主要信息，不影响其完整性。

倒金字塔结构适用于报道时效性强、事件单一的新闻事实。对报道那些非事件性新闻、过程性很强的故事性新闻不太适宜。另外，这种结构的导语、正文和标题容易重复，或者文章内容跳跃，互不关联，需要根据主题妥善进行处理。

倒金字塔结构的基本模式如图2—1所示：

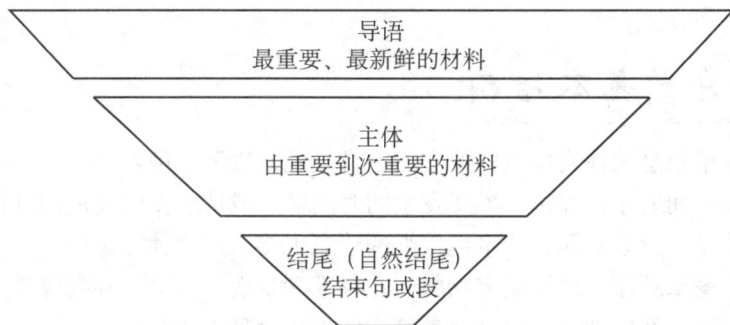

图2—1　倒金字塔结构

（二）悬念式结构

悬念式结构是在消息开头设置疑团，点出消息中最精彩或最重要的部分，使读者急于了解事件的发展和结果，然后在主体部分展开内容，在主体或结尾处释疑的一种消息结构形式。它往往采用倒金字塔式和金字塔式相结合（混合式结构），或倒金字塔式与散文式相交叉的写法。这种结构方式既有倒金字塔结构的吸引力，又有金字塔或散文式结构的笔法，较为生动。

（三）金字塔结构

金字塔结构是按照时间顺序安排材料的消息结构形式。这种结构的躯干部分是名副其实的"主体"部分，一般按照事实发生的时间顺序或情节发展的过程顺序，从前到后地写作，目的是将新闻事实及其发展中最重要的部分交代清楚。这种结构又称为编年体结构、延缓兴趣式结构、时间顺序式结构，因形态似正放的金字塔，故名。这种结构形式便于描述复杂事件的纵向联系，动态化地展现事件发生中的各个阶段，一般用来写作故事性较强、人情味较浓、以情节取胜但是线条单一的新闻事件，其特点是：有头有尾，脉络清楚，层次与层次之间为纵向展开，因为按照受众接受信息的自然思维进程安排材料，易于为受众所接受和理解，具有生动性和吸引力，因此，特别适合写作新闻故事、现场目击一类的消息。

但是，这种结构篇幅较长，容易出现平铺直叙的毛病，且开头不易产生吸引力，消息的精华部分淹没在长篇叙事之中，不能像倒金字塔结构那样一下抓住主要信息。所以，一定要有主有次，有详有略地写作，要尽快进入主体的精彩部分。如果不加剪裁，事无巨细地照录，就有可能写成流水账，使受众丧失耐心。

金字塔结构的基本模式如图 2—2 所示：

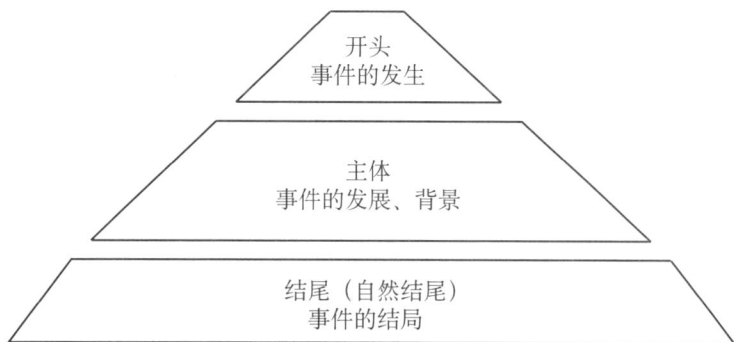

图 2—2　金字塔结构

（四）倒金字塔与金字塔混合式结构

这是金字塔结构与倒金字塔结构的混合形式。这种结构的开头一般是一个导语，然后按照事件发生发展的时间顺序来安排组织材料，其主体采用金字塔结构。这样安排结构兼有两种结构形式之长，消除了两种结构形式的局限，既能开门见山，突出最重要、最新鲜的新闻事实，引起强烈的新闻感，又有清晰完整的叙事，线索自然清楚，重点突出。写作时要注意安排开头和结尾的材料，尽量避免重复。

混合式结构的基本模式如图 2—3 所示：

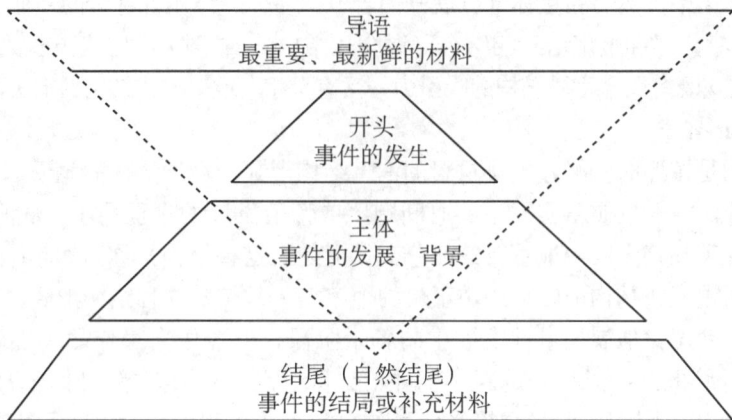

图 2—3　倒金字塔与金字塔混合式结构

（五）并列式结构

并列式结构的消息是在一个概括性的导语之后，于主体部分把相关联或重要性大致相等的几个材料并列组织起来的结构形式。其并列的几个部分可以是几个段落，也可以是由不止一个段落组成的层次。这种结构不受时间限制，有利于揭示事物或问题的内在逻辑关系，反映事物的本质特点和意义，既生动别致，又引人深思。在概括性的导语后面并列地展开几个部分，结构高度清晰，写作方便。它特别适用于公报式新闻或经验式新闻。写作时首先要注意分析材料的性质和类别，其次要选好叙述角度，理清行文条理，注意材料的先后与详略。

这种结构的缺点是，难于反映复杂事物的纵向关系，不便于立体化、动态化地展示新闻事件。

并列式结构的基本模式如图 2—4 所示：

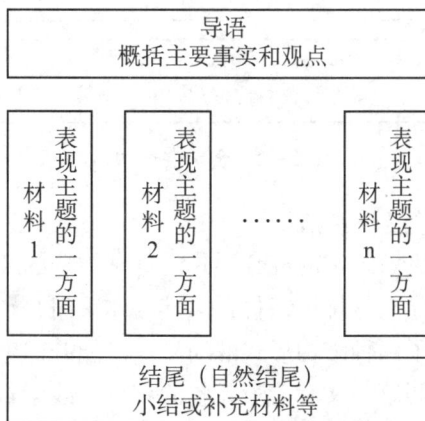

图 2—4　并列式结构

（六）散文式结构

散文式结构是用自由、灵活的手法组织安排段落和层次的结构方式。其结构形态借用了散文的构成方式，机巧灵动，自由腾挪，没有框框，浑然天成，可以避免浅显、直观，将简单的内容写得富有变化，把呆板的文字写得生动活泼，使单一的新闻事件变得丰富，使平面的事实立体化，且富于人情味。因而，能扣动受众心弦，加深其印象。

运用散文笔法来组织消息的材料需要注意以下四点：一要注意灵活运用叙事、描写、抒情、议论、说明等多种表达方式，注意运用细节描写，尤其要进行场面描写，增强现场感；二要注意恰当运用修辞手法，注意借鉴其他艺术形式的手法，如《大平夫人看望"欢欢"——长得多么可爱啊！》就是一篇典型的拟人化消息，《国宝大熊猫和狗原来是"近亲"　60％与人相似》就借鉴了悬念手法；三要注重对新闻事实的组合，可以贯穿线索、形散神聚，还可以采用聚焦法，安设文眼，设置驱策全篇的一两句话、关键性的词语或精心描摹的中心，将作品的材料穿接起来，使结构严谨，如《家家听到牛哞声　户户闻到奶茶香》；四要做到笔墨灵活有度，张弛疏密相间。

散文式写法是由新华社著名记者穆青1982年在《关于新闻改革的一点设想》一文中提出来的。当年新华社记者郭玲春率先运用了这一结构方式，写出受到好评的散文式新闻——《金山同志追悼会在京举行》，结构突破常规，为新闻写作改革做了有益的尝试。

第四节　消息的写作要求

一、交代清楚要素

要素构成消息不可或缺的基本事实因素，一条完整的消息只有要素俱全，才能将信息报道得完整、确实。因此，消息报道新闻事实应该具备六要素。

在受众可以理解或不至于产生误解的情况下，出于精练的必要，有的要素可以省略。

二、提炼深刻主题

消息主题是新闻事实本身所具有的思想意义。有的事实没有意义，有的事实意义显露，有的事实则具有多方面的属性，因而具备多侧面的内容、多方面的意义。在具有多侧面内容和多方面意义的事实身上，消息主题则是作者对某一方面意义的选择和肯定。

主题来自于对新闻事实的分析，分析则涉及角度问题、准确性问题和深刻性问题。确定消息主题，首先要客观、准确地认识新闻事实所蕴涵的思想意义，找到能够揭示事实本质的着眼点，即好的报道角度，并围绕这一角度，选取最有新闻价值的意义方面，紧扣主题进行写作。

因此，新闻写作者应当注意提高自己的认识能力和思维水平，敏捷、准确地分析、判断，由此及彼、由表入里，深刻认识新闻事实。此外，还要把握时代精神。所谓时代精神，是特定时代先进的、代表大多数人利益的人们身上所体现出来的思想观念、思维方式、价值取向和精神追求的总和。消息要有深刻的主题，就必须把握时代脉搏，将其作为认识、判断和评价新闻事实的出发点、依据。要在题材内容上反映时代的人文精神和价值取向，体现出先进的人们所具有的社会观念、思维方式，用具备时代气息的叙述语言写作。

三、真、短、快、活、强

消息写作要力求真实，杜绝假新闻，即使是局部的、细节的失实也不允许。内容要新鲜，写作迅速及时，讲究时效性。篇幅要短，文字要精练，要在有效的篇幅中包容尽可能多的信息点。要写得通俗、生动、形象，饶有风趣，具有可读性，引人入胜。

要做到事实准确，就要重视调查研究，不闭门造车，不夸大虚空，不添油加醋。要及时、迅速地采访、思考和写作，抓住事件本质，写出短小精悍、寓意深刻的新闻作品。例如《海拔4 161米：总理跟我们合影》一文，语言流畅精练、时效性强、信息量大，700多字的篇幅传达了30多个有效信息，堪称一篇既具行业特色、又富于社会意义的新闻精品。

要在内容上让消息"活"起来，新闻写作者尤其要身临其境，耳闻目睹，认真采访、记录，用充实具体的形象，使消息内容可闻、可见、可触、可感，将受众带到新闻现场，增强读者的阅读欲望，避免空洞的说教。

所谓"强"，指的是接近性强、思想意义强，具有针对性、深刻性。越是人们普遍关注的、与国计民生有密切关系的重大事件，越是人们迫切需要解决的问题，越值得关注、写作。要以敏锐的眼光，提炼深刻的主题，把最具有新闻价值的信息报道出来。

四、用事实说话

消息是通过客观地叙述新闻事实及其背景来体现观点，用事实本身的逻辑去影响受众的。用事实说话是新闻写作的基本功。

五、掌握倒金字塔结构的写法

倒金字塔结构的价值已为历史所证明，也为众多的记者和编辑所接受。比起其他的结构形式，它形式固定，写法经济；对作者来说，可以使其集中注意力，把最重要的新闻找出来并清晰地表达，而且便于处理信息，写作快捷；对编辑和读者来说，它易于删减而不致破坏消息的完整性，有助于忙碌的人们在最短时间内了解消息内容。因此，学习消息写作要重视掌握这项基本功。

特别提示

职场写作实践表明，在消息写作过程中经常容易出现一些问题，其中最主要的有：标题表意重赘；标题与导语、主体分离或矛盾；导语不精彩，缺乏吸引力；深化主题不理想；结构不清晰；用语不合体、不准确，表达方式使用不当；等等。写作者要勤思考、多练笔，揣摩学习范文的成功之道，努力避免这些问题。

病文诊疗

【原文】

我院 2010 年田径运动会顺利闭幕

经过两天半激烈的比赛，（2010）4 月 10 日下午，我院 2010 年田径运动会的各个竞赛项目已经圆满结束。

此次运动会取得了丰硕的成果，达到了全民健身和运动成绩双丰收的目的。有六个同学在五个项目上打破了全院的运动会纪录，三个同学在三个项目上平了学院的运动会纪录。来自我院各系部的 16 个参赛单位，共计 671 名运动员分别参加了此次运动会的 28 个竞赛项目。

经过一次次奋力拼搏，生工学院、经管学院以及电讯学院分别以 158 分、128 分以及 102 分获得学生组团体总分的前三名。而获得最佳体育道德风尚奖的是：生工学院、机械学院、艺术学院以及政法学院。赛场上，他们和其他运动员发扬了勇于拼搏、敢于创新的奥运精神，反映了我校师生奋发向上的精神风貌！

【简析】

（1）导语和标题分离。从标题看，消息写的是运动会闭幕式，无疑应以闭幕式为重点来写作导语和主体，而消息却只字不提闭幕式。虽然闭幕式的含义和运动会的结果与导语所写的"结束"意思一致，但是，竞赛项目结束并不等于运动会闭幕。因此，应当以闭幕式为报道对象，扣紧标题写作导语。最好对闭幕式的热烈氛围进行适当的描写，使表达生动活泼。

（2）导语不精练。病文中的导语在月、日前面对年份加以括注，毫无必要。

（3）主体部分的内容和表达方式运用不恰当。这部分应当根据标题和导语来展开闭幕式的主要内容，即对导语概括的主要事实提供必要细节和有关背景材料，以使受众更清楚、更具体地了解闭幕式的面貌，并深化导语，表现消息主题。在表达上，应当注意用事实说话，使用概述为主的表达方式。本文总括了运动会取得的成绩，写出了运动员拼搏精神的主题，但是仍然没有扣住闭幕式来写作，而且在主体的开头和结尾部分采用议论的方式来表现主题，违反了消息写作的原则，削弱了消息的真实感。从病文可见，作者的文体意识不强，没有掌握消息各个内容部分的写作要求。

（4）对对象的评价不恰当。"此次运动会取得了丰硕的成果，达到了全民健身和运动成绩双丰收的目的"一句，将院校运动会的成果夸大为达到了全民健身的目的，显然不符合客观事实，是不真实的。

（5）逻辑混乱。打破纪录和平纪录的事实与运动员参与竞赛项目的事实具有逻辑上的承接关系，应当写在其后。

【修改文】

我院 2010 年田径运动会顺利闭幕

本报讯　4 月 10 日下午 16 时，××体育场彩旗飘飘，鼓乐雄壮，××××学院 2010 年田径运动会在此落下帷幕。

本次运动会历时三天，是我院建院以来的第七届运动会。来自我院各系部的 16 个参赛单位，共计 671 名运动员分别参加了 28 个竞赛项目和 4 个表演项目的比赛和表演，共有 5 个项目 6 人次打破院运会纪录，3 个项目 3 人次平院运会纪录。

闭幕式上，各参赛单位一一入场后，副院长××宣读了获得各项目前六名及体育道德风尚奖的单位和个人的名单，获奖单位代表和个人依次上台领奖；院长×××致闭幕词。经过一次次奋力拼搏，生工学院、经管学院以及电讯学院分别以158分、128分以及102分获得学生组团体总分的前三名，生工学院、机械学院、艺术学院以及政法学院荣获最佳体育道德风尚奖。

×院长在闭幕词中指出，本次运动会取得了圆满成功。运动员们发扬了勇于拼搏、敢于创新的奥运精神，裁判、工作人员严肃认真，充分表现出我院师生奋发向上的精神风貌。

范文评析

海拔4 161米：总理跟我们合影

毕锋 李晓华

今天16时30分，共和国总理温家宝专程乘坐火车，来到海拔4 161米的玉珠峰站工地，与工人们共度劳动者自己的节日。

今天是第116个五一国际劳动节。14时30分，温总理来到青海格尔木市郊30公里的青藏铁路南山口铺架基地。他健步走下汽车，直奔工人中间，与大家热情握手交谈。工地上，欢呼声、掌声响成一片。

"来，我们一起合个影。"总理的提议让早已激动的工人师傅们更加欣喜若狂。青工小夏非常兴奋地说："真没想到，总理会主动同我们照相，跟做梦一样。"

"和大家在工地上过节，心里感到非常高兴。"总理对这些长年累月工作在"生命禁区"的辛勤劳动者深情地说："建设这条世界上海拔最高、难度最大的铁路，非常不容易。""我向大家表示致敬和感谢！"

轨排成品区旁，温总理与70多名劳模合影。站在前排中间的罗发兵、李金城、马新安、程红彬最令人羡慕。他们昨天与总理同在北京人民大会堂出席全国劳动模范和先进工作者表彰大会，今天又和总理在青藏高原相聚。

15时，总理登上一列由两台东风4型高原机车牵引的铁路工作车，沿着尚未运行而被称为"幸福路"的青藏铁路新线，以70公里的时速，穿越戈壁荒滩。90分钟后，列车徐徐停靠在玉珠峰站。

玉珠峰站在全路首次采用数字无线通信网络，是全线25个无人值守车站之一，离格尔木站110公里。

天公作美，这里虽然不像南山口那样阳光明媚，但飘飘洒洒的雪花突然消失了。温总理身穿橘红色羽绒服，和蔼的笑容让大家无拘无束。职工们围在总理身边，用照相机将历史定格在"玉珠峰"站牌前。站台上100多名职工几乎人人都与总理合了影。

看到机车上两位司机一直坚守岗位，温总理多次举起右手致意。16 时 40 分，总理独自走上铁道，背对机车和机车司机。霎时间，快门声响个不停。

（《人民铁道》报，2005 - 05 - 03）

【评析】

这是一篇主题重大、文字精练、社会反响好的优秀新闻作品，荣获第十六届中国新闻奖消息一等奖。

这篇消息的主题是建设和谐社会。它虽然写的是局部某人的行为和某地的作为，但着眼点和出发点却是现实生活中重大的课题：在构建和谐社会过程中，如何密切高层与基层、政府与百姓之间的关系。同时，它还关注了举世瞩目的国家重点工程。这一主题具有强烈而鲜明的时代性，反映了当今我国建设两个文明的时代文化追求。

这篇动态消息报道当天发生的新闻事实，具有极强的时效性。作品采用了混合式结构，以一个平实、简要的叙述式导语开头，凸显总理专程来到海拔 4 161 米的玉珠峰站工地，与普通劳动者共度劳动节的事实，与标题相呼应。通过高海拔和高职位预设出高海拔与内地平原、高权威与普通工人的两组对比，尤其是在"五一"劳动节的背景下，表现了总理对国家重点工程建设的关心，对青藏两省区经济社会发展和人民生活的关注，对青藏铁路建设者的关爱。标题和导语紧紧抓住事件的实质，具有很强的吸引力。

主体部分采用编年体结构，顺时间叙述、描写总理先后前往南山口和玉珠峰站看望普通劳动者的经过。由于混合式结构消除了单纯的倒金字塔结构和金字塔结构的缺陷，作品既在两次看望中突出了重点、主题，又兼顾了过程叙述的时间序列和完整性、自然性，照顾了受众接受信息的自然思维进程。解释性标题和三要素导语都具有客观平实、细节化的特点，对比强烈、鲜明。

主体部分先写 14 时 30 分总理看望青藏铁路南山口铺架基地工人，与工人合影的场面，注重于人物语言和心理细节的描写。"逼真的对话比其他任何东西都更能吸引读者……它能更快、更有效地表现角色的特点。"此处语言描写卓然有效地表现了总理的深情和平易，也写出了工人的"欣喜若狂"和感动万分。在描写与劳模合影的细节时，巧妙穿插几位工人昨天与总理同在北京人民大会堂出席全国劳动模范和先进工作者表彰大会的背景材料，通过短时间与长距离的对比，衬托出总理的奔波、辛劳。而后，写半小时后总理马不停蹄地奔赴玉珠峰站，虽然还是主要描写照相场面，但重点不同，主要侧重于总理与所有人拍照的细节，避免了与南山口的重复。雪花的突然消失和橘红色羽绒服、和蔼的笑容等细节描写令画面十分美丽。特意说明总理与几乎所有人合影，并以总理和机车工人合影的感人场面结束，像一个特写镜头，更加增强了现场感。消息不仅给人以如临其境、如闻其声、如见其人之感，而且生动真切地反映了总理的爱民之心、亲民之情和为民之举。两次看望，都是照相，却从不同侧面传达出了丰富的信息。

本篇消息文笔好，内容真实，社会意义深刻，堪称动态消息的佳作。

请仔细阅读下面一篇消息，先找出文中的错误之处并予以改正，同时指出错误原因，然后根据你的判断和有关消息写作的要求，重新拟写这篇消息。

暴雨进逼淮河安危

干流全线超警戒水位，苏皖大部将有大雨来袭

与气象部门的预报一致，淮河流域今天开始普遍降雨。蚌埠市 8 日中午 12 时起，时大时小的雨便未停歇，临淮岗、淮南等地也从上午开始下雨。本来就已全线超过警戒水位的淮河干流又处于上涨的趋势。

淮河水利委员会工程人员称，如果雨势强度再加大的话，淮河再次上涨的局面将使防汛形势非常严峻；以 7 日荆山湖炸堤为标志，淮河防汛取得了阶段性胜利，8 日进入防汛第二阶段。

记者冒雨赶往蚌埠西城区西大坝堤段，这里是淮河从北面过来的第一个圈堤的缺口，离市中心不到两公里，与入堤口相交的胜利路几乎全线没入水中，公安、城管、防汛办值班人员在简易帐篷里紧张地注视着离红线仅 50 米的浊水。

而来自洪泽湖防汛部门的数据显示，洪泽湖平均水位又比 7 日上升 0.08 米，达到 14.06 米，早已超过 13.50 米的警戒水位。目前洪泽湖的入海水道、三合闸两处闸门均已开闸放水，但由于入海水道新修完工不久，水量不能过大。而 7 日凌晨经过蚌埠的淮河洪峰目前正一路朝洪泽湖涌去，加上已经开始的降雨现状，洪泽湖面临的防汛形势已经处于紧急状态。

另外，由于涝水长时间浸泡，江苏石港抽水站出水池北堤一公里内 8 日出现 9 处堤顶裂缝险情，淮河入江水道沿边堤坝经受严峻考验。江苏省防汛指挥部和金湖县政府正组织 1 000 多人进行现场抢救。如果裂缝不及时处理会造成滑坡甚至垮堤，进而可能造成入江水道淮水倒灌，导致引江洞破裂。截至记者发稿时，抢险仍在进行。

（http：//news.sohu.com/50/28/news210862850.shtml）

【参考答案】

1. 主标题谓语和宾语搭配不当

"进逼"指威胁性的事物向前逼近。其适合的搭配对象是具体的实体，如地方和人。而"安危"是抽象性的词语，并且兼有"平安与危险"两种相反的意思。所以，说"暴雨进逼淮河"，表意是正确的，说"暴雨进逼淮河安危"，则犯了搭配不当的错误。

2. 主副标题重复

副标题"干流全线超警戒水位，苏皖大部将有大雨来袭"，表达的正是"暴雨进逼淮河"的意思，这就与主标题的内容重复了。

3. 主体部分对标题所概括的主要内容展开不够，表意不清

标题明确表达了暴雨威胁淮河，而且仍将有大雨降临的意思，正文除导语提到气象部门的预报、"淮河流域今天开始普遍降雨"之外，主体部分没有涉及"暴雨进逼"的内容。本来，有气象部门的预报在前，此处承前省略也未尝不可，但是，预报终归是预报，何况导语所谓"与气象部门的预报一致，淮河流域今天开始普遍降雨"，并未说明气象部门预报的是暴雨。而导语写到蚌埠市8日中午12时起开始不停降临的是"时大时小的雨"，临淮岗、淮南等地从上午开始下雨，也没有说明是否暴雨。因此，主体对于"暴雨"这一关键信息点不仅没能做到细化与充实，而且表达不清。如果确实预报为暴雨，目前临淮岗、淮南等地所下的雨暂时不大，蚌埠市的雨也"时大时小"，那么，为了扣紧标题，表达暴雨威胁、淮河告急的主题，宜在主体中对天气预报所预测的暴雨趋势加以简要说明。

【修改文】

暴雨进逼淮河

干流全线超警戒水位

与气象部门的预报一致，淮河流域今天开始普遍降雨。蚌埠市8日中午12时起，时大时小的雨便未停歇，临淮岗、淮南等地也从上午开始下雨。本来就已全线超过警戒水位的淮河干流又处于上涨的趋势。

根据省气象局昨天发布的消息，从8日至××日，苏皖大部将有暴雨袭击。淮河水利委员会工程人员称，如果雨势强度再加大的话，淮河再次上涨的局面将使防汛形势非常严峻；以7日荆山湖炸堤为标志，淮河防汛取得了阶段性胜利，8日进入防汛第二阶段。

记者冒雨赶往蚌埠西城区西大坝堤段，这里是淮河从北面过来的第一个圈堤的缺口，离市中心不到两公里，与入堤口相交的胜利路几乎全线没入水中，公安、城管、防汛办值班人员在简易帐篷里紧张地注视着离红线仅50米的浊水。

而来自洪泽湖防汛部门的数据显示，洪泽湖平均水位又比7日上升0.08米，达到14.06米，早已超过13.50米的警戒水位。目前洪泽湖的入海水道、三合闸两处闸门均已开闸放水，但由于入海水道新修完工不久，水量不能过大。而7日凌晨经过蚌埠的淮河洪峰目前正一路朝洪泽湖涌去，加上已经开始的降雨现状，洪泽湖面临的防汛形势已经处于紧急状态。

另外，由于涝水长时间浸泡，江苏石港抽水站出水池北堤一公里内 8 日出现 9 处堤顶裂缝险情，淮河入江水道沿边堤坝经受严峻考验。江苏省防汛指挥部和金湖县政府正组织 1 000 多人进行现场抢救。如果裂缝不及时处理，会造成滑坡甚至垮堤，进而可能造成入江水道淮水倒灌，导致引江洞破裂。截至记者发稿时，抢险仍在进行。

参考文献

1. ［美］杰克·卡彭著. 刘其中，周立方译. 美联社《新闻写作指南》. 北京：新华出版社，1988

2. ［美］布莱恩·布肖克斯等著. 褚高德译. 新闻写作教程. 北京：新华出版社，1986

3. 周胜林. 高级新闻写作教程. 上海：复旦大学出版社，1996

4. 周立方. 新闻写作研究. 上海：复旦大学出版社，1994

5. 刘海贵，尹德钢. 新闻采访写作新编. 上海：复旦大学出版社，1991

6. 刘明华. 西方新闻采访与写作. 北京：中国人民大学出版社，1993

7. 李明义主编. 应用文写作格式与范本（1～6）. 北京：中央编译出版社，2004

8. 张选国. 应该怎样写——对 78 篇新闻稿的评析. 北京：新华出版社，1998

9. 余国瑞，彭光芒主编. 实用写作. 北京：高等教育出版社，2002

10. 马正平主编. 高等基础文体写作训练教程. 北京：中国人民大学出版社，2010

第三章

通讯写作

第一节　什么是通讯

一、通讯的定义

通讯，由"通信"发展而来，就名称而言，是中国的"特产"。

早期的新闻报道在文体上区别并不明显，并没有消息和通讯之分。随着现代新闻事业和现代科学技术的发展，划分出了"电讯"和"通信"两种基本形态。

1844 年，美国科学家塞缪尔·莫尔斯发明了电磁电报，并在华盛顿至巴尔的摩的电报线上传递了第一个用莫尔斯电码编码的电报信号。1851 年，美国港口新闻联合社（1848 年成立，1892 年改为美联社）第一次用电报信号传递新闻信息，揭开了"电讯新闻"的第一页。但在当时电报费用昂贵，外埠记者所发电讯稿只能是三言两语地简要概括主要新闻事实，至于事件发生的原因、事件发展的详细经过、事件与其他事件及周围环境的联系等内容，只能是通过传统邮寄的方式寄给通讯社。这样就形成了两种基本形态的新闻稿件：一种是通过电报传递的"电讯"，还有一种是通过邮寄方式传递的所谓"通信"。

电讯稿具有很强的时效性，满足了受众第一时间掌握外埠新闻的需要。而通信稿详尽、具体，能够带给受众充实完备的信息，二者各有千秋。久而久之，电讯与通信的功能便有了明确的分工，文体也有了相对固定的格式，在西方被区分为"消息"和"特稿"，在我国则被区分为"消息"和"通讯"。

通讯是运用叙述、描写、抒情、议论等多种手法，具体、生动、形象地反映新闻事件或典型人物的一种新闻报道体裁，是报纸、广播电台、通讯社常用的文体。

二、通讯与消息的比较

（一）从前期选材上看，消息选材较宽，通讯选材较严

消息选材的标准是新闻价值，我们可以从时新性、重要性、显著性、接近性和趣味性五个方面去考察，只要是具有某种新闻价值的事实信息，都可写成消息加以报道。而通讯选材除了要求具有新闻价值以外，所选择的事件或人物还必须反映一定的主题，须具有思想性和宣传价值。另外，一个简单的事件（比如一起车祸）可以写成消息，但一个事件若没有完整的情节和丰富的细节，是无法写成通讯的。

（二）从写作内容上看，消息简略单纯，通讯详细丰富

消息大多一事一报，重点是告知受众发生了什么事情，所以只需要简略交代事件发生的时间、地点、人物、经过、原因、结果等要素。而通讯是详尽、深入、形象、生动的报道，它需要挖掘事件的深层原因，需要把握大量的背景材料，需要运用有感染力的细节。我们从篇幅上也可以看到这一区别，一般消息为 500 字左右，而通讯基本在千字以上。

（三）从写作结构上看，消息模式性强，通讯创造性强

结构包括外部结构和内部结构。消息的外部结构由标题、消息头、导语、主体、背景和结尾构成，这些构件都有常用的写作模式，特别是标题和导语，具有较强的规范性。而通讯的外部结构除了标题就是正文，标题的拟定比较自由，而正文的开头和结尾也没有具体模式。从内部结构上看，消息常用倒金字塔式结构，导语的存在就是倒金字塔式结构的一个标志。而通讯的内部结构非常多样化，可以顺叙，也可以倒叙，可以按照时间发展组织顺序，也可以按照空间转换顺序，可以先因后果，也可以先果后因。

（四）从写作手法上看，消息多为叙述，通讯手法多样

消息写作讲求用事实说话，一般为叙述手法，简明交代事实即可，不能直接抒发感情和发表议论，偶尔用到描写，也很讲究分寸，用得较多的是白描手法。而通讯可以用到多种文学手法，叙述、描写、抒情、议论都可以用，为了增强作品的感染力和生动性，各种文学表现技巧（如欲擒故纵、先抑后扬、虚实相衬）和各种文学修辞技巧（如排比、夸张、象征）也都可以运用。

（五）从时效性上看，通讯不如消息迅速及时

消息和通讯都是新闻文体，首先都要具有时效性。尽管有些写事件和写人物的通讯可以和消息同步刊出，但一般来说，通讯的时效性无法赶上消息。这是由通讯写作素材的复杂性和写作主题的深刻性决定的。一件正在发生的事情，它前期的情况我们已经可以写成消息播报出来，等事情有了新的进展我们再写后续报道，但没有完整的事件经过、没有鲜明的主题，我们是无法写成通讯的。

由此可见，通讯是不同于消息的另一种新闻写作体裁，它在时效性上不具优势，但可以凭借内容的具体生动和主题的鲜明深刻吸引受众，能够满足受众的深层次需要。

在现代新闻传播中，通讯的地位是显而易见的。由于新型传媒的出现和传媒采集信息技术的日新月异，媒体间的竞争已经白热化，独家新闻成了媒体突出重围的杀手锏。消息尽管是新闻媒体的"生力军"，但媒体要在消息上做到"独家"十分困难，所以越来越多的媒体把目光投向通讯，希望通过挖掘新闻背后的新闻来获取受众。比如《南方周末》，它改变了报纸以消息为重头的传播模式，大部分版面都是深度报道和通讯占主导，虽然新闻信息的条数少了，但其独家性和可读性很受读者喜欢。

正如胡端宁教授讲的那样："如果说，大多数消息只担负信息传播任务，是'易碎品'，在完成其信息传播作用之后便'碎'了，那么，相当数量的通讯则担当起详情报告、形象审美之任务，由于对重大新闻事件报道的完整，由于所报道形象的典型，由于所揭示环境之特别，它们成为历史的见证，成为生活的教科书。"[①]

---

① 胡端宁：《新闻写作学》，265～266 页，北京，新华出版社，2002。

第二节　通讯的特征及分类

一、通讯的基本特征

新闻性、文学性、评论性是通讯的基本特征，在通讯作品中应将三者有机结合起来。

（一）新闻性

1. 真实性

通讯作为新闻体裁的一种，必须以真实为生命。通讯中涉及的人物和事件，必须是记者采访所得，不能虚构，通讯中的情节和细节、各种场景和环境，也都必须真实。

2. 时效性

通讯的时效性没有消息那么强，并不表示它就不具有时效性，相反，时效性是所有通讯作者都必须把握的基准。"今天的新闻是金子，昨天的新闻是银子，前天的新闻是垃圾。"[①] 这句话集中说明了时效性的重要。

3. 客观性

客观性是新闻文体的基本属性之一，它要求我们在新闻写作中讲求事实第一性，要尽量用事实说话。同时，要用发展的眼光和联系的观点看问题，讲求纵深挖掘和横向联系，对事件的分析要有因有果，对事件的报道要全面公正。

（二）文学性

1. 形象性

通讯写人记事要求形象生动，叙述、描写、抒情、议论等多种表现手法可以根据通讯的具体内容灵活运用。写人的通讯，需要对人物进行刻画，既可以是简单勾勒的素描，也可以是浓墨重彩的工笔，重要的是要使人物形象跃然纸上。记事的通讯，需要对事件的情节和细节进行交代，可以设置悬念、跌宕起伏，也可以按时间顺序直接叙述，重要的是把事件写"活"，能吸引受众。

2. 故事性

通讯要做到比消息耐看，必须在故事性上胜出一筹。

3. 趣味性

趣味性是指通讯的内容往往富有趣味和情趣，能激发读者的阅读兴趣，引人入胜。写人和记事的通讯要写得有趣味性，反映工作中的经验和问题的通讯也要写得生动有趣。

---

① 程道才：《西方新闻写作概论》，138 页，北京，新华出版社，2004。

4．抒情性

消息写作力求客观，避免主观议论和掺杂个人情感，如要表达某种态度或情感，就一定要运用事实或背景材料。通讯也要求真实、客观，但在客观事实的基础上，它允许作者直接或间接地抒发主观感受和表达情怀。

5．纪实性

通讯的文学性和文学作品的文学性有所区别，文学作品"源于生活"但可以"高于生活"，而通讯则要求如实记录生活。文学作品是作家根据生活的一种创造，他塑造的人物形象和构思的故事能展现某一时代的社会风貌即可，而通讯中的人物和事件都是不允许虚构的。

（三）评论性

1．针对性

评论的选材应具有针对性，要么是来自上面的精神，即党和国家的方针、政策和工作重点，要么是来自下面的情况，即贴近实际、贴近生活、贴近群众的基层动态。通讯在这一点上和评论相似，它的内容针对性强，往往是现实生活中的难点、热点、疑点，是国民生活的重点，或者是受众最关心和最担心的问题，是社会生活中的敏感事件，是实际工作中的"老大难"问题。

2．深刻性

通讯是发掘表象背后实质的调查性报道，是在事实性和调查性的基础上所作的解释性和分析性的报道。它必须具有一定的深刻性。写作通讯时要求主题深刻、分析深入、有理有据，具有思想和内涵。

3．倾向性

倾向性是新闻写作者、媒体对于客观事实的态度在新闻作品中的反映，是新闻写作者或媒体的立场、观点、方法、情趣的体现。和消息区别较大的是，通讯作品可以有比较明显的倾向性，可以明显表达自己的态度和意见。

二、通讯的分类及类型

（一）按内容分类

从写作内容上对通讯进行分类是我国传统的分类方式，照此，通讯一般分为人物通讯、事件通讯、工作通讯和风貌通讯。

1．人物通讯

人物通讯，是以特定人物为报道对象的通讯。人物通讯以人物的经历、思想、言行为报道内容。在我国，人物通讯以报道各条战线上的先进人物为主。通过写人物的先进事迹，反映出人物的先进思想，从而揭示先进人物的精神境界，使之成为社会的共同财富。

但人物通讯也并非仅仅是只写先进，处于向良好转变过程中的人物和某些有争议的人物也可以是人物通讯的写作对象。

2. 事件通讯

事件通讯，是以典型事件为报道对象的通讯。事件通讯要交代清楚事件的来龙去脉，详尽完整地展示事件的过程，从而揭示事件的本质和意义，反映社会风尚和时代精神。事件通讯以事件为中心，所选择的事件除了应当主题深刻、有教育意义外，还必须具有时效性。事件通讯的内容可以是单一的某一事件，也可以是若干事件的综述。

3. 工作通讯

工作通讯，是反映在贯彻执行党的路线、方针、政策中的成绩，总结实际工作中的经验和教训，或者探讨有争议的、亟待解决的问题的报道。工作通讯的主要任务是引导舆论、指导工作，介绍工作经验和分析问题是它的主要内容，同时，凭借事实进行的深入分析是工作通讯必不可少的。

4. 风貌通讯

风貌通讯又叫概貌通讯、旅游通讯，它是以反映风土人情、自然风光、社会变化和建设成就为主要内容的通讯。风貌通讯和人物通讯、事件通讯不一样，它不是围绕一个人物或一个中心事件来写，而是围绕主题运用多个实例具体描写一个地区、一条战线、一个单位、一个方面的风貌变化，展现时代的步伐和人们思想境界的变化。报刊上常见的"巡礼"、"纪行"、"散记"、"见闻"等形式，均属风貌通讯。

(二) 按形式分类

从写作形式上分类，通讯可以分为一般记事通讯、小故事、访问记、专访、特写、大特写、集纳、侧记、巡礼、纪行、散记、见闻等。

1. 一般记事通讯

即区别于小故事的事件通讯，通常以较为典型的一个或多个重大事件为报道对象。

2. 小故事

具有三个特点：一个是"小"，通常反映现实生活中的一个片段，只表现一人一事，线索单一，短小精悍；二是故事性强，尽管场面不多、人物较少，但有动人的故事情节，生动活泼，吸引受众；三是以小见大，能通过小故事反映出大的主题。

3. 访问记

由记者登场出面，以采访活动过程为主线来结构和组织材料。作品中有问有答，现场感强，可以穿插各种背景材料，使作品有一定的深度。

4. 专访

访问记的一种，是就特定问题、特定对象进行专门的访问，内容集中。专访以人物、现场和记者为三要素，突出"专"、"访"二字，涉及面不能太宽，不应贪大求全。

5. 特写

将现实中的某个特定画面放大，集中描绘事件的某个片段或某些细节，集中突出人物的某些特征或某种形象，具有强烈的感染力，能使受众产生深刻的印象。

6. 大特写

抓住社会热点事件、人物或现象，对事实作全方位、多角度、多侧面的报道，用优美的文笔、新颖的题饰、醒目的照片吸引读者。

7. 集纳

把表现同一主题而又相对独立的多个小故事或事实片段组合起来，"集纳"而成为一篇。集纳中的事实，可以是发生在同一时间的，也可是不同时间的；可以是发生在同一单位、一条战线的，也可以是来自多个方面的。

8. 侧记

从一个侧面反映新闻事件或新闻人物，取材自由，不求反映事件全貌、全过程，但求抓住特点，扣紧受众兴趣点，回答受众普遍关心的问题。写作时往往夹叙夹议，兼谈作者感受。

9. 巡礼

边走边看，巡游浏览，自由地把所见所闻写出来告诉受众。巡礼讲求动态感、现场感、亲切感，常用移步换形的方法，同时有较多抒情和议论。

至于纪行、散记和见闻，均属于风貌通讯，纪行一般题材重大一些，形式上也要正式一些，而散记和见闻则比较随意。

第三节　通讯的要素内容

通讯一般由标题、开头、主体、背景、结尾几部分组成。

一、标题

看书先看皮，读报先读题，通讯作为报纸上最常见的新闻文体之一，标题的地位和作用十分重要。

(一) 通讯标题和消息标题的比较

和消息标题一样，通讯标题是通讯的眼睛，同样可以起到以下作用：提示通讯内容，方便阅读；评价通讯事实，揭示主题；诱发阅读兴趣，吸引受众；美化和活跃报纸版面。但通讯标题和消息标题还是有较大的不同。

1. 通讯标题的形式不如消息多样

消息标题可以是单层、双层或三层，而通讯标题最多两层。消息标题可以采用单层形式，即仅有一个标题，也可以采用"引题＋主题"、"主题＋副题"的双层形式，还可以采用"引题＋主题＋副题"的三层形式，但通讯一般不用引题，所以要么表现为单层标题，要么表现为"主题＋副题"的双层形式。

通讯采用单层标题的，如下：

> **北京有个李素丽**
>
> **谁是最可爱的人**
>
> **为了六十一个阶级兄弟**
>
> **风沙紧逼北京城**
>
> **青藏铁路揭秘**

通讯采用"主题＋副题"形式的，如下：

> **把党和政府的温暖送到千家万户**
>
> ——记全国劳动模范、水电修理工徐虎
>
> **东方风来满眼春**
>
> ——邓小平同志在深圳纪实
>
> **千载难逢的 1 分 50 秒**
>
> ——漠河日全食与彗星同时出现奇观目击记

2. 通讯和消息在标题的虚实上要求有别

从虚实上看，标题可以分为实题和虚题。所谓实题，指表意实在、具体的标题，让人一眼就能看到"有形"的事实；所谓虚题，指表意抽象、虚化的标题，多用于讲明道理、揭示意义或表达情感，信息的"确定性"、"指向性"不够。

消息这种文体，要求其标题含有确切、具体、明了的信息，使用单层标题时，不可以是虚题，而应是实题，至少要虚实结合；使用双层或多层标题时，其中至少一层必须是实题。而对于通讯，标题可以都用虚题而不用实题。我们看如下例子：

消息标题：　　　**谢军获国际象棋世界冠军（主题）**
　　　　　李铁映、国家体委、全国体总致电祝贺（副题）

通讯标题：　　　　　　**世纪之战**
　　　　　　　马尼拉的日日夜夜

上例中，针对同一新闻事件，消息标题非常实在，读者能感受到事实信息，看完标题就大概知道发生了什么事情。而通讯标题比较虚化，《马尼拉的日日夜夜》没有明确的指向，可以指中国选手夺冠一事，也可以讲其他发生在马尼拉的事情。

（二）通讯标题的制作方法

1. 提炼文章主题作为标题

如：**爱国烈焰**

　　　　　　　　——世界杯女足赛决赛追记

　2. 概括主要事实作为标题
　　　如：**她的琴声令小泽征尔流泪**

　　　　　　——记旅日上海二胡演奏家姜建华

　3. 用人物典型性质和人物名称作为标题
　　　如：**生命的支柱**

　　　　　　——张海迪之歌

　4. 用受众关注的热点问题作为标题
　　　如：**深圳特区还能"特"下去么？**

　5. 用特定的时间或地点作为标题
　　　如：**"9·11"周年祭**

　6. 用引语作为标题
　　　如：**"我们的飞船回来了"**

　　　　　　——"神州"三号飞船返回指控现场速写

二、开头

　　开头可以起到为全文定下基调、理清头绪的作用。万事开头难，开头部分写好了，整篇文章才能较顺利地展开。

　　消息的开头由消息头和导语构成，均有具体的写作要求，而通讯的开头并无定法。对于通讯的开头，著名记者和作家黄钢这样表述：

　　　开头，犹如具体作战时所选定的突破口。如果把战略学上的"打击方向"确定了，那么在具体战役中，也就有个选择突破口的问题。必须在你攻打突破口的时候，部署足够的火力，必须在战斗一开始时，就要显示出思想和艺术上的"威力"。

　　　我总是要在开头采用一种具有概括性的画面或语句，总是想开门见山，提携全篇，概括全文。它应具备如下三个条件：第一，必须是鲜明而具有深意的形象，其形象的哲学含义必须足以概括全篇；第二，用于这一开头的形象（或是细节，或是对话）的特点，还必须具备极大的明晰性——要使人一看就容易接受，就能够记住；第三，凡是我打算写的开头，绝不打算和其他已经见过的文章相重复和雷同，即使是丝毫的接近或雷同。

黄钢的以上表述为通讯开头的写作提出了非常高的要求。比如要开门见山，能概括全文，要有思想性和艺术性，能使受众接受，还要不与他人雷同等等。对于初学者而言，要满足所有的要求是很困难的。我们在写作通讯开头时，可以借鉴以下方法：

1. 点题式开头

如：世界排球冠军的大门，终于被一群勇敢、聪慧的中国姑娘敲开了！

（《敲开世界冠军的大门——中国女子排球队纪事》）

2. 描写式开头

如：今年4月28日，小兴安岭冰消雪融、大欧根河水开始流淌，82岁的马永顺老人又乘上公交客车，来到了他曾经战斗过的铁力林业局卫东林场，与这里的职工一起起苗、植树。迎着和煦的春风，他栽下了一株又一株幼苗。5天时间里，他植树150多棵。

（《马永顺：无愧于大森林》）

3. 悬念式开头

如：1971年8月31日。辽阔的淮北平原，长空碧蓝。安徽泗县丁湖公社的社员们，一早就踏着露水下地了。

突然，县医院的一辆救护车从公路上穿过，直向丁湖医院驰去。正在附近田里干活的社员们吃了一惊："出了什么事了？"他们放下锄头，也跟着跑去。

（《人民的好医生李月华》）

4. 导语式开头

如：5月7日是中国外交史上、也是中国国际新闻报道史上最黑暗的一天。以美国为首的北约国家发射了5枚巡航导弹，击中我驻南斯拉夫联盟大使馆，造成严重的人员伤亡和物质损失。

（《我亲历中国使馆被炸》）

5. 提问式开头

如：来到张海迪的家，我们急切地想见到这个保尔式的姑娘。尽管我们读过她许多感人的故事，但她毕竟是个三分之二肢体都失去知觉的人，这样的人怎样生活呢？我们不可想象。

（《生命的支柱——张海迪之歌》）

6. 引用式开头

如：一把火，一把令5万同胞流离失所、193人葬身火海的火；一把烧过100万公顷土地，焚毁85万立方米存材的火；一把令5万余军民围剿25个昼夜的火，究竟是从哪里、为什么、而又怎样燃烧起来的？

"这是天灾。"——灾区一位老大娘说。

"这与'厄尔尼诺'现象有关,北纬53°线左右有一道燃烧线。"——一位干部说。

"风再大也刮不出火来。"——一位大兴安岭林管局长说。

(《红色的警告》)

7. 对比式开头

如:在中东,旷日持久的"两伊之战"正打得如火如荼;在中原,人们或许还不知道,也有一场"两伊之战"打得难解难分。

(《"两伊"杜康大战记略》)

8. 议论式开头

如:1978年,国门打开。于是,一批批青年知识分子漂洋过海,聚成一股股有人贬之、有人褒之的留学热潮。悠悠七载已逝,种树原为结果,但相当一部分留学生逾期未归。一时间,舆论沸沸扬扬,莫衷一是……

(《第五代》)

三、主体

通讯的主体,就是开头之后,结尾之前的那一部分。原则上说,主体包括背景的内容。为了通讯写作的需要,我们将主体和背景分开来讲。

主体是新闻信息的展开部分,要求对新闻人物或新闻事件进行具体的刻画和交代。古人写文章讲究"凤头、猪肚、豹尾","猪肚"即指文章的主体部分要充实、丰满。

对于常见的写人记事通讯,写好细节是关键。例如通讯《公仆本色——追记湖南省委原副书记、省人大常委会原副主任郑培民同志》主体中的三处细节:

妻子去湘西看他,一进屋,地上扔的是一双沾满泥巴的胶鞋,唯一一套出国时置办的西装,在柜子里已被虫子蛀满了洞。郑培民拦住要帮他刷鞋的妻子:天天都要穿,一出门,还是要粘泥的……

见了面,郑培民一把抱住了什么都看不见的曾令超:"你摸摸我,咱俩高矮胖瘦差不多!"他又摸摸曾令超脸上的伤疤:"阴天下雨会疼吗?"

热茶倒好,先放在一边。等到不烫了,郑培民才端到老曾手上,"现在可以喝了。"

一天晚上,工作结束得早,郑培民兴致颇高,"走啊,咱们也去尝尝夜宵!"

趁司机停车,郑培民站在夜宵店门口,与摆槟榔摊的小贩聊起来。小贩告诉他,自己是下岗职工，父亲得了癌症，一天摆摊下来赚的钱刚刚可以供一家人糊口。

郑培民心里难受极了。他转身离开，"你看人家生活得多艰难！这夜宵怎么吃得下去！"

上述例子中的细节充实了文章内容，使人物形象丰满、有血有肉，一个亲民、爱民、以百姓的快乐为快乐、以百姓的疼痛为疼痛的干部形象跃然纸上。

通讯的主体除了要求内容充实、写好细节外，还需要选材精当、结构合理、表达灵活。

四、背景

正如我们前面在第二章讲过的，新闻背景指的是新闻事件或新闻人物酝酿与生存、存在与发展的环境和条件，它反映着新闻事件或新闻人物与社会各个领域发生相互作用和相互影响的原因与过程。[①]

在通讯写作中，对背景材料的选择和运用，我们要注意以下几点：

（一）背景材料必须真实可靠

通讯的真实性不仅要求通讯中的人物或事件真实可信，还要求通讯中引用的各种背景材料真实可靠。这就要求记者在采访中深入细致，对于稿件中所引用的材料，包括采访中获取的各种素材、各种数据、背景资料、史料等，通过不同的途径查询与核对。

（二）不要滥用、误用背景材料

不是任何时候都要用背景材料的，对众所周知的人和事，就无须用背景。也不要过多用背景材料，这样会喧宾夺主，埋没新闻事实。同时，背景材料应紧扣主题、恰到好处，不要选择文不对题的背景材料，以致出现误用。

（三）背景材料不要艰涩难懂

背景材料是用来帮助受众理解通讯的内容和主题的，所以应该写得通俗易懂。

（四）背景材料最好穿插使用

我们要学会顺理成章地将背景材料插入主体的各个段落和层次，甚至将背景材料糅合到句子中，使之以一个词组、句子成分或分句的面貌出现。应根据行文的节奏和需要，巧妙地带出背景，不可太生硬，留下有意"加塞"的痕迹。

五、结尾

结尾，古人称为"收笔"。写作学上讲，结尾是文章的结束部分，是文章结构的一个

---

① 参见高钢：《新闻写作精要》，195 页。

有机组成部分。

一般情况下，消息采用倒金字塔式结构，事实讲完了，消息也就结束了，不会刻意地给文章加个尾巴。通讯写作则不同，它具有文学性和评论性，需要用结尾来对文章进行总结，与开头相呼应，或者表达作者的情感。

古人写文章讲求"凤头、猪肚、豹尾"，通讯的结尾也是一样，应该像搏斗中的豹尾般刚劲有力。

通讯的结尾有归结全文、加深印象、渲染情感、深化主题、阐明意义、指明前景等作用。具体到每种结尾类型，其作用又侧重在某一方面。结尾的类型依据功能而分，表现出多种形式。

1. 画龙点睛，深化主题

如：人总是要死的，不过，你死得太早了。然而，人的生命的价值不是以年岁来衡量的。你活着，像一颗耀眼的新星存在；你逝去，也像一颗耀眼的新星陨落，在祖国的万里长空划出一道强烈的闪光，这闪光，将永远留在人们的心里。

（《为中华崛起而献身的光辉榜样——记中年光学专家蒋筑英》）

2. 情感召唤，引起共鸣

如：亲爱的朋友们，当你坐上早晨第一列电车驰向工厂的时候，当你扛上犁耙走向田野的时候，当你喝完一杯豆浆、提着书包走向学校的时候，当你坐到办公桌前开始这一天工作的时候，当你往孩子口里塞苹果的时候，当你和爱人一起散步的时候……朋友，你是否意识到你是在幸福之中呢？你也许很惊讶地说："这是很平常的呀！"可是，从朝鲜归来的人，会知道你正生活在幸福中。请你意识到这是一种幸福吧，因为只有你意识到这一点，你才能更深刻了解我们的战士在朝鲜奋不顾身的原因。朋友！你是这么爱我们的祖国，爱我们的伟大领袖毛主席，你一定会深深地爱我们的战士，——他们确实是我们最可爱的人！

（《谁是最可爱的人》）

3. 寓理于事，令人回味

如：西瓜老二捧着瓜，直愣愣地在西瓜地边站着。队伍还是肩并肩地往南走，前不见头，后不见尾。

（《西瓜兄弟》）

4. 呼应开头，加深印象

如：（开头）一厘钱，最勤俭的家庭也早已不放在眼里。可是却有手经百万元的厂长、会计、供销人员，和长年给国家创造财富的工人，为了少花一厘钱，给国家多积攒一厘钱，算盘打了又打，潜力挖了又挖。

（结尾）"一厘钱"精神显示了一个颠扑不破的真理：伟大的事业要从最小的事情做起。

亲爱的朋友，当你抱着雄心壮志要建设好我们伟大的社会主义祖国的时候，你就从自己经营的一厘钱、一个产品和每一分钟做起吧！

（《一厘钱精神》）

5. 归结全文，阐明意义

如：多难兴邦，义师必胜。对于久经忧患的民族，对于饱受坎坷的人民，还有什么样的荆棘、泥沼、山冈能阻挡他们的脚步？一支不忘以往苦难和屈辱的队伍，是任何力量也无法战胜的！

（《历史的审判》）

6. 做出预测，指明前景

如：得民心者治天下，失民心者乱天下。在极其艰苦的战争年代里，我们凭借着同人民群众血肉相连的"鱼水关系"，打垮了日本侵略者和国民党反动派。今天，在新的长征中，只要我们不忘记曾经为革命作出过巨大贡献的人民群众，时时处处关心他们利益，那么，沂蒙山人民就会像战争年代一样，为早日实现四个现代化，贡献出自己的一切！

（《鱼水新篇——沂蒙山纪事》）

第四节　通讯的写作要求

一、通讯的选材要求

（一）所选择的材料必须典型

典型材料是指对某一事件的发生发展具有典型代表意义的材料。记者通过对某一事件细致深入的采访，可以获取大量丰富的材料。在这些材料面前，必须选择那些典型的、能反映通讯主题的材料，而舍弃那些偶然性的、表面的、枝节性的材料。

典型材料不能太多，所谓"采访获取材料时，要以十当一，写作运用材料时，要以一当十"，实际上就是通过使用几个例子，来说明本质的东西，给人以清晰、透彻、突出的印象。

（二）所选择的材料贴近受众

新闻的"大量篇幅，必须为群众生活、群众活动所占据"[①]。因此，通讯的选材一定要贴近实际、贴近生活、贴近群众。选材时，不仅要选择重大的事件和人物，也要选择凡人新事、普通百姓。

（三）所选择的材料要具有时效性

我们要尽量选择那些最近发生的事实作为材料，与新近事实相关的或者是为了交代事实来龙去脉的旧事实，就只能作为背景材料而居于次要位置。

二、通讯的结构要求

结构可以分为外部结构和内部结构，通讯的外部结构包含标题、开头、主体和结尾，在前面第三节里我们已经进行了介绍。这里所谈的结构，是指通讯的内部结构。

通讯的内部结构是指通讯作品的建构，即采用一定的形式去组织材料，去谋篇布局。和消息相比，通讯的结构没有固定的要求，不需要按照倒金字塔式结构去谋篇布局。

一般情况下，我们把通讯的结构分为横式结构、纵式结构和纵横相结合式结构三种。

（一）横式结构

这是一种以空间的变换为标志来安排层次，或按事物的性质不同梳理材料的结构形态。如新华社记者采写的《今夜是除夕》，开篇后，分别写了五个地方的人们做着日常工作的情况——在中央电视台，工作人员神色严肃；在长途电话大楼，人们传递着信息和问候；在红十字急救站，救护车紧急出动；在北线阁清洁管理站，清洁工人接受采访；在妇产医院，新的生命诞生了。

（二）纵式结构

这是一种按照事物发展的时间顺序，或者按照作者观察、认识事物的逻辑顺序来组织材料、安排层次的布局方式。如2005年10月17日《人民日报》刊发的《凯旋在黎明——目击神舟六号巡天归来》：

凯旋在黎明——目击神舟六号巡天归来

新华社内蒙古四子王旗10月17日电（记者 李宣良）经过5天5夜的寰宇巡行，英雄航天员费俊龙、聂海胜就要返回地球。

17日凌晨3时43分，飞临大西洋上空的神舟六号，接到北京航天飞行控制中心的返回指令，准备从天外归来——此刻，位于内蒙古四子王旗阿木古朗牧场的主着陆场，星光灿烂，银月挂在天边，风力不到两级。正是飞船着陆的好天气！

---

① 穆青：《穆青论新闻》，1页，北京，新华出版社，2003。

同一时间，4架担负搜救任务的直升机轰然起飞。驾驶一号搜救直升机的特级飞行员袁水利上校空中俯瞰，点点灯火点缀在静谧的草原上，彻夜未眠的牧民与搜救人员一起，等待着英雄的归来。

神舟遨太空，举国心相牵。从着陆场到飞控中心，从北京到全国，这一夜，亿万颗心与两位航天员一起跳动。

"飞船调姿""轨道舱分离""制动开始""推进舱分离""再入大气层"……遍布全球各地的测控站、测控船发出的一条条调度口令，在搜救直升机内清晰响起。

飞船正沿着既定的轨迹，飞向祖国母亲的怀抱。

这是一段令人焦急的时光。距离地面大约80公里的高度，飞船返回舱以数千米每秒的速度进入大气层，与大气发生剧烈摩擦，高达2 000摄氏度的飞船表面气体产生了屏蔽电磁波的等离子层——"黑障"阻断了地面与飞船的联系。

沉默——仅仅不到两分钟的沉默。

"回收一号发现目标！"位于主着陆场200多公里外的前置雷达站在飞船尚未出"黑障"时就捕捉到了目标。

一颗颗揪紧的心，一下子舒展开来。

"回收二号发现目标！"根据回收一号提供的引导数据，着陆场测量站的大功率雷达稳稳地捕获了飞船回家的轨迹。

"砰！"静谧的夜空传来一声闷响。距离地面大约10公里，伞舱盖从返回舱上弹落。早已将"炮口"稳稳对准飞船的大型光学记录仪，清楚地显示着飞船开伞的过程——一把小小的引导伞，从伞舱口"嗖"地窜出，细细的长线拉出了减速伞。

减速伞先是张开一个小口，接着伞口越张越大、越张越大……十几秒后，飞船的速度从180米/秒降到了80米/秒。

随着风鼓得满满的引导伞从急速下降的飞船上飘走，一幅更为壮观的场景出现了——伞舱口"腾"地弹出一片五彩缤纷的云朵，彩云越变越大、越变越大，1 200平方米的主伞很快布满了光学记录仪的镜头。

主伞牵引着飞船缓缓地向着预定着陆点飘落。

两年前第一个目视到神舟五号飞船降落的袁水利，和另外5架直升机驾驶员几乎同时收到了返回舱信标机发出的信号。

两分钟后，在搜索指挥车的"着陆场搜索态势系统"电子地图上，代表4架直升机的4色曲线，在落点周围已形成一个完整的圆。

4时30分，袁水利看见左前方不到2 000米的地面，突然出现一团橘红色的火焰。反推发动机在飞船距离地面1米的时候，精确点火！

两分钟后，在四台发动机的推动下，返回舱的速度由8米/秒迅速下降到1米/秒，如同一片羽毛，轻轻地落在草地上。着陆场总指挥隋起胜从耳机中听到了费俊龙的声音："我是神舟六号，我已着陆。"袁水利驾驶直升机直飞落点。从300米高空，他看到返回舱顶部的发光器正闪烁着红蓝色的光。

多么迷人的光芒！几乎就在直升机接地瞬间，机上的工作人员已经携带开舱设备跳下了直升机，箭一般奔向返回舱。费俊龙、聂海胜隔着舷窗，在向人们招手——返回舱内柔和的灯光，映着他们的微笑。这一刻，距他们离开大地4天又19个多小时，他们的总行程为325万余公里。

转眼之间，舱门已被打开。费俊龙、聂海胜告诉前来询问的医生刘建中："身体感觉良好。"刘建中向总指挥隋起胜报告："建议航天员自主出舱。"身着乳白色航天服的费俊龙、聂海胜向人们挥动着手臂，轻快出舱。细心的工作人员，已经在舱门外为他们摆好了两把椅子。面对记者递过来的话筒，费俊龙说："我们这次太空飞行非常顺利，舱内工作生活环境很好，现在身体感觉不错。"

聂海胜依然是一脸温和的笑容："我们在天上飞行，可以感受到有无数人在时刻牵挂着我们，感谢祖国和人民的关心厚爱。"

短暂的地面重力适应后，两名英雄被激动的人群簇拥着抬上了医监医保直升机。血压、心率、心电图、脑电图……一项项生理指标显示，航天员健康状况良好。

跃出地平线的朝阳，透过飞机舷窗，撒在巡天归来的两位英雄航天员脸上。

（三）纵横相结合式结构

即将横式和纵式结合起来，以时间为"经"，以空间为"纬"，采用"纵横交叉"的方式来安排层次。此结构多用于事件复杂而时间跨度大、空间跨度广的通讯。如《中国青年报》记者集体采写的著名通讯《为了六十一个阶级弟兄》，报道的是一起重大突发事件，中间有事件发生发展的时间顺序，同时该事件涉及众多部门、单位和人物，又包含有大量的空间转换，所以作者采用了纵横相结合式结构。

当然，通讯的结构形式远远不止以上三种，每篇通讯都要寻找最佳结构形式，不能随便、机械地套用。

我们在对通讯进行结构安排时要注意以下几点：

一是把握事物自身发展的客观规律。任何事物的发展都是有规律可循的，一般要经历从发生到发展、再到高潮、最后结束的这样一个过程。我们在对写作材料进行组织的时候，首先要把这个过程掌握清楚，哪个情节、哪些细节是哪一个阶段的，都要一一对应，不能出现时间移位、时空错乱。

二是把握受众阅读新闻的接受心理。通讯是写给受众看的，只有受众看明白了、看清楚了，受众喜欢了，通讯的传播效果才会实现。所以我们在组织行文结构的时候还要注意受众的理解能力和接受心理，比如采用倒叙的形式，设置悬念，先讲结果，后写过程，这种方式能够吸引受众的阅读兴趣，但悬念的设置又不能过于突兀，不然受众将无法理解。

三是服从表现通讯主题的需要。通讯的结构也要为主题服务，比如有的通讯开头就点题；有的通讯采用小标题的形式，层层紧扣主题；还有的通讯首尾呼应，强化主题。

四是根据实际需要开拓创新。时代的飞速发展、传媒的不断更新、竞争的日益加剧、社会心理的急剧变化等，都使得通讯的写作结构不能墨守成规。我们必须变换新技法，根据实际情况进行创新。

三、通讯的表达要求

（一）叙述的直接性

通讯较详细而深入地报道人物和事件，故而事实的叙述宜具体、形象、生动，但不宜过于铺张，不能分散凌乱，不必过于舞文弄墨、转弯抹角。通讯写作中的叙述，无论是顺叙、倒叙还是插叙，都讲求不蔓不枝、直接明了。

（二）描写的直观性

通讯写作不应当只是概括的叙述，不应当只是事例的堆砌，而应当有具体的情节，展开生动的画面，让读者在画面中受到感染和教育。通讯要生动形象地写过程、写情节、写场面、写人物，就非用描写不可，描写是通讯写作诸多表现手法中最主要的一种。但通讯是新闻体裁，通讯的描写和小说不一样，它不能虚拟、想象，不能靠花哨修饰和夸大形容，应深入现场、亲眼目睹，描写事物或人物的本来面貌，表现出新闻性和现场感。

（三）议论和抒情的实在性

通讯中抒情、议论不可乱用和滥用，要用在适当处，通常是开头处作诱导、关节处作渲染、衔接处作黏合、结尾处作点睛。其宗旨或在揭示本质、升华主题，或在使事实、形象生辉；或在阐明事物之内部联系，或在激发启示读者。对于议论，要有理有据、叙议结合，不能假、大、空；对于抒情，要借景而发、真切实在，不能浮、虚、假。

（四）对话的实录性

新闻的真实性要求新闻作品中的人物语言必须是当事人所表述，或者记者在此基础上概括整理所得，不能是记者发挥想象虚拟构造的。通讯也一样，它是新闻作品，不像写小说、编剧本，通讯中人物的语言须具有实录性。

（五）说明的直白性

通讯中也会用到说明的表达方式，主要用于背景材料的交代。比如写人物，就有关于人物生平的说明；写地点，就有关于地理历史的说明；写事物，就有关于事物特点用途的说明。这些内容要求简洁明了、直截了当。

四、常见通讯类型的写作要求

（一）人物通讯

人物通讯可以单写一个人，也可以写群相；可以写人的一生，也可以写一个阶段或某个侧面；可以写正面人物，如先进人物、英雄、有突出贡献的人等，也可以写反面典型；可以写大人物，也可以写凡人百姓。

人物通讯的写作有如下要求：

1. 人物要有血有肉，神情丰满

人物通讯写作最忌的是人物经历、事迹都写了，但没有将人的思想感情、性格面貌、精神境界表现出来。因此，要选择典型材料，以具体、丰富而典型的事实反映人物的精神面貌和思想境界。

2. 人物要形态各异，个性突出

写人物不能写得"千人一面"，人物缺乏个性，没有特色。要克服主题先行的采访原则，在采访中多挖掘一些典型细节。既要关注人物的优点，也要敢于写人物的瑕疵。

3. 写好人物与周围人物的关系

在写人物时，不能任意拔高形象，形成"褒一贬百"的态势，而要具有"红花需要绿叶衬"的认知，为人物提供应有的衬托。

4. 写人离不开写事，人物形象要跃然纸上，须通过发生在人物身上的事情来体现

不过，人物通讯不是事件通讯，它要以人物为中心，所以并不需要原原本本地交代事件，只需用事件中的矛盾冲突和细节来体现人物形象，这是人物通讯最基本的写法。

（二）事件通讯

事件通讯一般有一个中心事件，其他人物或事件都围绕它展开。事件通讯以写具有典型意义的正面事件为主，但也有揭露性的事件通讯。事件通讯虽以写事为主，但同时不能忽略写人，不要见事不见人。

事件通讯的写作要求：

1. 要抓住一个或几个关键性场面或情节来写

事件通讯一般要再现事件全貌，但又不能从头至尾事事俱现，记流水账。这就要求在写作中抓住对事件的表现、对主题的揭示起主要作用的一个或几个关键点来写。

2. 写好事件的高潮

没有高潮，事件就"死"了，就平淡无味。高潮是矛盾之焦点，是人的思想和行为的"闪光"处，应调动多种手法，不惜笔墨，写活写好。

3. 写事的同时写好关键人物

事件是事件通讯的核心，但任何事件都离不开人的参与，写好关键人物，有助于把事件写活。

4. 在记事基础上，恰到好处地点出事件的意义

通讯都有明确的主题，写事不是事件通讯的主要目的，还要恰到好处地寓情于事、寓理于事。

（三）工作通讯

工作通讯侧重于对工作中出现的新情况、新经验、新问题的探讨和研究，也要反映新闻事实，往往带有现场活动。这是它区别于一般总结性文章，并和其他新闻通讯体裁相同的方面。工作通讯与其他新闻通讯体裁的相异处在于：要将事实作经验性概括，对问题发表议论，对矛盾提出解决办法，有一定的评论色彩。

工作通讯的写作有如下要求：

1. 要有现实针对性，切合当前工作需要

如社会进程中新的问题，实际工作中长期积累而未引起注意的问题，长期存在但悬而未决的问题，人民日常生活中经常要注意的问题等，都是有现实性的问题。

2. 要具体、透彻地阐述问题和经验

工作通讯要有一定的深度，对新情况的交代要具体明晰，对新经验的表达要准确到位，对新问题的分析要深入透彻。

3. 夹叙夹议，有理有据

或用议论作点睛之笔，点出问题之所在；或是运用背景材料同事实对比，进行有说服力的分析；或是作者直接发表意见。无论采用哪种方式，其议论应深入浅出、有理有据。

（四）风貌通讯

风貌通讯题材广泛，有的侧重于写社会风貌，有的侧重于写自然风貌，有的二者兼而有之。其报道对象，既可是一国一省之类的大题材，也可是一村一店之小题材。其形式灵活多样，报上常见的有"见闻"、"巡礼"、"纪行"、"侧记"等。

风貌通讯的写作有如下要求：

1. 抓住特点，突出"新"和"变"

风貌通讯重在写新的见闻，能提供新信息、反映新变化。着眼于"新"和"变"，写出事物的新情况，揭示事物的新变化，是此类通讯的重要特征。

2. 善用对比衬托

写新要突出"变"，通常运用背景材料，选择事实和数字，作今昔对比，这是较常用的手法。有时还可用民谚、故事衬托事物变化。

3. 丰富知识，增添趣味

风貌通讯常运用历史、地理、人文、科学等方面的知识来增强知识性和趣味性，也应注意紧扣主题、关联现实、恰到好处、避免冗杂。

4. 叙议结合，情景交融

风貌通讯可灵活运用多种表达方式，可以边叙边议，叙议结合，也可以写景抒情、情景交融。

一、标题错误

标题一：中国饺子走向世界

【评析】看标题，一般会以为讲的是中国饺子出口到世界各国了，但看完正文才知道，原来文章讲的是某省的速冻饺子开始出口日本。很明显，标题大而不当。作者故作惊人之语、生硬拔高，造成题文不符。

标题二：两个人的世界大战

【评析】乍一看该标题，感到惊异迷惑，再看原文才茅塞顿开，原来标题中的两个人是女子，所掀起的是争夺女子国际象棋冠军的"世界大战"。很明显，标题中的"世界大战"应该加引号。

二、新闻失实

【原文一】2003年5月21日《青年参考》上发表了《女大学生卖淫现象调查》一文，该文在新闻界乃至全社会引起了巨大反响，许多人在互联网上对该文及其作者进行了连篇累牍的"炮轰"，直斥其为"假新闻"。

【评析】仔细分析，该文有诸多失实之处，以点代面是最主要的问题。从全文来看，它报道的几乎全是武汉的情况，但标题用的却是"女大学生卖淫现象调查"，该文以"武汉女大学生卖淫现象调查"为题，才算贴切。另外，作者只采访了几个个案，里面的实例都是不折不扣的"点"，但作者却由"点"引申到了"面"。所以，文章发表后，造成了极坏的影响。

【原文二】一天下午，××县××乡的两名歹徒闯入厂长办公室，手持利刃，目露凶光，威逼李厂长，勒索一万元现金。李厂长拍案而起，大义凛然地怒斥歹徒："你们痴心妄想！钱是国家的，是集体的，你们休想抢走一分钱！"歹徒上前用刀逼住他："交不出钱来，就要你的命！"李厂长英勇无畏地回答："要钱没有，要命有一条！"他赤手空拳地与歹徒展开了英勇的搏斗，但因寡不敌众，壮烈牺牲，用他的生命谱写了一曲悲壮的英雄之歌！（节选）

【评析】这是一则人物通讯的选段，通讯旨在通过对典型事件的叙述和描写，刻画出英雄人物李厂长的高大形象。但上面一段文字是经不住推敲的，作者对冲突的刻画和对人物语言的描写显然失实。面对失去理智的持刀歹徒，在敌强我弱的情势下，尽量缓和气氛，冷静地采取缓兵之计，才有可能达到保存自己、制伏歹徒的目的。在那么危急的关头，对持刀歹徒说出那么大义凛然的话，不太符合现实生活的一般逻辑。

真实情况是怎样的呢？在另外一则通讯中，这一部分是这样描写的：一天下午，××县××乡的两名歹徒闯入厂长办公室，手持利刃，目露凶光，威逼李厂长，要他交出一万元现金。正在办公的李厂长站起身来，镇静地回答他这里并没有现金，现金都在财务科。歹徒不相信，说你身为一厂之长，还拿不出这点钱来，上前用刀顶住李厂长的胸口。双方正在僵持，电话铃突然响了。两名歹徒以为李厂长按了警铃，惊慌失措，向李厂长胸部连捅数刀，然后仓皇逃窜。李厂长倒在了血泊中，停止了呼吸。

很明显，作者是觉得真实情况下人物不够"英雄"，为了追求感人的效果、让人物形象更加高大，故脱离事实生编硬造。殊不知，这样一来，通讯显得不真实了，人物形象反而失去了血肉，感情也变得浮夸了，这是通讯写作中常见的错误之一。

范文评析

【例文】

"好人"于龙云
——全国优秀乡村医生于龙云 40 年扎根农村纪事

唐立群

在乳山市午极镇，问起乡村医生于龙云，村民们众口一词，"那可是个打着灯笼难找的好人"。老人们叫他"二哥"或"二弟"，年轻人则亲切地呼他"二叔"或"二爷"。老于是午极镇的老人，也是一个备受爱戴的名人，却很少有人知道他曾是 2007 年全国优秀乡村医生，只知道他干了 40 年，是一个庄户人信得过的好医生。

于龙云好学。1968 年，于龙云高中毕业后回村务农，被村支部书记点将做村里的赤脚医生。他想不通，"那可是个费心劳神的技术活，我这推车挖土的手哪能行？"支书说，"怎么不行？让你去你就去，村里人再有个头疼脑热的，就不用死扛着活受罪了。"就这样他来到了镇医院，从背诵汤头歌诀开始，学习中西医理论和中药验方。勤学好问的他不满足于跟哪一位大夫学，只要哪里开学习班，哪里就有他的身影。1975 年，他以优异的成绩取得了医学中专学历，并考取了国家承认的乡村医生执业证书，很快，于龙云就成了当地知名的全科大夫。行医多年，于龙云发现，中西医结合的路子对治疗农民的常见病特别管用，不仅花钱少，而且见效快。村东头的孙守勇大爷逢人就夸，"有个腰腿疼和肢体麻木什么的，一定要去找我二弟。那年，我的腰疼得上不去炕，他用痛点疗法和中药外敷给我治了三天，没花几个钱不说，第四天我轻松地下地干活了。"就是通过这样的口口相传，他精湛的医术吸引了越来越多的人，不仅惠及本村的百姓，邻近村镇的病人也慕名而来。一个普普通通的农村卫生室，一天的接诊量有二三十人，每逢集日，则多达五六十人。

于龙云心善。午极村有一位精神病患者叫焦岩军,早年发病狂躁,见人就打,家里穷得住不起医院。正在一筹莫展的时候,于龙云主动找上门来,要用针灸给他治疗,说这样基本不用花钱。老伴知道后跟他闹起了情绪:"你是神仙哪?什么病都能治?他要是发狂把你劈了,我们娘俩可怎么活?"亲戚朋友也劝,"这家人又交不起治疗费,你也犯不着为一个疯子冒风险,治好了好说,治不好还丢你的名声。"于龙云可不管这些,照常背着药箱天天为病人上门治疗。那天正在针灸,没想到病人突然犯病,在他转头取针的工夫,竟然操起个棍子向他打过来,他用手去挡,脑袋闪过了,却把手背划开个大口子,鲜血直流。他忍住疼默不作声,趁病人发愣的功夫赶紧给他打了一针安定,狂躁的病人稳住了,老伴却不答应了,拦着家门口再也不让于龙云为他治疗。于龙云落泪了,"那是我看着长大的孩子,我不能眼睁睁地看着他发疯!"就这样,他风里来雨里去,一直坚持了七个月。有一天下午,病人的情绪特别兴奋,家人又怕他犯病,要用绳子捆他,没想到那孩子突然哭起来,羞愧地叫了于龙云一声:"二叔,我错了。"在场的人忍不住地抹泪,疯了几年的他终于恢复了往日的神志。

于龙云好求。他对庄稼把式不笑不说话,称呼病人总用邻里辈分。找他看病就像拉家常,深一句、浅一句、东一句、西一句的,就把病情摸得清清楚楚,把防治方法说得明明白白。嘱咐吃药更像个家长,一遍遍地叮嘱,还是不放心,又仔仔细细写在药盒子上,字大得连 80 岁老太都看得清。多年来他一直坚持出诊,只要是病人捎个口信,不管自己有多忙,总能亲自上门,打针送药。一个深秋的夜晚,大雨倾盆。他被一阵急促的敲门声惊醒,原来是邻村的陈合刚胆囊炎发作,已疼得满炕打滚。于龙云二话没说,背起药箱就走,那时连个自行车都没有,可时间就是生命,风再狂雨再大也挡不住他那颗急切的心。五里山路只能摸索着背着药箱一路小跑地往前赶,把病人家属都远远地甩在了后面。不料一不留神一步踏空,于龙云重重地摔倒在齐腰深的水沟里。等他从水沟里爬出来时,眼镜却找不着了,右腿也瘸了,浑身上下已全部湿透。他一声没吭,硬是拖着瘸腿来到病人的家。一进门,顾不上拧一把湿透的衣服,他立刻投入了对患者的治疗。前后只用了五分钟,他就给筛糠般打着寒战的患者扎上了针,服下了药。病人的体温已高达 39.8℃,必须赶紧降温。打开药箱,拿出酒精,勾兑好温水,于龙云亲自给病人擦身……一直折腾了半个多小时,徘徊在鬼门关外的病人终于被于龙云抢了回来。看着浑身上下直淌水,冻得全身直打战的于龙云,病人家属眼里噙满泪水,拉着孩子"扑通"一声跪在了他的面前,"娃们,快叫干爷。给干爷磕头。今天若不是你干爷,你爹就不在了。"于龙云想阻拦,却累得一下子瘫坐在地上。

于龙云不爱财。2004 年,乳山市开展了镇村一体化管理。一体化管理后的村卫生室,账目和药品收归镇卫生院统一管理,对乡村医生实行绩效工资制,并缴纳养老保险金。对绝大多数乡村医生来说,一体化管理给他们带来了稳定和实惠,是一个千载难逢的好机会。但对于龙云来说,他的收入肯定比不上自己单干。没想到政府一号召,于龙云就积极报名，考试后成为第一批受聘的乡村医生。老伴就跟他吵，"你真是越活越傻了，别人名气没你大，病号没你多，变个方式自己干，一年挣得能抵你俩！谁像你累死累活地给公家忙，一年到头只挣那几个定好的辛苦钱？"女儿也说，"爸，谁敢相信干了一辈子的医生的老爹会攒不下钱来，挣钱越来越少不说，还整天帮扶别人充大个？"于龙云只顾着看书，也不搭话，逼急了只是笑，"不缺吃不缺穿的，要那么多钱干吗？命只有一条，钱够花就行。"

（《山东卫生》，2008 年第 10 期）

【评析】

第一，本篇人物通讯层次清晰，一目了然。全文共有五个自然段。第一段对通讯的主人公于龙云进行了简要交代，并为全文定下了感情基调，于龙云"是一个备受爱戴的名人，却很少有人知道他曾是 2007 年全国优秀乡村医生"。第二段到第五段分别用中心语"于龙云好学"、"于龙云心善"、"于龙云好求"、"于龙云不爱财"开头，开门见山，点明段落主题。

第二，本篇人物通讯语言平实，符合人物形象。于龙云是一个扎根农村 40 年的乡村医生，他没有做出什么轰轰烈烈的大事，但他用大半生时间谱写了一曲医者之歌。于龙云与村民间的朴实感情和他默默为乡亲奉献的精神正是通讯要表达的。该通讯没有用华丽的辞藻，而是用近似于乡亲间拉家常的平实语言，将于龙云这种质朴的精神呈现得逼真而生动。

第三，本篇人物通讯运用典型事例，使得人物有血有肉、形象丰满。为了体现"于龙云心善"，通讯讲述了于龙云为精神病人看病的故事；为了体现"于云龙好求"，通讯讲述了于龙云雨夜步行为邻村病人看病的故事。故事典型，细节生动，人物形象跃然纸上，形魂兼备。

另外，本篇通讯大量采用对话的形式。比如于龙云主动为精神病人治病，老伴闹情绪："你是神仙哪？什么病都能治？他要是发狂把你劈了，我们娘俩可怎么活？"还引用了亲戚朋友的劝说："这家人又交不起治疗费，你也犯不着为一个疯子冒风险，治好了好说，治不好还丢你的名声。"于龙云却说："那是我看着长大的孩子，我不能眼睁睁地看着他发疯！"这些对话合情合理，更加衬托了于龙云高尚的品质。

职场操练

1. 采访你身边的某一典型人物，写一则人物通讯。

要求：

（1）人物要能体现时代精神，突出一个"新"字。

（2）采访细致深入，从事实出发提炼主题，不要虚构、夸张。

（3）结构上可采用"横式结构"或"纵式结构"。

（4）综合运用记叙、描写、议论、抒情等多种表现手法，用具体生动的细节表现人物，避免一般化、概念化。

（5）语言生动、形象，具有一定的文学色彩。

2. 深入某一农村地区进行调查采访，写一则风貌通讯。

要求：

（1）具有鲜明的主题，突出农村的新风貌、新变化或者新矛盾、新问题。

（2）内容充实，富于知识性和趣味性。

（3）结构合理，层次清晰，详略得当。

（4）表达方式灵活多样，可以写景抒情、情景交融，也可边叙边议、叙议结合。

（5）语言生动、形象，具有一定的文学色彩。

【参考答案】

1. 人物通讯

新时代的中国工人许振超

李丽辉　宋学春

够普通的岗位——吊车司机；够单调的工作——把货物从码头吊上车、船，或是从车、船吊到码头。30 个春秋就这样悄然而去。然而，人们说，30 年来，从他坚守的这个普通的操作台上流泻出的，不是单调的音符，而是一曲曲华美的乐章。

他，就是青岛港的吊车司机，一个只有初中文凭的桥吊专家，一个一年内两次刷新世界集装箱装卸纪录的人——许振超。

"干活不能光用力气，还要动脑筋；干一行，就要爱一行，精一行。"

1974 年，许振超初中毕业后到青岛港当了一名码头工人。他操作的是当时最先进的起重机械——门机。许振超勤学苦练，7 天就学会，在一起学习的工人中第一个独立操作。

然而，会开容易开好难。师傅开门机，钩头起吊平稳，钢丝绳走的是"一条线"；到了许振超手里，钩头稳不住，钢丝绳直打晃。特别是矿石装火车作业，一钩货放下，洒在车外的比进车内的还多。看到工人们忙着拿铁锹清理，许振超十分内疚。

还有，矿石装火车装多了，工人要费不少劲扒去多的；装少了，亏吨，货主不干。为了早日掌握这项技术，每次作业完毕，别人歇着了，许振超还留在车上，练习停钩、稳钩。四五个月后，他开的门机钢丝绳走起来也一条线了，一钩矿石吊起，稳稳落下，不多不少，正好装满一车皮。这手"一钩准"的绝活，很快就被大家传开了。

一次，许振超干散粮装火车作业，发现粮食颗粒小，更易撒漏。他便在工作之余，吊起满满一桶水，练习走钩头，直至练到钩头行进过程中滴水不洒。再去装散粮，一抓斗下去，从舱内到车内，平平稳稳，又一个绝活——"一钩清"。许振超的活干净利索，装卸工人们二次劳动强度大大减轻，谁都愿意跟他搭班。

1984年，青岛港组建集装箱公司，许振超当上了第一批桥吊司机。许振超又钻研上了。桥吊作业有一个高、低速减速区，减速早了装卸效率下降，减速太迟又影响货物安全。于是，他带上测试表反复测试，终于成功地将减速区调到最佳位置。以前一台桥吊一小时吊十四五个箱子，改革后能吊近20个箱子，使作业效率提高1/4。

一次，一场大雾使整个码头的装卸作业被迫停下，直到中午雾仍不散。货轮的船长急火火地找到许振超，请求马上把集装箱卸下来。原来，该轮装载的全是冷藏箱，不料供电电源发生故障，如不抢卸，一旦箱里温度升高货物变质，损失就是好几百万元。

一台桥吊有十几层楼那么高，而集装箱上起吊用的4个锁孔，每个不过一块香皂大小。司机在40多米高的桥吊上，要让重达十几吨的吊具的4个爪准确插入集装箱的锁孔中，好天气操作起来都不那么容易，何况大雾弥漫。

艺高人胆大。许振超一咬牙答应了。他在船上、岸边各安排两个经验丰富的老司机，通过对讲机随时报告集装箱位置，自己登上桥吊，精心操作。随着船上、岸边清晰的报告声，一个个箱子一钩到位，顺顺利利全卸了下来。许振超凭着过硬的功夫、娴熟的技巧，闯过了雾天作业禁区，为客户挽回了巨额损失。

1991年，许振超当上了桥吊队队长。他在工作中发现，桥吊故障中有60%是吊具故障，而故障主要是由于起吊和落下时速度太快，吊具与集装箱碰撞造成的。他提出，这么操作不仅桥吊容易出故障，货物也不安全，必须做到无声响操作。

司机们一听炸了窝。"集装箱是铁的，船是铁的，拖车也是铁的，这集装箱装卸就是铁碰铁，怎么能不响呢？"说出口的道理很硬，没有说出口的道理更硬：桥吊队实行的是计件工资，多吊一箱就多挣一份钱。搞无声响操作，轻拿轻放，不明摆着要降低速度，减少收入么？

许振超没多解释，自己动手练起来。他通过控制小车水平运行速度和吊具垂直升降之间的角度，操作中眼睛上扫集装箱边角，下瞄船上装箱位置一点，手握操纵杆变速跟进找垂线。打眼一瞄，就能准确定位，又轻又稳。然后，他专门编写了操作要领，亲自培训骨干并在全队推广，以事实说服人。就这样，"无声响操作"又成了许振超的杰作、青岛港的独创。

1997年11月，老港区承运一批化工剧毒危险品。这个货种一旦出现碰撞，就有可能引发恶性事故。为了确保安全，码头、铁路专线都派上了武警和消防员，身着防化服全线戒严。船靠岸后，在许振超的指挥下，练就一手"无声响操作"的桥吊司机们个个精心操作，一个半小时，40个集装箱被悄然无声卸下，又悄然无声装上火车。船东代表感慨地说：“你们的作业简直是‘行云流水’，太神奇了！”

“咱当不了科学家，但可以做个能工巧匠。”

当了队长的许振超，除了开好自己的桥吊，还想做更多的事。一次，队里的一台桥吊控制系统发生了故障，请外国厂家的工程师来修。专家干了12天，一下子挣走4.3万元。这件事深深刺痛了许振超。他想，如果自己会修，这笔钱不就省了吗？

然而，桥吊的构造很复杂，涉及电力拖动、自动控制等6门学科，就是学起重机械专业的大学生也至少得两三年才能够处理一般性故障。许振超只有初中文化，可为了攻克这门技术，他着了魔似的钻研，终于发现，所有的技术难点都集中在一块块控制系统模板上，而这正是外国厂家全力保护的尖端技术——不仅没提供电路模板图纸，就连最基本的数据也没有。

许振超不信邪。每天下了班，他拿着借来的备用模板，一头扎进自己的小屋里。一块书本大的模板，一面是密密麻麻镶嵌的上千个电子元件，另一面是弯弯曲曲的印刷电路，这样的模板在桥吊上一共有20块。为了分辨细如发丝、若隐若现的线路，许振超专门用玻璃做了个支架，将模板放在玻璃上，下面安上100瓦的灯泡，通过强光使模板上隐身的线路显现出来，然后一笔一笔绘制成图。光分辨这2 000多个焊点，已够麻烦了，要弄明白它们之间的连接更麻烦。一个点前后左右可能有4条连线，而且每一条连线又延伸出两条连线，两条再变成4条，最多的变成20、30条连线，每个点、每条线，许振超都要用万用表试了又试，一条线路常常要测试上百个电子元件，直到最终试出一条通路来。这样精细的活，特别累眼，累得看不清了，许振超就到冰箱里取出冰块，敷上一会儿。接着再干，每天晚上坚持干3个多小时。

就这样，许振超用了整整4年时间，一共倒推了12块电路模板，画了两尺多厚的电路图纸，终于攻克了技术难点。这套模板图纸后来便成了桥吊司机的技术手册，成了青岛港集装箱桥吊排障、提效的“利器”。一次，一台桥吊上的一块核心模板坏了，许振超跑到电器商店花8元钱买了一个运控器，回来换上后桥吊就正常运作了。而这要是在以前，换一块模板得花3万块钱！2000年，队里的6台轮胎吊发动机又到了大修的时候。许振超找到公司领导主动要求，把这个项目交给他组织技术骨干来完成，一来锻炼队伍，二来节约资金。面对复杂的维修工艺，他与攻关小组一起边琢磨边实践，加班加点，提前完成了轮胎吊发动机的大修。近几年来，经他主持修理的项目累计为青岛港节约800多万元。

许振超的维修技术出了名，公司奖励了他一台传呼机，许振超的传呼机一天24小时都开机，只要桥吊有故障，随叫随到，随到随修。

掌握了修桥吊的技术，许振超仍不满足。因为作业中桥吊一旦发生突发故障，如果不能及时排除，将对装卸效率和船东利益造成严重影响。许振超又提出了一个新目标——“15分钟排障”。他从解剖每一个运行单元入手，不断探索，终于做到心中有数，手到“病”除。目前，桥吊队从接到故障信息，到主管工程师到场排除，已缩短到15分钟以内。

"现代化大生产说到底最需要团队协作。仅凭我一个人，就是一身铁又能打几个钉。"

2001 年，青岛市和青岛港集团实施外贸集装箱西移战略，启动前湾集装箱码头建设。然而，由于种种原因，直到 11 月下旬，桥吊安装仍然没有大的进展。关键时刻，青岛港集团总裁常德传现场发布任务：许振超任桥吊安装总指挥，年底前完成桥吊安装。

接下任务，许振超办了两件事：一是打电话告诉爱人，从现在到年底一个多月不能回去，让她放心；二是买了 10 箱方便面，往现场一扔。

前湾码头当时还是一片荒地，现场办公就在工地上一个集装箱里。零下十几摄氏度的天气，集装箱里里外外一样冷。每天早晨脸盆里的水都冻成冰坨，穿上工作鞋先要踩几分钟。吃饭要到三里地以外，错过点只能干啃方便面、凉馒头；睡觉就在集装箱一角铺上硬纸壳加大衣。有一次许振超发烧，几天不退，身子像散了架一样，走路都发飘。但晚上给家里打电话仍是那句话："工程进展顺利，我一切都好。"

妻子许金文和女儿小雪放心不下，乘轮渡到码头上看望许振超。只见他眼里布满血丝，嘴上裂着口子。荒凉的前湾码头空地上，只有两个铁皮集装箱。其中一个，就是许振超的办公室兼卧室，里面的"家当"有三件：一把电水壶，一件军大衣，一张硬纸壳。妻子含着眼泪说："这么苦，你的身体怎么受得了？"许振超笑笑说："做心里喜欢的事，就不觉得苦。"

经过 40 多天的奋战，重 1 300 吨、长 150 米、高达 75 米的超大型桥吊，终于矗立在前湾宽阔的码头上。许振超和工友们激动得流下了热泪。而许振超的风湿病又加重了，走起路来左腿常常不敢吃劲。直到现在，每天晚上睡觉时，都得穿上厚厚的毛袜子。

随着港口西移战略的顺利推进，一个念头在许振超脑海里越来越强烈：提高装卸效率，创造集装箱装卸船世界纪录！

2003 年 4 月 27 日，青岛港新码头灯火通明，许振超和他的工友们在"地中海阿莱西亚"轮上开始了向世界装卸纪录的冲刺。20 时 20 分，320 米长的巨轮边，8 台桥吊一字排开，几乎同时，船上 8 个集装箱被桥吊轻轻抓起放上拖车，大型拖车载着集装箱在码头上穿梭奔跑。安装在桥吊上的大钟，记录了这个激动人心的时刻。4 月 28 日凌晨 2 时 47 分，经过 6 小时 27 分钟的艰苦奋战，全船 3 400 个集装箱全部装卸完毕。许振超和他的工友们创下了每小时单机效率 70.3 自然箱和单船效率 339 自然箱的世界纪录。5 个月后，他率领团队又把每小时单船 339 自然箱这个纪录提高到每小时单船 381 自然箱。

青岛港集装箱"10 小时完船保班"这块品牌，让这项纪录擦得更加金光闪闪，"振超效率"扬名国际航运界！

而许振超总是谦虚地说："装卸效率是集体协作的结晶，现代化大生产说到底最需要团队协作。仅凭我一个人，就是一身铁又能打几个钉。"几十年来，许振超创出了许多绝活儿，也带出了一支会干绝活又能创新的团队。现在，队里涌现出了许多像他一样的装卸专家，不少技术主管成功地主持了许多桥吊的电控改造，桥吊队维修班还改进了桥吊钢丝绳更换方式，大大缩短了换钢丝的时间———这个时间又为全国沿海港口最短。

更令许振超和他的桥吊队振奋的是，"振超效率"产生了巨大的名牌效应，青岛港在世界航运市场的知名度越来越高。一年来，海内外，世界许多知名航运公司，主动寻求与青岛港合作，纷纷上航线、增航班、加箱量，仅短短8个月时间，青岛港就净增了13条国际航线，实现了全球通。2003年完成集装箱吞吐量420万标准箱，实现了24.3％的高速增长。

在热火朝天、一派繁忙的青岛港码头采访许振超时，这位朴实的"老码头"指着海上熙来攘往的货船，说了一句很朴素的话："货走得快，走得好，咱心里就踏实。"

（《人民日报》，2004 - 04 - 12）

2. 风貌通讯

百里洲：经受市场风浪洗礼

张磊

百里洲是万里长江第一大江心洲，因盛产洲梨，素有"中国沙梨之乡"美称。

洲梨种植面积一度达到10万亩。但从1998年开始，因周边地区种植面积猛增和品种老化等原因，洲梨价格持续多年低迷。

近年，梨农越来越感到不调整产业结构行不通了，去年开始，百里洲洲梨种植面积大幅下降。

洲梨种植面积大量减少时，仔猪、肉猪的养殖却异常兴旺，养猪收入已占农户家庭收入的大半。百里洲出栏的仔猪、肉猪已辐射到周边的湖南、江西、安徽等省份。

为了此次采访，记者几乎走遍了百里洲各个村，感受到了市场经济给农村带来的巨大变化。

记者是土生土长的百里洲人，对昔日百里洲的面貌还记忆犹新，走在乡间小道上，夹道而来的全是梨树，3月一到，那是真正的千树万树梨花开，流芳遍野。

今年春节再次走进百里洲，盛景不再。农户门口砍掉的梨树码成的柴垛比人还高。一户又一户，一村又一村，几乎家家如此，记者陡生伤感。但是访问一户户乡亲，发现乡亲们围着梨树烤火，个个笑呵呵，他们都在谈论着去年是个少有的丰收年。

梨树没了，乡亲们的丰收来自养猪。在百里洲转悠，总避不开猪饲料广告，隔三五户人家就有一幅。乡亲们脱口而出的是，"哪家没喂三五头母猪"，"哪家喂母猪没弄个万把块钱"。据了解，小小一个百里洲，去年有50万头仔猪、12万多头肉猪的出栏量。

原来，梨树少了，母猪多了，乡亲们的腰包鼓起来了。

由种梨树到养猪，这是一场来自一户户农民自发的产业结构调整，没有政府的号令，但是大家不约而同。

农民就是实在，种什么，养什么，能赚钱就行。农民确实进步了，以前琢磨不透梨子丰产了为什么收入没增多，现在主动去分析市场。

可我们还是给乡亲们提个醒，市场变化莫测，别忘了"哪样多了都不值钱"的道理。

正月初五的一场大雪把百里洲盖得严严实实，白茫茫一片的景象已是多年少见。

今年的冬天虽然冷，可百里洲的农民却没有被冷着，家家户户都有好柴烤火。

百里洲镇罗家桥村四组尤开新家，暖意融融，刚砍掉的梨树烧得噼啪直响，把围着火盆坐着的尤开新一家脸上映得通红通红。"都是砍掉的梨树，烤火还真不赖。"尤开新苦笑着说，"这些树都是我一手栽起来的，烧掉心里还真不是滋味。"

洲梨价格持续几年低迷，去年更是低到两毛钱一公斤，除去农药、化肥支出，根本赚不到钱，欲哭无泪。尤开新忍痛砍掉了 100 多棵梨树。

记者在百里洲采访，成片的梨树林不见了，几乎家家门口都堆着砍掉的梨树。"前些年洲梨价格多好，一斤梨卖到一块二，一亩地的梨可以卖个 6 000 多块，真是卖得呵呵笑啊！"回想起当年卖梨的盛况，尤开新精神了许多，"周边地区瞅着种梨赚钱，也跟着成片成片地种，眼见着梨价一年不如一年，去年才角把钱一斤，一蛇皮口袋才卖五块钱。"

市场无情，梨树不赚钱了，尤开新发现养猪是一条致富路，于是迅速买回 4 头母猪。"去年梨子价格这么低，可收入增了不少，得感谢那 4 头母猪。"尤开新说。

尤开新算了一笔账，去年养的 4 头母猪，下了 9 窝仔，卖仔猪收入 12 000 元，洲梨 3 000 元，棉花 2 600 元，其他收入 2 000 多元，还比前年增收了 7 000 多元，这是没有料到的。"2005 年计划：增加两头母猪。"尤开新将去年的收成情况和今年的计划都写在了门板上。"一头母猪两年下 5 窝仔，正常的话一年的收益是 5 000 多元，养得越多赚得越多，现在最大的问题是没钱造大猪圈。"

尤开新家的猪圈已经显得很挤了，有一头母猪养在耕牛的棚里面。"要是有猪圈，再添 10 头母猪都可以。"猪圈太小是尤开新最大的心病，这几年把主要精力放在了洲梨上，价格一直不好，家里一点积蓄都没有了。

尤开新还有一个担忧，仔猪价格可能会下跌，"现在喂母猪的太多了，我们组户均就有 4 头母猪。今年肯定还会大幅增加，往后仔猪想卖到 20 元钱一公斤是很难了。"

现在收仔猪的贩子比以前挑剔多了，不同的品种按不同的价格，尤开新想今年再增加两头良种母猪，下出来的猪娃会俏一些。

虽然仔猪价格可能下跌，但尤开新并不怕，因为养母猪转向快，价格降多了，可以卖掉母猪，圈里养兔、养羊、养鸡都可以。

尤开新笑着说："只要摸准了市场的脾气，还怕赚不到钱？"

（《湖北日报》，2005－02－20，略有改动）

参考文献

1. 钱永红．通讯写作学．杭州：浙江大学出版社，2004
2. 胡端宁．新闻写作学．北京：新华出版社，2002
3. 戚鸣．实用通讯写作．北京：新华出版社，2006
4. 玉国编著．新编新闻写作技巧与范例．北京：蓝天出版社，2004
5. 董广安主编．新闻传播精品导读·通讯卷．上海：复旦大学出版社，2004

第四章

新闻特写的写作

第一节　什么是新闻特写

特写作为一种新闻报道体裁，相较于一般新闻报道而言，具有形式多样、篇幅随意等特点。它通常是通过截取新闻事件中最富有特征或表现力的"片段"，以集中、生动而又形象的刻画，使新闻事件或新闻事件中的人物更具有感染力，从而达到更好的传播报道效果。

新闻特写的成长与兴旺，"主要在20世纪广播、电视等电子媒体相继出现以后。纸介媒体为了与它们竞争，特别是与电子媒体的视觉化、形象化的新闻抗衡，越来越多地求助于各种文字表现手法，并借鉴了摄影中'镜头感'的传播功效，于是'特写'这种文体脱颖而出"[1]。

所以，也有学者认为："如果说一般的新闻报道主要追求事实报道，那么新闻特写更要追求表达效果，这是纯新闻和新闻特写的重要区别。"[2] 根据报道对象的不同，新闻特写可以划分为人物特写、事件特写和场景特写三大类。

一、人物特写

人物特写要求简洁传神，从写法上看，不要求面面俱到，只需要记者能够抓住最能体现这个新闻人物特征或精神风貌的关键性片段，寥寥数笔将新闻人物的个性特征展示给读者。

比如《人民日报》的这篇新闻特写：

王顺友：马班铃响又出发……

刘裕国

6月30日，王顺友起了个大早，一切准备停当。在邮路上与他相伴多年的枣红马似乎十分理解主人的急切心情，邮包刚一驮上，就转身上路了。"叮叮当当"的马铃声在空寂的山林中回荡。王顺友深深地吸一口湿润的空气，这是他从北京回来后重走马班邮路的第一天。眼前这条走了20年的山路突然让他感到新鲜而亲切，浑身像有使不完的劲，他暗自催促：快些，再快些！

四川凉山彝族自治州木里藏族自治县马班邮路乡邮员王顺友所走的这条路，是一条险象环生的艰苦路，更是一条爱心铺就的便民路。20年间他步行26万公里，用一

---

① 刘明华等著：《新闻写作教程》，516页，北京，中国人民大学出版社，2002。
② 董广安主编：《新闻写作学教程》，199页，郑州，郑州大学出版社，2008。

个共产党人的身躯，架起一座绿色的桥梁，把党的声音、外界的信息、亲人的音讯传送到大山里的千家万户。20 年风雨邮路，王顺友每年投递报纸杂志 4 000 多份，函件、包裹 2 000 多件，无一丢失，没误过一个邮班。从今年春天开始，王顺友的事迹传遍祖国的大江南北，感动了千千万万人。

在此期间，他应邀到西昌、成都、北京、石家庄、深圳、珠海等地作报告。组织上为了让他安心出去，在他所负责的邮路上安排了一名临时工送邮。"这段时间可把我给憋坏了，特别是一想到山区雨季快到了，高考录取通知书要发了，想邮路就想得心里发慌。"王顺友对记者说。

两天前，王顺友从省城刚回到木里就在抢时间上邮路。

27 日，他打点行装，正准备上路，突然接到通知参加凉山州组织的"七一"庆祝晚会。这天，他把妻子也带到了州府西昌，准备兑现多年承诺，带多病的妻子到州医院检查身体。可他转念一想，后天是党的生日，再说自己离开马班邮路已经两个多月了，应当尽早赶回去给乡亲们送邮。他对妻子说："明天咱们还是赶回去吧，邮路上的事情我一天都放心不下。等走完这一趟，我向领导请假，一定专门带你来西昌查病！"

29 日中午，王顺友回到木里县，就直奔县邮局，取出他分管乡镇的邮件和报纸，分装在专用邮包里。记者清点了一下：平信 240 余件，挂号信 20 多件，包裹 10 余件，还有人民日报、四川日报、凉山日报等党报党刊 500 余份，足足有七八十斤重。

29 日这天，他忙乎的最后一件事，就是到中药店给妻子抓了一服药，亲手熬好，让妻子调养身体，等待他的归来。

上了路，王顺友心情很好，但近年越来越严重的风湿病让他的双膝在走下坡路时不大听使唤，一拐一弯。王顺友当天的路程是 40 公里，夜幕降临时分到达白碉乡呷咪弯村。他风趣地对记者说："我有三个家，与妻子、孩子一个家，与父母一个家，待得最多的就是邮路这个家。"

20 年寂寞乡邮路，王顺友学会了自编自唱山歌。这次，他又唱了一首："老王今年 40 多，牵着马儿翻山坡，风里雨里任我走，道路越走越宽阔！"

这便是王顺友传递在大凉山邮路上的人生信念。

（《人民日报》，2005－07－01）

这篇新闻特写是典型的人物特写。全文仅 1 000 字左右，通过对新闻主人公王顺友的一些工作和生活片段的截取，简笔勾勒出了一个无私奉献的乡村邮递员的形象。

二、事件特写

新闻事件发生了，我们可以从很多方面去报道它，手法多样。而特写这种体裁，则需要记者能够截取这个正在发生的事件中的一个或几个最具有代表性的瞬间，并通过对这些

"瞬间"的浓墨重彩的书写与"放大呈现",来反映和报道整个新闻事件。

以下面这篇特写为例,来看看事件特写是如何从事件的某个"瞬间"着笔,从而完成对整个新闻事件的报道的。

这一步,跨越60年

姚小敏　孙立极

11月3日11时45分,飞机平稳降落在桃园机场。机身上,5个奥运福娃的彩绘图案,鲜艳夺目。这是一架来自北京的国航包机。

舱门徐徐打开。海协会会长陈云林偕夫人走出舱门,向欢迎的人群挥手致意,走下舷梯,踏上宝岛的土地。

历史在这一刻定格。

2008年11月3日,11时58分。

陈云林率领的海协会协商代表团抵达台湾,这是1949年后大陆授权团体最高负责人第一次访问台湾,也是大陆第一次派出庞大协商代表团同上宝岛。

陈云林的一小步,两岸关系一大步。

陈云林一行乘上专车,从停机坪直接前往下榻的圆山大饭店。

富有中国传统特色的饭店大厅,宫灯高悬,雕梁画栋。厅中央,鲜艳的红地毯,显得庄重热烈。

大厅两侧和阶梯,挤满了媒体记者。据称,这次会谈申请采访的记者有1 047人,最终获准的有574人,分别来自岛内外138家媒体。

12时25分,陈云林抵达饭店,走进大厅。"会长好!"迎候的人群响起热烈的掌声。陈云林与海基会董事长江丙坤热情相拥。

随后,海基会举行欢迎仪式。

江丙坤致欢迎词说,陈云林会长踏上宝岛土地,这一刻不只台湾民众在看,大陆民众在看,全世界都在看,这是历史的一刻。江丙坤说,两岸交流史上,这一刻整整花了60年。

陈云林随后发表讲话说:"首先,我要向海基会的朋友以及岛内乡亲表示衷心的感谢!同时转达大陆13亿人民向海峡彼岸2 300万骨肉同胞,表示的真诚的祝福和衷心的感谢!"

谈及踏上宝岛的心情,陈云林说:"第一次踏上台湾这片可爱的土地,能够如此近距离地接触那么多可敬的台湾乡亲,心情十分激动。"

陈云林说,这次两会商谈在台北举行,这是两岸制度化协商走出了新的里程,标志着两岸关系迈出了重要的历史性的一步。

他说:"为了这一天的到来,两岸的朋友,特别是很多台湾的朋友,奔波于两岸,他们付出了辛劳付出了心力,做出了贡献;为了这一天的到来,汪辜两位前辈孜孜以求，不懈地努力，几经相许，终未成愿，如今两位老人已经乘鹤西去，但是他们在九泉之下，如果能够知道我们今天这种场景，一定会非常欣慰。"

今天的台北，一度飘起了蒙蒙细雨。陈云林说，我在北京登机的时候，晴空万里。到达桃园机场和圆山大饭店，外面是细雨绵绵，和风宜人，它预兆着我们两会的商谈会圆满成功。

（《人民日报》海外版，2008-11-04）

《人民日报》的这篇新闻特写，是典型的事件特写。要报道两岸制度化协商走向新的里程碑这一具有历史意义的事件，切入点很多，而这篇特写则通过白描手法"聚焦"于海协会会长陈云林跨出舱门、踏上祖国宝岛土地的那一个瞬间，并通过这个"瞬间"展开描写，以陈云林所迈出的一小步隐喻两岸关系所迈出的历史性的一大步，立意高远，很好地传递了新闻报道的主旨。

三、场景特写

场景特写实际上是一种现场目击报道，主要是指记者深入新闻正在发生的现场，通过现场目击或体验参与，完成对事件的一种"再现"式报道。

同一般的消息写作相比，场景特写不仅需要交代清楚何时、何地发生了什么事，更需要展现和描摹事件发生时的情境与氛围。从某种意义上讲，场景特写就是要通过对新闻现场的一种生动而形象的描写，使读者获得一种"身临其境"的阅读感受。

下面这篇报道就是典型的场景特写：

杜丽夺冠特写："这 4 天的时间比 4 年还要漫长"

罗俊

杜丽又哭了，只不过这一次，她的泪水，属于胜利。

一样的服装，一样的步枪，一样的姿势，甚至连对手都还是那么几个，埃蒙斯、加尔金娜，该来的全来了。除了靶子距离变成 50 米之外，此情此景和 5 天前首金之争时几乎无二分别。

可杜丽的心，却应该已是心如止水了。

决赛开始前介绍运动员入场时，预赛排在第一的杜丽最后一个出场，受到的欢呼也是最多的。但她只是轻轻地对着观众挥了挥手，面无表情地一心只盯着 50 米开外的那个小圆靶。她脸上早已看不出 5 天前兵败首金时的失落，有的只是冷静和淡定。在一小时前结束的预赛中，杜丽在首先进行的卧姿比赛中进入状态较慢，仅打出 196 环，排在第 23 位；立姿时她打出 194 环，排名升至第九；到了跪姿比赛，杜丽的状态已经完全调整过来，打出 199 环，最终以 589 环获得预赛头名晋级决赛。决赛还是采用立姿，每人各打 10 发子弹。

杜丽上来第一枪就只打了个 8.7 环，全场同时爆发出一阵叹息。这种情景和首金争夺时也太像了吧！当时杜丽第一枪也是打出了让人大跌眼镜的 7.9 环，难道今天的一切都是昨日的重现？在场的所有人开始替杜丽担心起来。

不，杜丽旋即打出 10.3 环和 10.4 环，她用子弹告诉所有人，今天的杜丽已经大不相同。第四枪结束时，杜丽已经将第一枪的劣势追了回来，排名重新回到第一位。不过，夺得首金的捷克选手埃蒙斯此时已悄悄地追了上来，她和杜丽的差距已经缩小到 0.1 环。现场的气氛从未如此紧张，每一枪都有可能改变整个排名。

从第六枪开始，杜丽的状态上来了，每一枪都把子弹射在 10 环以上，死死地压制住后面紧追不放的埃蒙斯。第六枪和第九枪，杜丽都打出了 10.8 环的高分。最后一枪之前，她只需要打出 9.4 环，就可以稳稳地把金牌收入囊中。在场的所有人都暗自为她捏了一把汗，坐在杜丽身后的王跃舫教练甚至紧张得闭起了眼睛。

"砰！"杜丽的枪头冒起一丝青烟。10.5 环！随着这个分数出现在计分屏上，观众席顿时爆发出一阵欢呼。坚强的杜丽终于收获了一块迟到的金牌。4 年前的 8 月 14 日，杜丽在雅典奥运会上射落自己人生的第一块奥运金牌，4 年后又是一个 8 月 14 日，杜丽在自己的兼项中得到了第二块奥运金牌。当年的意气风发，经过涅槃重生之后，已经蜕变成今日的老练沉稳。

"杜丽，好样的！"在观众持续的叫好欢呼声中，杜丽回转身来，高高地举起双手挥动致意。那一刻，她的眼眶又红了。杜丽强抿着嘴，似乎不想让眼泪再次流下来，可终究还是流了下来。她用手一抹，激动地和教练抱在了一起。王跃舫在杜丽的脸上亲了又亲，这块金牌，来得太不容易了。

"第一次流泪倒不是因为我没有拿到那块金牌，只是我看到这么多人关心着我，我觉得很对不起大家。"赛后，杜丽对记者敞开心扉，"这 4 天的时间，我觉得比 4 年都还要漫长。其实前几天训练时我也没打好，甚至有那么一刻我想过要放弃，觉得射击很没意思。但很多志愿者给我送来卡片，写满了鼓励我的话，我觉得就算为了这些关心我的人，我也要坚持打下去。所以今天流的，是感动的眼泪。"

感动的人不止杜丽一个。赛后新闻发布会时，杜丽诚恳地向她的教练道歉。"资格赛中我和教练发脾气了，很对不起他，在这里我要向他道歉。"原来上午的预赛时，杜丽一开始打得并不好，教练王跃舫想把她叫到一边指导一下。杜丽第一次没有下来，直到教练第二次叫她时，才很不情愿地下来，并冲教练发了火，两人弄得很僵。

杜丽当着几十位记者真情道歉的时候，王跃舫教练正站在新闻发布厅后面的一处角落里，她一边满怀深情地鼓着掌，一边点头向自己的弟子示意，嘴里说着，"我不生气，我不生气。"师徒情深，感动了在场的每一个记者。后来，王跃舫说："在比赛中这种情况很正常，运动员发火也是好事，把内心的压力发泄出来了反而是件好事。"

　　站在领奖台上，耳边听着观众齐呼"杜丽、杜丽"，这时的杜丽笑得无比灿烂。不经历风雨，哪能看见彩虹；不浴火煎熬，哪能凤凰涅槃。经历了失败之后，杜丽终于可以用一块沉甸甸的金牌，证明自己仍然是个强者。

（人民网—奥运频道　2008 - 08 - 14）

　　这篇特写，写得绘声绘色，很有"现场感"。记者截取几个关键性射击片段，浓墨重彩地集中描写，将杜丽在女子 50 米步枪三姿决赛中的表现生动而又形象地呈现在读者面前。

第二节　新闻特写的特征

一、同消息相比，新闻特写的语言更形象、生动

来对比两则新闻报道：

杜丽步枪三姿夺得金牌　武柳希第八

　　西部网讯　北京时间 2008 年 8 月 14 日，在刚刚结束的北京奥运会射击女子 50 米步枪三姿决赛中，中国运动员杜丽以 690.3 环的成绩夺得金牌，并打破了奥运会纪录。这是中国代表团在北京奥运会上获得的第十九枚金牌。陕西籍运动员武柳希获得第八名，成绩为 685.9 环。

　　很明显，如上这则报道采用的是消息体裁，我们将其与前面提到的场景特写《杜丽夺冠特写："这 4 天的时间比 4 年还要漫长"》作个比较就会发现，两则新闻报道的是同一个新闻事件，但二者的写法完全不同，这种不同，就是消息与新闻特写的差异。

　　虽然消息与特写都是新闻报道中的常用体裁，但消息这种文体讲求的是以简明扼要的文字快速准确地报道新闻事实，只需要给读者交代一个事件的概貌就可以了。

　　而新闻特写则讲求抓取新闻事件中最富有特征的一个或几个片段，浓笔展开，通过对这几个典型片段的"绘声绘色"的描摹和放大，从而揭示出新闻事件或新闻人物的一些独特风貌。因此，同消息相比，新闻特写的语言更形象、生动。它允许在尊重新闻真实性的基础上，调动一切写作手法去细致刻画和"放大"那些具有典型代表意义的画面和"镜头"。

二、与通讯相比，新闻特写重在展示新闻事件的某一横断面

通讯也是新闻体裁中较常用的一种，就某种意义而言，其属于深度报道。它与新闻特写的共同点在于都比较重视运用文学手法去生动形象地报道新闻事件。

二者的不同之处在于："一般的通讯在写作中也要求有情节、有细节、有形象，但常常要求叙述一个或数个较为完整的情节，写人可以纵横伸展笔墨，写事则要写出事件发生和发展的过程。而新闻特写则比通讯更为集中、更为细腻、更富有动感。它以细腻、生动、绘声绘色的笔触，描绘出典型事物的横断面，不像一般通讯那样在时间和空间的延续上反映人物或事件的全貌。"[1]

这就是说，通讯不能忽略对"面"上情况的报道，在报道新闻事件和人物时讲求对事情的发生、发展过程做详细交代，对人物的人生发展历程做全景式的展望和回顾。而特写则更讲究从新闻事件的某一横断面入笔，或截取人物在某个典型环境中的瞬间画面，或选择事件发生过程中的某一"点"，"聚焦"细节，铺展笔墨，"以小见大"，以此反映和报道新闻人物或新闻事件。

如前面提到的人物特写《王顺友：马班铃响又出发……》，我们对照另一篇新闻报道《索玛花儿为什么这样红——记优秀共产党员、木里县马班邮路乡邮员王顺友》就会发现，同样是反映和报道一个默默奉献青春20多年的乡村邮递员的事迹，但两篇报道的写作手法和谋篇布局明显不同。这种不同，就是通讯体裁与特写体裁的不同。

《索玛花儿为什么这样红——记优秀共产党员、木里县马班邮路乡邮员王顺友》采用的是通讯体裁，篇幅较长，全文近一万字。其间记者穿插了很多翔实的新闻背景材料：王顺友8岁时关于他父亲（也是一名乡邮员）的记忆；1988年7月，雅砻江边王顺友为了抢救落水邮包，差点搭上性命的情景；2000年7月，途经察尔瓦山时遭遇劫匪的惊险一幕；等等。记者通过对王顺友20年来送邮生涯的详细的"面"上的展开，对他的人生经历、思想发展历程做了全面的展望和回顾。而《王顺友：马班铃响又出发……》采用的是特写体裁，篇幅较短，全文仅一千字左右。记者从王顺友自北京返乡后重走马班邮路的第一天开始运笔，从他这一天的工作状态写起，然后穿插适当的背景材料，为读者简笔勾勒和呈现了一个无私奉献的乡邮员的典型形象。

---

① 董广安主编：《新闻写作学教程》，187 页。

第三节　新闻特写的要素内容

大部分研究者认为，新闻特写的结构是"文无定法"。确实，由于新闻特写反映的题材广泛，在结构上往往不拘一格，呈现出鲜明的个性色彩，带有浓重的记者个人的风格特点。尤其在西方新闻界，因追求新闻的故事性，很多记者在撰写新闻特写时，往往是怎样吸引读者就怎样谋篇布局。不过，尽管新闻特写的结构自由多样，我们仍然可以提炼出三个结构要素，即开篇、主体、结尾三大要件。

一、开篇

在新闻报道的各类体裁中，每种体裁都有其特点，在谋篇布局与写作手法上也不尽相同，但一般来看，各类体裁都讲求在开头部分即导语写作中引起读者的阅读兴趣。

同一般的消息类报道的导语相比，新闻特写开头部分的写作手法更加灵活、多样，更加具有文学性。

以下是几种常用的撰写新闻特写开头部分的技法。

(一) 直陈式

所谓直陈，就是用洗练的文字，直陈事件的主要事实。这种开篇写作手法同一般的消息类报道的导语相比，有相同之处，旨在通过简洁、概括的语言为读者提供关于事件的概貌。但就具体文字风格而言，特写这种新闻报道体裁的文字风格更具有文学性，有较浓的抒情色彩。

如特写《舞在奥运马术赛场的中国姑娘刘丽娜》的开篇：

> 13日晚，香港月朗星稀，轻风拂面。中国女骑士刘丽娜身跨爱驹"华彬之星"，合着悠扬的音乐，慢步踏入沙田奥运马术赛场，准备进行奥运马术盛装舞步的比赛。这是中国选手首次出现在奥运马术盛装舞步赛场，刘丽娜也是唯一参加这项赛事的中国选手。她的出现再次为中国观众带来了喜悦和希望。

又如特写《茫茫雪原迎"神舟"——目击"神舟"四号飞船返回》的开篇：

> 一场罕见的大雪飘落后，内蒙古中部地区银装素裹。飞船着陆场的搜救人员正在忙碌着，迎接巡天使者——"神舟"四号飞船的凯旋。

(二) 场景描写式

即记者选取新闻事件中最具有代表性和象征性的一个"场面"或是"画面"，将它作为特写的开篇。这种方式，一方面通过对这个"场面"的描摹，揭示出新闻报道的主旨；另一方面也为读者营造出一种身在新闻现场的现场感，仿佛也同新闻事件的主人公一起共同经历、见证记者笔下的那个场景。

如特写《国旗冉冉升起　祖国在我心中》的开篇：

> "起来，不愿做奴隶的人们……"五星红旗在雄壮的国歌声中冉冉升起。来自堪培拉地区的300多名中国留学人员及其子女、中国驻澳使馆部分领导仰望国旗在蓝天白云下迎风飘扬，一股强烈的爱国之情涌上心头。

再如特写《这一步，跨越60年》的开篇：

> 11月3日11时45分，飞机平稳降落在桃园机场。机身上，5个奥运福娃的彩绘图案，鲜艳夺目。这是一架来自北京的国航包机。
>
> 舱门徐徐打开。海协会会长陈云林偕夫人走出舱门，向欢迎的人群挥手致意，走下舷梯，踏上宝岛的土地。
>
> 历史在这一刻定格。

（三）悬念式

有的特写在报道的开头部分会使用一个悬念，用以吊起读者的胃口。这种开篇写作方式很诱人。

以《"老枪"再显威　一枪定乾坤》的开篇为例：

> 时针指向14日下午3点10分，雅典马可波罗射击中心决赛馆内的气氛紧张得令人窒息，参加第28届奥运会男子10米气手枪决赛的8名选手只剩最后一枪未发。
>
> 人们都将目光集中在俄罗斯好手涅斯特鲁耶夫和中国老将王义夫的身上。此时，他们二人的总成绩同为680.1环，并列排在第一位。冠军属谁关键看这最后一枪。

看完这个开头后，我们便会产生一种强烈的探求欲——最后一枪的结果如何？第28届奥运会男子10米气手枪决赛的金牌究竟会花落谁家？我相信，大部分读者在看到这个开头后，都会很有兴趣继续往下阅读。因为，只有继续往下阅读，才会知道结果，才会知道金牌的归属。

当然，一篇新闻特写的开篇究竟采用哪种形式撰写，一方面同报道的主题和内容相关，另一方面也与记者的采写素养密切相关。如果采访不深入，可能就挖掘不到有价值的细节和素材，这样一来，前面所提到的"场景描写式"可能就无法成形。在新闻现场不善于观察和采访，就无法捕捉到有价值的画面，更别提将它们纳入自己的报道了。

二、主体

大部分新闻特写的主体是由一个个具有典型意义的画面和场景有机组合而成的。这种组合方式有点类似电影蒙太奇的手法。"蒙太奇是法文 MonTage 的音译，原意是'剪辑'。"[①] 事实上，蒙太奇是一门叙事艺术。有专家认为："以若干镜头构成一个场面，以若干场面构成一个段落，以若干段落构成一个部分等等，这就叫做蒙太奇。"[②] 而这样的若干镜头、若干场面或是若干段落有机组合在一起后，就会构成情节，这些情节为整个电影的叙事主题服务。

在新闻特写中，不管是人物特写、事件特写，还是场景特写，在写作手法上都讲求截取一个或几个典型性瞬间（横断面），通过对其进行"聚焦"、"放大"，再现新闻人物、新闻场景、新闻事件。尤其是对于截取了多个典型性瞬间的新闻特写，更是涉及一个场景组合的问题。因此，从这一点上看，特写写作的手法便与电影蒙太奇有了类似之处。

那么，在新闻特写的写作中，靠什么来将具有典型意义的瞬间和场景组合在一起呢？以如下这篇特写为例：

告别演出彩凤双飞　赵宏博精神超越一切

新华社记者　刘卫宏　王镜宇　高鹏

冰面洁白，乐声婉转。赵宏博拉着申雪的手，在冰池贴地旋转。他们晶亮的冰刀在冰面画出一道螺旋线，就像中国传统吉祥图案中的一只凤凰。

意大利都灵，2 月 13 日夜，2006 年冬奥会花样滑冰赛场。申雪和赵宏博如双飞的彩凤，在帕拉维拉体育馆八千名观众如潮的掌声中翱翔。

这是中国第一对参加冬奥会花样滑冰双人滑的选手。在连续参加三届冬奥会之后，32 岁的赵宏博和 27 岁的申雪，在都灵壮美地告别奥运会，告别这个充满梦想与荣耀的舞台。

"告别演出"总是充满忧伤，但申雪和赵宏博微笑着走上冰池。站定后凝望对方，他们眼中满是笑意与信任。

音乐声起，石破天惊，赵宏博和申雪一上来就跳出高难度的"后外点冰三周连两周"。空中旋转优雅而动人，下落自然而稳定，观众席上掌声雷动。在出色完成抛转三周、捻转三周等难度动作后，裁判席正对面的近百名中国观众，将五星红旗抖得呼呼直响。

事实上，这个后外点冰动作本是"三周连三周跳"，但赵宏博刚刚伤愈复出，教练让他少跳一周。

就在去年 8 月 5 日，赵宏博为了攻克这个技术动作而导致左脚跟腱断裂。当时，几乎所有的人都认为，申雪/赵宏博这一黄金组合，将很难出现在都灵冬奥会的赛场。

---

①　黄琳主编：《影视艺术——理论、简史、流派》，6 页，重庆，重庆大学出版社，2001。

②　周月亮：《影视艺术哲学》，141 页，北京，中国广播电视出版社，2004。

因为跟腱断裂这样的伤，一般需要半年才能恢复活动。

然而，赵宏博来了，奇迹般站上都灵冬奥会的赛场。他在手术后短短3个多月的时间就开始冰上训练，除夕还坚守在训练馆，到都灵后每天坚持训练，进行冰敷、理疗，每周还要打一针封闭……

运动医学专家说，"他能站到冬奥会赛场，已经是运动康复的奇迹。"

短短两个月时间的合练，赵宏博不但回到赛场，而且表现得近乎完美。在意大利大师普契尼的歌剧《蝴蝶夫人》荡气回肠的乐曲声中，他单手托举申雪，在冰池中滑行，以红、黑、金色为主色调的比赛服流光溢彩，就像凤舞九天。

比赛的金牌之争在中国和俄罗斯选手之间展开。但是，分成三四片坐着、穿着红白相间服装的俄罗斯代表团成员，也忘情地为赵宏博和申雪不停鼓掌。

申雪出现了一些小小的失误，到比赛结束后，她仍然为此感到遗憾。但是赵宏博连连解释，"失误很正常，因为她的很多注意力在我身上，在担心我。"这和2003年世锦赛的情况几乎一样，当时申雪有伤，赵宏博因为担心对方而在比赛中失误。

身无彩凤双飞翼，心有灵犀一点通。这对在一起长达14年的搭档，最终仍难赶超两对选手，以186.91分获得运动生涯中的第二枚冬奥会铜牌。向观众致意时，许多观众把帽子作为礼物扔进赛场，两名中国女孩甚至冲到场边，扔给他们一对憨胖的玩具熊。

赵宏博的额头仍然有汗，微微有些喘气，但很真诚，"这是我运动生涯中磨难最多的一次比赛，能滑出这样的结果，我已经非常开心了。"

"这场比赛对赵宏博很有意义，因为他在遭遇重大的挫折之后，重新站了起来。"教练姚滨说，"生命的路还很长，不能为金牌而活着。赵宏博是精神的胜利者。"

（中华网体育频道，2006 - 02 - 14）

这篇1 000字左右的特写，实际上是由四组"镜头"组成（文中画线部分），这四个由记者"摄取"的典型画面与瞬间组合起来，将赵宏博与申雪在冬奥会花样滑冰赛场上的演出表现得形象而生动。跟随着记者用文字营造的镜头，我们仿佛身临其境，置身于赛场的观众席上，正在观看赵宏博与申雪在歌剧《蝴蝶夫人》的配乐声中翩翩起舞。

在这四组"镜头"的切换中，记者又巧妙地穿插了很多的背景材料。比如赵宏博为了攻克"三周连三周跳"导致左脚跟腱断裂的事实，以及他在手术后带伤坚持训练的情况，种种背景材料都反映出赵宏博能够于比赛当日出现在都灵冬奥会的滑冰赛场上，是多么不容易。

这些"不容易"同记者笔下轻松自如、轻盈飘逸受到观众激赏的"彩凤双飞"镜头组合起来，就形成了鲜明的对比。这样的对比使得读者更能够感受到记者传递的报道主旨：对于赵宏博来讲，能够克服伤痛，再次站到赛场上，这个意义本身比任何金牌都来得重要。那一刻，站在赛场上的他已经胜利了，他已经诠释了奥运精神的本质——百折不挠、克服困难，实现人类对自我的一种超越。

总体而言，这篇报道充分展现了特写这种体裁的魅力，从"小"处入手，向"大"处开拓。瞬间场景的聚焦和放大，能够使报道"有声有色"，而背景材料的穿插，既是一种串接场景的有效方式，更是对画面和场景的有效补充，新闻报道的纵深感就在场景与背景材料的有机组合中自然而然地流露出来。

三、结尾

在消息类报道的写作中，对结尾部分的强调并不明显，但对于新闻特写而言，则讲求要有一个有意味的、经过记者把握的、能够再次点明或是升华新闻报道主旨的结尾。

目前新闻特写的结尾，主要有这样几种写作手法：

（一）以某个细节或是有意义的场景描写为结尾

如特写《这一面，践约10年后》的结尾：

> 临别之时，陈云林向辜严夫人赠送了一个绘有汪辜二老握手的瓷盘，辜严夫人则回赠著名画家张大千女弟子邵幼轩的作品《合鸣》——一对黄莺站在百花盛开的树枝上。辜严夫人说，希望两岸能如这幅画般百花盛开，也如黄莺般唱出最美的声音。

这个结尾，升华了报道的主题。以陈云林赠送绘有"握手"的瓷盘和辜严夫人回赠作品《合鸣》这些细节和场景作结尾，暗喻海峡两岸的关系也将再次"合鸣"，意味悠长而隽永。

（二）以新闻主人公的话语为结尾

比如特写《"老枪"再显威 一枪定乾坤》，就是以新闻主人公的话语作结尾：

> "我参加了六届奥运会，从来没流过泪。这是唯一的一次。因为这一次实在太不容易了。"王义夫在赛后的新闻发布会上说。

要印证雅典奥运会10米气手枪金牌在时隔12年后再次获得的不易，还有比金牌得主本人更有发言权的人吗？所以，以老将王义夫自己的感叹来结尾，无疑是最具有说服力的。

（三）以记者对新闻事实或新闻人物的评论为结尾

比如前面提到的《杜丽夺冠特写："这4天的时间比4年还要漫长"》的结尾：

> 站在领奖台上、耳边听着观众齐呼"杜丽、杜丽"，这时的杜丽笑得无比灿烂。不经历风雨，哪能看见彩虹；不浴火煎熬，哪能凤凰涅槃。经历了失败之后，杜丽终于可以用一块沉甸甸的金牌，证明自己仍然是个强者。

这篇新闻特写就是以记者对杜丽继5天前射失首金后，克服心理压力，勇夺50米步枪金牌这一事件的点评作为结尾。对杜丽能够顶住压力、能够超水平发挥，记者给予了高度评价。用"不经历风雨，哪能看见彩虹；不浴火煎熬，哪能凤凰涅槃"这样的语句，使一个经过失败淬炼后重新站起来的运动员的形象跃然纸上。

又如事件特写《英雄携手飞天——神舟六号航天员费俊龙、聂海胜出征记》的结尾：

> 电梯启动，在无数双火热目光的注视下，两位英雄从容地登上发射塔架，走进飞船舱……
>
> 9时整。火箭点火发射，神舟六号载人飞船拔地而起。费俊龙、聂海胜携手乘坐飞船飞向茫茫天穹。他们将沿着杨利伟开辟的航迹，飞得更长、更远……

这个结尾也是以记者对事件直抒胸臆式的点评作为结束语，段尾一句"他们将沿着杨利伟开辟的航迹，飞得更长、更远……"升华了新闻主题，也带出了记者对中国航天事业的肯定和期望，真正能飞得更长、更远的，不是宇航员，而是中国已经焕发出勃勃生机的航天事业。

第四节　新闻特写的写作要求

新闻特写的灵魂就是要写出现场感。因此，在撰写新闻特写的过程中，记者需要注意把握如下三点。

一、注重细节描写

注重细节描写，就是要通过典型细节来呈现新闻事件和反映新闻人物。特写在细节的选取上切忌"贪大求全"，不可刻意地堆砌细节。记者在选取细节的时候，也要注意选取最能反映人物本质、个性或是典型风貌的细节，如人物典型的话语、个性的动作、独特的表情，等等，这些细节能够给读者留下关于新闻人物真实、客观而又典型的印象和认知。

比如，《吴文俊：科学生命常青》这篇人物特写的细节虽然不多，但是仅有的几处细节描写却用得非常精妙、合适。"吴文俊得知自己获得首届'国家最高科学技术奖'时正和夫人在一起。这位82岁的院士除了点点头之外几乎没有更多的反应，只是夫人轻轻说了句：'梅花香自苦寒来。'""他的家简单得近乎简陋。几件家具是50年代初结婚时置办的，每个房间的四壁都是书柜，书籍内容上到天文下至地理，纵贯古今。"这些语句表现出了一个老科学家的淡泊名利。

那么，记者如何才能在写作中写出有价值的、能够反映人物形象和风貌的细节呢？曾撰写过特写《两个伟大民族的握手》的《人民日报》高级记者、原国际部主任陈特安撰文谈到他采写该文的经过时，提及："而要有细节……记者一定要深入现场，观察现场，挖掘现场。'脚勤'、'嘴勤'、'笔勤'、'脑勤'，才能采写出新闻精品佳作……在白宫南草坪的新闻现场，尽管记者需要按照预定的位置'各就各位'，采访时间和空间受到一定的限制，但我们还是早早到场，仔细观察现场，记下所见、所闻、所感。同时，笔者抓紧有限时间，在有限范围内，尽可能多地与朋友和各路记者交谈，从而才能在第一现场捕捉到带有泥土芳香的鲜活典型素材。"①

　　由此可见，能否写出有价值的细节，在很大程度上取决于记者的采访工作是否细致深入。

二、多采用白描手法

　　什么是白描？"白描，原是中国绘画的传统技法之一，后来将其借用到文章写作上来，成为一种描写人物和景物的技法。这种技法有两个明显特点：一是质朴实在不施浓墨重彩，不加烘托渲染，更不用曲笔和陪衬，而是以叙述的语言进行单一描写……二是简练传神，它不费很多笔墨，寥寥数语，即可干净利索、惟妙惟肖地勾勒出形象来。"② 由于白描属于文学手法，而新闻讲求真实性，因此记者在写作新闻特写时，必须以事实为基础，以真实为前提，通过客观、细致而又深入的描绘，再现事物、人物的原貌。

　　如前文提到的新闻作品《杜丽夺冠特写："这4天的时间比4年还要漫长"》，这篇特写作品，有好几处都采用了白描手法，例如："决赛开始前介绍运动员入场时，预赛排在第一的杜丽最后一个出场，受到的欢呼也是最多的。但她只是轻轻地对着观众挥了挥手，面无表情地一心只盯着50米开外的那个小圆靶。她脸上早已看不出5天前兵败首金时的失落，有的只是冷静和淡定。"寥寥数语，用简笔勾勒出一个经历过失败洗礼，在记者眼里看上去"冷静"而"淡定"的杜丽。不过，记者反映杜丽心态"冷静"而"淡定"的写法不是通过记者的评论，而是通过记者对杜丽"表情"、"眼神"的客观描绘："她只是轻轻地对着观众挥了挥手，面无表情地一心只盯着50米开外的那个小圆靶。"这样的简笔描绘，直陈记者的观察结果，不堆砌形容词，写作手法既客观，同时也为后面杜丽夺金做了铺垫，倘若一个运动员缺乏冷静、平和、沉稳的心态，又怎么可能沉着应战？当然更不可能夺金了。

　　又如该篇报道的另一处描写："'杜丽，好样的！'在观众持续的叫好欢呼声中，杜丽

---

① 陈特安：《抓住新闻点　记录历史性瞬间》，载《新闻战线》，2008（10）。
② 陈金松：《新闻精品写作善用白描手法》，载《采写编》，2003（3）。

回转身来，高高地举起双手挥动致意。那一刻，她的眼眶又红了。杜丽强抿着嘴，似乎不想让眼泪再次流下来，可终究还是流了下来。她用手一抹，激动地和教练抱在了一起。王跃舫在杜丽的脸上亲了又亲，这块金牌，来得太不容易了。"

这处描写，非常生动、细腻地表现出了杜丽的心境。尤其是"高高"二字，我们对比前面一处描写"她只是轻轻地对着观众挥了挥手"中的"轻轻"，便能品出杜丽此时的心情变化。我们知道，在2008年8月9日北京奥运会首个比赛日的女子10米气步枪项目上，担负着卫冕冠军、争夺首金和主场作战三大压力的杜丽不仅与金牌无缘，并且只获得了第5名的成绩。那时那刻，杜丽的复杂心情，也许是我们常人难以想象的，但唯一可以确定的是：杜丽的心理压力不小。可是，她的奥运征程尚未结束，8月14日的女子50米步枪三姿项目还在等着杜丽，短短几天，杜丽能调整好吗？事实证明，这个年轻的中国姑娘赢了。她赢的不仅仅是金牌，不仅仅是比赛对手，更是她自己。重压之下，杜丽再次以实力证明了自己。所以，在50米步枪三姿决赛结束的那一瞬间，在观众的欢呼声中知道自己夺冠的杜丽，心情该是多么百感交集。而对这样的百感交集，记者并没有通过评论，而是通过描述现场观察——那高高举起的双手，那强抿着嘴、不想让眼泪流下来，可终究还是流了下来的坚强神情，那与教练的深情一抱……寥寥数笔将杜丽百感交集的心境展现得淋漓尽致。

三、使用直接引语

使用直接引语有两大好处：

（一）可生动再现人物，凸显一种现场感

事实上，任何一篇优秀的新闻报道，都应该有能够反映新闻人物特征的人物个性化语言。尤其对于特写这种体裁来讲，其要求生动"再现"事件发生场面的这一本质特点，使得记者在写作"新闻特写"时更应该考虑使用人物的原话，即使用"直接引语"。记者不转述其笔下的新闻人物说了什么、怎么说的，而是让他们的鲜活的语言直接呈现在读者面前。文字报道中那些带有引号的人物个性化语言，相当于电视新闻报道中的同期声，能够营造一种非常鲜明的现场感。这样一来，报道中的新闻人物才会"活"起来，这样的新闻人物才会在读者心目中"活"起来，从而我们的新闻特写才会"鲜活"起来，才会充满生动的气息。

（二）直接引语的使用是新闻真实性在写作中的体现

新闻必须具有真实性，这是新闻的立命之本。保证新闻真实性的方法之一，就是要学会引用新闻人物的原话，善于使用直接引语。

所谓"言为心声"，就是要再现新闻人物在特定情境下的真实情感、真实心绪，还有比真实再现新闻人物原话更好的方式吗？所以，要想写好新闻特写，请学会让笔下的新闻

人物自己说话，而非转述他人的语言。

　　直接引语的使用"不求多，但求精"。如获得第十六届中国新闻奖一等奖的特写《英雄携手飞天——神舟六号航天员费俊龙、聂海胜出征记》，这篇报道中的直接引语从数量上看虽不多，但从其发挥的作用看，恰如其分。下面是节选自该特写的人物对话：

　　　　"总指挥同志。我们奉命执行神舟六号载人航天飞行任务，准备完毕，请指示。中国人民解放军航天员大队航天员费俊龙。""航天员聂海胜。"

　　　　"出发！"问天阁前的广场上，响起了载人航天工程指挥部总指挥陈炳德洪亮的出征令。

　　　　"是！"坚定的回答，标准的军礼，中国航天员的风采又一次定格在人类征服太空的史册上。

　　　　…………

　　　　"费俊龙同志，聂海胜同志，你们就要肩负祖国和人民的重托飞向太空，希望你们发扬我军一往无前的战斗精神，沉着冷静，坚毅果敢，出色地完成这次光荣的任务。我们期待你们凯旋！"陈炳德对费俊龙、聂海胜深情叮嘱着。

　　　　"请首长放心，我们坚决完成任务，北京见！"费俊龙信心百倍地回答。

　　这些人物话语简洁有力，一方面直接体现出飞行任务执行者费俊龙、聂海胜与总指挥陈炳德等人作为军人的典型特征，另一方面也充分体现了他们自信能够圆满完成任务的豪迈之气。

　　那么，记者如何培养这样一种能力，即能够捕捉新闻人物最具有代表性、最具有特点的语言，并进入到特写的写作呢？

　　实际上，这种能力直接同记者的采访功底与写作素养相关。实际工作中要避免这样两种情况：一种是记者采访能力不强，不善于提问，或是提不出好问题，导致得不到新闻人物的个性化回答，因此在写作中也就无法展示精彩的人物语言；另一种情况是记者缺乏新闻敏感，对新闻人物在新闻现场已经说出的"个性化语言"置若罔闻。被采访对象在新闻现场往往会说很多话，那么，哪些话可以纳入报道中？哪些话最能代表这个人物的个性特征，最能反映人物在新闻现场的情绪与心理状态？这都需要记者有高度的新闻敏感。新闻敏感是记者的政治素养、理论素养、新闻素养等种种素养的集中表现，需要记者在采访现场善观察、善提问、善聆听，在写作中善思考、善于组织新闻素材报道事件。就新闻特写的写作而言，更是需要记者思考如何恰如其分地使用人物的个性化语言，从而更好地"再现"人物，并通过这个"鲜活"的人物"再现"新闻现场。

【原文】

［特写］杜丽神奇表现完成复仇　山东姑娘 4 年再圆梦

北京时间 8 月 14 日 12：30 点，北京奥运会女子 50 米步枪三种姿势决赛在北京射击馆开打。在这个曾经在中国奥运史上留下浓重一笔的项目上，杜丽和武柳希将力求为中国代表团再夺金牌。最终，杜丽不负众望，夺得了这枚期待已久的金牌。

北京射击馆因为杜丽的登场而再次爆满，这位在本届奥运会"首金"梦破灭后曾放声大哭的山东姑娘短短五天后再次举枪，她瞄准的是北京奥运会女子射击 50 米步枪 3×20 决赛。在上午的资格赛中，杜丽不负众望，以总成绩 589 环平奥运会纪录的成绩进入到了决赛。另一位参赛的是比杜丽小 2 岁的武柳希，当然对于她而言，参加奥运会同样是证明自己的机会。

决赛首枪杜丽发挥得并不好，并被对手成功反超。但之后两枪杜丽很好地调整了状态，并再次取得了领先优势，而杜丽的宿敌，奥运会女子 10 米气步枪冠军得主埃蒙斯凭借稳定的发挥也悄悄追到了第二位。前五发过后，几名选手交替领先，优势仅在零点几之间，但是第六枪山东姑娘杜丽却用一记 10.8 环重新夺回了领先的优势，但是仅仅领先宿敌 0.5 环，场上的竞争进入了高潮，观众也不禁为杜丽捏了一把汗。

山东姑娘没有让场上的紧张局势持续多久，随着她打出两记好十环，她成功将领先优势扩大到了 1.6 环，杜丽夺冠在望。最终，杜丽不负众望，夺得了这枚宝贵的金牌。在得知自己夺冠后，杜丽先是朝现场观众深深鞠躬，尔后马上和自己的教练员一一拥抱。山东姑娘杜丽，在奥运开赛第五天后，再次圆了自己的奥运梦。

（体坛网，2008－08－14）

【评析】

只有通过比较，才能更好地甄辨出作品存在的问题。如果将这篇新闻特写同前面所提到的《杜丽夺冠特写："这 4 天的时间比 4 年还要漫长"》相对比，便会发现《杜丽神奇表现完成复仇　山东姑娘 4 年再圆梦》这篇报道没有发挥出"特写"这种报道体裁的优势。

前面我们提到，"特写"作为一种报道体裁，讲求截取新闻事件中最富有特征或表现力的一个或几个"片段"，并通过对这些片段集中、生动而又形象的刻画或是"放大呈现"来报道新闻人物或是新闻事件。

因此，同样是报道杜丽首金失利后，克服心理压力在女子 50 米步枪三姿项目中勇夺金牌一事，《杜丽夺冠特写："这4天的时间比4年还要漫长"》充分地发挥了特写这种体裁的优势，突出呈现了几个画面瞬间，比如杜丽刚入场时的情绪状态、打完第一枪后失望的观众以及杜丽夺冠后不想让眼泪落下来的坚强神情……为我们呈现了一个生动而真实的运动员形象。而《杜丽神奇表现完成复仇　山东姑娘4年再圆梦》这篇报道，只是平铺直叙地叙述了杜丽的比赛过程，对于那些能够反映新闻人物情绪状态的关键性瞬间与画面，记者没有宕开笔墨进行集中描写，整篇报道读上去缺乏现场感。另外，这篇特写语言锤炼欠佳，短短几百字的篇幅，仅"不负众望"就使用了三次。

范文评析

【例文】

两个伟大民族的握手

陈特安　李云飞　张亮

10月29日，是中美关系史上又一个不平凡的日子。

当地时间上午10时10分，克林顿总统在白宫南草坪为江泽民主席访问美国举行隆重欢迎仪式。江主席对美国的访问迎来了历史性的时刻。

今晨华盛顿晴天丽日，白宫南草坪上绿草如茵，生机盎然，五星红旗和星条旗在微风中舒卷。9时前后，中美两国政府官员、总统特邀的嘉宾、各国新闻记者都已纷纷进入预定位置。10时许，克林顿总统夫妇步出白宫，来到南草坪。10时10分，江主席和夫人王冶坪抵达。

克林顿总统迎上前去同江主席热烈握手。两位领导人庄重而有力的握手，不禁令人想起1972年毛泽东主席、周恩来总理同尼克松总统打开中美关系坚冰时的握手；想起1979年中美刚建交不久邓小平副总理访美时同卡特总统热烈握手时说的一句话："现在两国人民都在握手。"中美关系走过了一段风雨历程，今天中美两国领导人又一次在华盛顿握手，这无疑是中美两个伟大民族的又一次历史性握手。

江主席和克林顿总统走过红地毯，登上检阅台。这时，鸣放礼炮21响，奏两国国歌。克林顿总统陪同江主席检阅仪仗队。随后，克林顿总统和江主席先后在欢迎仪式上发表了讲话。

克林顿总统首先致欢迎辞。他说，江泽民主席的来访在新世纪来临前夕给我们带来了机遇和责任，让我们加强彼此之间的纽带，寻求共同的目标，同时坦诚地、相互尊重地处理存在的分歧。让我们共同为子孙后代建设一个更加美好的世界。

江主席在致答辞时说，18年前，邓小平先生在这里郑重宣告，中美关系史上的一个新时代开始了。今天，我受中国人民的重托访问美国，是为了增进了解，扩大共识，发展合作，共创未来，推动中美关系进入新的发展阶段。

南草坪内外 3 000 多观礼人士对他们的讲话报以长时间热烈的掌声，并热情地挥动着手中的中美两国国旗。

一些在场的美国朋友和外国驻华盛顿记者在与本报记者交谈时，都表达了对中国改革开放和经济建设的惊人成就的钦佩之情，表达了对中美关系改善发展的欣慰之情。一位 5 年前访问过中国的美国朋友高兴地告诉本报记者，他一大早就赶来参加这个欢迎江主席的仪式，亲眼看到盼望已久的克林顿总统与江泽民主席的热烈握手，"这是跨越大洋的握手，是具有跨世纪意义的握手。江泽民主席几天来对美国的国事访问给我留下的印象好极了。"一位波士顿大学的学生对记者说："今天是令人赞叹、令人高兴的时刻，两个制度如此不同的国家，今天走到一起来了。"

近期来，美国各大新闻媒体对中美首脑华盛顿会晤这一盛事均作了突出的报道，普遍认为这是美中两国 12 年来第一次真正的首脑会晤。它不仅将促使美中两国改善关系，在防止核武器扩散和地区冲突、促进国际贸易、加强环境保护等方面加强合作，而且将"对世界产生影响"。《纽约时报》认为，江主席的来访，不仅是今年美中双边关系的大事，而且是"今年国际上的重大事件"。《波士顿环球报》就美中关系发表文章，赞扬 25 年前尼克松总统作为领导者的果敢素质，他不顾自己所在的共和党内大多数人的反对意见，毅然与中国毛泽东主席举行首脑会谈，结果，历史证明他的抉择是正确的。文章认为，如果说，25 年前美中首脑之间的握手已赢得 1/4 世纪的和平，"使世界走上了新的轨道"，那么，人们有理由期望，中美两个伟大的民族这一次历史性的握手，将继往开来，有利于使下一个世纪成为和平、稳定、繁荣的世纪。

中美两国人民是伟大的人民。毛泽东主席在 1958 年就说："美国民族是一个伟大的民族。"协助杰弗逊起草和修改《独立宣言》的开国元勋之一富兰克林称道中华民族是"世界上历史最悠久，经验最丰富，也是最聪明的民族"。

50 多年前，中美两国人民曾携手并肩，共同抗击法西斯的野蛮侵略，为维护世界和平、拯救人类文明作出过重大贡献。多少岁月流逝，多少惊涛拍岸，处在太平洋两岸的中美两国人民要求和睦相处的愿望从未动摇。今天，共同的利益、共同的责任、广泛的合作又把中美两个伟大的民族紧紧联系在一起，在中美两国共同努力下，可以谱写出中美关系新的篇章。

（《人民日报》，1997 - 10 - 30）

【评析】

本篇新闻特写《两个伟大民族的握手》报道的是江泽民主席访问美国这一历史事件。很明显，对于重要的国事访问，这一事件中值得记者报道的新闻点、新闻事件很多。而本篇特写，记者则聚焦克林顿总统在白宫草坪为江泽民主席举行的欢迎仪式，并且截取了仪式举行过程中，两个民族的领导人庄重而有力的握手的那一瞬间。

通过这个瞬间，记者宕开笔墨，巧妙地穿插入 1972 年毛泽东主席、周恩来总理同尼克松总统握手，以及 1979 年中美刚建交不久邓小平副总理同卡特总统握手等历史背景，深化了新闻报道的主旨，昭示出中美两个伟大民族一直以来都在进行着对话和交流。此外，记者还通过穿插美国媒体《纽约时报》、《波士顿环球报》等对江主席访美所刊发的评论，从多个角度再次彰显了新闻报道的主旨——江泽民主席与克林顿总统的握手，是中美两个伟大民族一直以来所进行着的民族交流中的一个瞬间，这样的"握手"以前有，现在有，将来还将继续。而每一次的握手都将推动中美两国关系走向一个崭新的篇章。

本篇特写的标题也拟制得很好，气势磅礴、意味隽永，与新闻报道的主旨非常贴合。

职场操练

1. 分析下面这篇新闻特写的特点及写作手法。

鲜花·烛光·哀思——记联合国哀悼海地地震遇难者

新华社联合国 1 月 19 日电 （新华社记者　白洁）19 日下午，纽约联合国总部大楼一层大厅，哀乐低回，人人面容凝重、肃穆。

联合国秘书长潘基文率先缓步走到一个由白色玫瑰和百合编织而成的花环前，面向联合国旗帜，深深地鞠了一躬。

数百名联合国工作人员和各国常驻联合国外交官当天聚集于此，沉痛哀悼海地地震中遇难的联合国工作人员及所有遇难者。仪式现场的支架上，用英语黑底白字写着"联合国，一个悲伤的大家庭"。

一周前，一场里氏 7.3 级地震强烈震撼了海地这个极度贫困的加勒比岛国，也使联合国遭受了前所未有的重创——联合国驻海地稳定特派团总部大楼倒塌，迄今已造成包括联海团团长、联合国秘书长驻海地特别代表安纳比在内的近 50 名工作人员遇难。

这是联合国成立 60 多年来经历的最惨痛的一次人员伤亡。震后第二天起，联合国总部一直降半旗志哀，并取下入口处所有 192 个会员国的国旗。

16 时 53 分——7 天前地震来临的那一刻，现场广播中响起"全体默哀一分钟"，大厅里的人们低头肃立，人群中不时传来轻微的啜泣声。

联合国新闻部的新闻助理纳瓦尔沙哑着嗓子告诉记者，他刚刚失去一位叫迪盖的女同事，"救援人员今天凌晨在联海团的废墟中发现了她的遗体"。

现年 31 岁的迪盖是联海团的新闻发言人，去年夏天她刚刚从纽约总部派到海地工作。

由于她活泼开朗的性格，和很多常驻联合国的记者都是很好的朋友。"我很难过，"纳瓦尔冲记者摆摆手，伤心得说不出话来。

默哀结束后，潘基文和悼念人群一起来到大楼外的空地上，在阴沉的暮色中，点燃白色的蜡烛，为遇难者守灵。

在联大办公室工作的穆图里小心翼翼地遮挡着手中的烛光，生怕被风吹灭。这位来自肯尼亚的联合国工作人员告诉记者："我们聚集在这里，不仅为在海地牺牲的同事哀悼，为在地震中遇难的人们哀悼，更是为了给幸存的人们传递希望。我们用自己最卑微的心为海地人民祈祷，只要还留有希望，海地就一定能够重新站立起来。"

瑟瑟寒风中，顽强跳动的火苗，映红了人们祈祷的脸庞。联合国合唱团空灵、哀婉的歌声响起，在联合国总部上空久久回荡……

（新华网，2010-01-20）

2. 请你就春运期间的见闻，撰写一篇新闻特写。

【参考答案】

1. 这是一篇典型的场景特写，也是记者的现场目击报道。记者采用白描的手法，将联合国哀悼海地地震遇难者时的哀婉气氛呈现了出来。

从写作手法上看，这篇特写有两个亮点。

其一，在报道的开头部分，记者使用了我们在本章节中所提到的"场景描写式"的开篇方法。记者将其在现场目击的"纽约联合国总部大楼一层大厅，哀乐低回，人人面容凝重、肃穆。联合国秘书长潘基文率先缓步走到一个由白色玫瑰和百合编织而成的花环前，面向联合国旗帜，深深地鞠了一躬"这一幕作为开篇，直接把读者带入到一个哀伤、凝重的氛围中，仿佛自己也置身悼念现场。

其二，在报道的结尾部分，记者以来自肯尼亚的联合国工作人员穆图里的话语结尾，直陈哀悼的意义不仅仅在于哀伤，升华了本篇新闻报道的主旨。正如穆图里所言："我们聚集在这里，不仅为在海地牺牲的同事哀悼，为在地震中遇难的人们哀悼，更是为了给幸存的人们传递希望。我们用自己最卑微的心为海地人民祈祷，只要还留有希望，海地就一定能够重新站立起来。"

2. 参考文章

和谐在涌动——亲历铁路春运6小时

贾远琨　陶利平

新华网上海1月24日电 24日，农历腊月二十九，离万家团圆的除夕日只有一天了。上海火车站依然熙熙攘攘，售票大厅、候车室里，归心似箭的旅客们翘首以待踏上回家的路。上午10点50分，上海至北京的D32次旅客列车驶离上海火车站，记者与同车的其他归乡人一样，满怀喜悦与兴奋。

多年来，春运对于许多人而言，有着许许多多酸甜苦辣的记忆。春节的喜庆祥和、与家人团聚的温馨甜蜜，是在外乡打拼了一年甚至更久的人们期盼已久的。然而，火车票"一票难求"，火车上拥挤不堪……回家的路总显得很艰难。

如今，改变在悄悄发生，至少部分线路、部分列车已是如此。

山东的王斌今年第一次乘坐动车组列车回家过年，她的感受与往年大不相同。"我在上海工作5年了，每年回家最担心的就是买不到票，过去和同事一起排通宵长队买票的经历真是不堪回首。"王斌说，今年不一样了，D32次动车组列车经停泰山站，她决定乘动车组列车回家。"动车的车票相对好买多了，我提前9天买到车票，非常顺利！"

D32次列车车厢里，窗明几净，空气清新，舒适温馨，孩子可以自由自在地玩耍。8个月大的侯家傲小姑娘是第一次坐火车。她坐在小桌板上望着窗外，咿咿呀呀地说着什么，好不兴奋。

侯家傲的父亲告诉记者："因为今年带孩子回徐州，所以一家三口选择乘动车。23日我在火车站很顺利地买到了票。听说，现在当天的票都可以买得到。"

旅客们与家人团圆的脚步渐行渐近，动车组列车的车厢里充满了喜悦热闹的气氛。几个年轻人在列车员的帮助下，把三排座的座椅反转过来，面对面谈天说地，还打起了扑克。其中一个小伙子说："动车的座椅像飞机上的座椅，也有小桌板，也可以调节后仰幅度，跟飞机不一样的是，动车组的座椅可以转变方向，灵活多了，也更加人性化。"

这时候，一句"How are you"引起了车厢里人们的注意。回头一看，是两位外国乘客。他们和来自徐州、兖州、泰山、北京等地的中国朋友短暂地相聚在小小的车厢里，有说有笑。或许他们不知道，春运对于在异乡打拼的中国人意味着什么，他们看到的是轻松愉快的旅程和欢乐祥和的氛围。

与舒适、轻松的车厢环境一样令人开心的是充满温馨的人性化服务。"列车就要到站了，请大家看好自己的行李物品，以防错拿、丢失。"50岁左右的乘警老张每到一站，都不忘提醒旅客。"年关到了，列车上难免出现扒窃、偷盗的事，过年是开心事，我们乘警就是要让大家安全、开心地回家。"而老张自己要到大年三十的晚上才能与家人团聚。

24日起，上海、江苏、浙江、安徽等地将大幅降温，其中，江苏徐州、安徽等地区还将出现雨雪、冰冻天气。记者在上海火车站进站时了解到，上海铁路部门工作人员对此早已做好了各项准备，不让旅客淋雨受冻，24小时不间断供应开水，让旅客怀揣着温暖回家。

谈笑间，6个小时的旅程很快结束。走下列车时，记者强烈地感受到，尽管目前我国铁路运力还非常紧张，部分旅客回家的路还有许多困难，但随着我国铁路建设的不断推进和铁路运营服务的不断完善，相信总有一天，每一位春节回家的旅客都能像"和谐号"上的旅客一样安心、舒适！

（新华网，2009-01-24）

参考文献

1. ［美］丹尼尔·威廉森．特写写作技巧．北京：新华出版社，1986

2. 刘明华等．新闻写作教程．北京：中国人民大学出版社，2002

3. 孙发友．新闻报道写作通论．北京：人民出版社，2005

4. 王春泉．现代新闻写作：框架与修辞．合肥：安徽人民出版社，2008

5. 董广安主编．新闻写作学教程．郑州：郑州大学出版社，2008

6. ［美］卡罗尔·里奇．新闻写作与报道训练教程．北京：中国人民大学出版社，2004

7. 宋玉书主编．新闻传播精品导读——特写与报告文学卷．上海：复旦大学出版社，2004

第五章

新闻专访写作

第一节　什么是新闻专访

顾名思义，新闻专访就是对特定人物（部门、机构）就某一特定事件（问题）所进行的专题访问，严格说来，新闻专访是通讯的一种。

作为通讯的重要一类，从通讯产生之日起就诞生了专访。通讯起源于我国古代的游记、传记类作品，有人认为，历史巨著《史记》堪称第一本鲜活的"人物专访录"，里面大量"列传"、"世家"、"本纪"记录的人物形象，为后人提供了诸多实录人物的技巧，并树立起了人物写作的标准，影响深远。

近现代以来，越来越多的记者在通讯写作方面取得了较高成就，如黄远生、邵飘萍、瞿秋白、范长江、邹韬奋等，在对通讯的不断探索过程中，他们自觉与不自觉地逐渐拓宽了专访的写作题材，丰富了专访的表现手法，提升了专访的新闻性。那一时期的专访，人物与事件并重，趣味性、形象性和新闻性兼备，显示出较为成熟的风貌。

近年来，随着新闻改革的深入，新闻专访取得了长足发展，不断有专访名篇涌现，如《羊城晚报》记者吴其琅对秦怡的专访、郭梅尼对张海迪的专访等。后来，一些报社开设了"人物专访"、"本报专访"等专栏，广播电台、电视台也纷纷推出各类新闻专题访谈节目，实力较为雄厚的媒体还往往就重大事件和重要人物组织专门的采写队伍进行新闻专访，甚至设立专访部。在不断的实践中，培育出了许多著名的"专访记者"。

由于专访的快速成长，新闻专访已有成为通讯之外独立文体的趋势。

第二节　新闻专访的类型和特征

一、新闻专访的类型

新闻专访有很多种分类方法。按照访谈内容的性质，新闻专访可分为"意见专访"、"言论专访"、"问题专访"等；按照访谈对象的数量和访谈形式，新闻专访可分为"一对一专访"、"一对多专访"、"多对一专访"等。

不过，目前多通行按照访谈对象进行划分的方式，主要有"人物专访"和"事件专访"两大类别。

（一）人物专访

人物专访，有时也称人物访问或人物访问记。在采访中，指的是针对某一新闻人物设立专门性问题，并获得解答的方式；在写作中，指的是以记者与新闻人物的谈话记录为主，并适当穿插背景材料所形成的特殊通讯文稿，重点在于表现人物。

在新人、新事层出不穷，明星效应越发明显的年代，人物专访取得了较为显著的成就。和人物消息相比，人物专访更加详尽和生动；和人物通讯相比，人物专访的主题更集中，现场感和真实感更强。人物专访多采用"一对一"的形式进行。

（二）事件专访

在采访中，事件专访指的是针对某一新闻事件设立专门性问题，并获得解答的方式；在写作中，指的是以记录人们对该新闻事件的意见和建议为主，并适当穿插背景材料所形成的特殊通讯文稿，重点在于说明事件。

事件专访中的"事件"，对时效性的要求比消息稍弱，但是往往具有较大的影响力或显著性，并且亟须通过媒介进行舆论引导。因此，事件的表现形态，不一定是具体发生的一件事情，也可能是围绕事情所产生的问题、评价甚至是学术讨论。事件专访多采用"一对多"的形式进行。

二、新闻专访的特征

（一）一般特征

无论是人物专访，还是事件专访，都属于通讯的一种，因此，新闻专访有着和其他通讯一样的普遍写作规律。

（1）强调文章的感染力；

（2）针对性强；

（3）篇幅一般较长，内容完整；

（4）鼓励使用多样化的表达手法；

（5）记者的主体意识较强；

（6）一般采用全知的叙事视角。

换句话说，在写作手法上，新闻专访可以用陈述、描写、抒情等写作手法，甚至可以在文章中直接发表议论；在修辞手法上，新闻专访可以充分使用象征、比喻、拟人、排比、对比、对仗等修辞手法；此外，新闻专访的结构也较为灵活，主要目的是为了吸引受众的注意，引起受众阅读的兴趣。

（二）特殊性

作为通讯里面的特殊类别，新闻专访也具有和其他通讯不一样的特点。

1. 注重现场感

新闻专访必须体现出"现场"的特点。因此，在新闻专访中，多采用第一人称叙事，以突出记者"自我"的经历和感受；此外，写作一般会花费较多的笔墨再现访问的过程和现场的情况，让受众在阅读中产生身临其境的感受。

2. 新闻性和针对性并重

由于写作目的的区别，一般说来，消息更重视报道的新闻性，而通讯更注重报道的针对性。相对来说，新闻专访则是这两者的一个有机结合。新闻性要求新闻专访必须针对现实，针对性要求新闻专访必须"师出有名"。

3. 主题高度集中

根据"专"和"访"的特殊要求，新闻专访要求在设立问题时只抓住一两个关键点，集中火力进行突破，这样不仅能突出最有价值的信息，而且写出的文章主题集中、内容深入、个性鲜明、结构紧凑，能让受众过目不忘。新闻专访切忌贪大求全，否则很可能只是泛泛而谈，流于一般化。

第三节　新闻专访的要素、标题及结构

一、专访的要素

(一) 记者

记者是新闻专访的要素之一。一篇完美的消息稿要求"完全看不见记者的影子"，但是在新闻专访中，记者却需要明确身份。一般说来，记者往往通过以下两种写作途径"现身"：

1. 第一人称叙事

在作品中适当的地方加上"我以为"、"我看见"、"我问他"、"我发现"等此类以"我"开头的词语，以突出写作者本人的所见、所闻、所感，从而可以突出强调记者在场。

2. 在问题前出现"记者"二字或记者的名字、简称

这是人物专访中常见的手法，其格式多为"记者：……"、"问：……"、"××：……"；如果是"多对一"的新闻专访，还会在记者的名字后面用括号注明该记者的身份，如"××（《××日报》首席记者）：……"或"××（《××日报》首席记者，以下简称×）：……"。

(二) 现场

"写出现场感"是对所有新闻作品的共同要求，在新闻专访中，采访现场主要通过以下两种形式表现出来：

1. 再现采访过程

在新闻专访中，主要通过展现记者的行程路线和实录问答内容来体现采访进程。专访一般以记者的行进作为主线，包括记者的视线转移、行进方位、情绪变化、问题顺序等，以时间上的迁延表现出采访的顺序流程。

2. 现场描写

新闻专访中的现场既包括环境现场，也包括人物现场。环境是事件发生的舞台，折射出事件的各种因果元素，环境所富含的信息量使人物的活动有了外在的依托；此外，专访还需要通过刻画人物言行、外貌来表现人物个性，达到"如闻其声，如见其人"的现场效果。要注意的是，对被采访对象的描写，可以灵活穿插在文章的任何部分，甚至可以打乱语言的连贯性，在问答的话语中插入提示，如"××：我不是这个意思（脸红了，手胡乱比划，很困窘的样子）……你应该知道我指的是什么……"等。

（三）访问过程

新闻专访一般要求实录访问的过程。无论采用什么样的写作结构、写作手法，都要求在叙述中至少原文呈现被采访对象的关键回答或记者提出的关键问题，在很多时候，甚至要求完整记录问答的全部内容。

对一篇新闻专访而言，记者、现场和采访过程缺一不可，三者常常有机融合在一起，共同营造出真实的访问气氛和现场环境，难以对它们作细微的区分。

二、专访的标题制作

和其他新闻文体不同，专访的标题有比较明显的形式特点。

（一）全文的总标题制作

专访的总标题一般要体现出文章的主题、专访的对象和文体的"访"的特点。以下两种形式是最为常见的：

1. 事件专访

事件专访的标题，格式相对来说比较灵活，一般会出现"专访"的字样和事件的概述。如"对文化圈'潜规则'的新闻专访"、"就小女孩延误登机导致终生伤残的专访"、"专访××文明村'怪'事"，等等。

2. 人物专访

（1）人物＋主题。一般以单一标题的形式出现。人物只出现姓名而不标注头衔，主题一般是记者总结的一句完整的话，或能起到画龙点睛作用的人物原话。如"××：'我享受奋斗的状态而不是结果'"、"××：从'零'开始到'全'结束"，等等。由于不强调人物的身份，所以，这种标题比较适用于对明星、名人的专访。

（2）主题＋人物。一般以复合标题的形式出现。主题既可以是记者的总结，也可以是人物的原话。不同的是，这种标题的主题在写作手法上，可以充分采用对仗、设问的形式，以增加标题的可读性；而在人物前面则往往会标注其身份，包括职位、主要贡献、荣誉称号或性格特点等，比较适合于描写那些并不为人熟知，但在某职位上、某行业中有所建树的或品德高尚的人。

如：**低调做人　高调做事**

　　　　　　——记市政府办主任××

"对细节的关注成就完美的人生"

　　　　　　——记《×××》时尚杂志主编的"细节"三部曲

什么样的人可以走在潮流的前面？

　　　　　　——对独立制片人××的专题访问

（二）文中的小标题制作

如果专访的内容涉及面广，且层次比较丰富，在写作的时候一般需要另行分段，给每一小段加上标题，这样可以帮助受众深入理解文章主题。小标题格式一般首尾一致，从总体上看，可以采用以下三种形式：

1. 记者的概括

记者的概括只针对这一层次的内容，可以尽量使用活泼的表达方式，如设问、对仗、谐音、比拟、借用、拆字，等等。

如：**文化管理提升品质　特色发展打造品牌**

——记北京市宣武区实验幼儿园园长吴欣萍

"欣"勤耕耘深层次管理实现文化引领

"萍"中见奇高水平发展坚持特色强园

"吴"往不胜大品牌建设发挥示范作用

又如：**吴宝文：一心只读"三字经"**

忠、诚、爱，构筑真心教育"三字经"

新、实、廉，打造特色管理"三字经"

效、实、序，制定发展战略"三字经"

2. 被采访对象的原话

在采访过程中，如果被采访对象不时有经典语言出现，而且这些语言能够体现不同层次的感情、认知，那么，用被采访对象的原话作为小标题是非常理想的。不过，在选取语言的时候，要尽量做到字数上的平衡、简洁，并实现意义上的递进。

如：**全能"傻子"吴桂茹的卓越追求**

"善于抓住机遇，是农村中学实现跨越式发展的关键"

"要求别人做到的，自己要首先做到"

"在生活上真诚地关心，工作上严格地要求"

"要科学管理就必须做科研型校长"

"追求卓越是我人生的理想"

3. **概括＋原话**

这种标题相对较少，因为处理不当会造成冗长的句式，影响受众的记忆和理解。不过，当原话比较简短精练同时指向不明时，也可以使用这样的标题，从而兼容两者的优点。

如：**有"芹"须秉幸福去　花香还自苦寒来**

——记北京市昌平职业学校市级花卉学科带头人吴亚芹

"有经历才有人生"——十年辛苦不寻常

"插花是带来美的艺术"——与学生一起成长

"教师要有娴熟的技能"——与青年教师共同提高

"上课是老师，下课是朋友"——严师益友赢得学生爱戴

三、专访常用的结构方式

（一）问答式

近几年来，我国新闻写作方面的一个突出变化就是新增了不少问答式新闻。实际上，问答式新闻主要就是服务于新闻专访这一新闻文体的。这是新闻专访中使用得最多的写作方式。

"问答式"指的是具有明显问答形式的新闻，文章的主体部分全部由记者和被采访对象的原话构成，体现出记者和被采访对象之间的"对话"，每段谈话几乎都可以独立成篇，不讲究文章本身的连贯性和流畅感。

不过，为了突出"现场"要素，同时使文章的内容读起来有一种外在依托，问答式新闻专访有时会在文章的开头和（或）结尾部分加入对现场的描述，或者加入记者自己的一些评价、理解或感受等。此外，为让受众感受到采访的实景，写作时还可以添加少量对采访对象的白描，这种附加部分可以自由放在文章中，还可以用括号标注，插入人物的对话中。如：

五月二十一日上午，金庸在中山大学与学生们交流。当这位七旬老人精神奕奕地步入剧场时，掌声持续了足有五分钟。

问：听说您不喜欢自己的小说改编成电视剧，那为什么还卖版权？您说过您的作品就像自己的孩子，那您可以容忍别人那样对待它们吗？

金：没办法。就像我生了十五个小孩，自己照顾不到只好交给托儿所幼儿园一样，他们虐待我的孩子，我很生气，也只好与校长交涉，他们把我的小说改得不好，我以后再不卖了，就像知道这家托儿所不好下次再不送孩子进去了。

问：央视版《笑傲江湖》议论纷纷，您对此有何评价？

金：这出戏拍之前他们说绝不改动，我就送给了他们，不要版权费。但他们没遵

守诺言，我有点生气，后来与他们成了朋友也不好当面骂他们了。

不过，他们还是用心拍的，道具、布景呀，都挺努力，比港台的金钱和精力都花得多，这点我很佩服。

（摘自《长江日报》，2001-05-21）

又如：

全国牙防组认证遭质疑一事引起人们对社会中介组织的关注。有关专家接受本报记者专访——牙防组事件反映了转型期的社会中介组织需要进一步制度规范。

记者：近日，全国牙病防治指导组（简称"牙防组"）认证资格遭质疑事件引发了社会广泛关注。请问，这反映出了什么问题？

朱光磊（南开大学周恩来政府管理学院院长、教授）：这件事折射出某些社会中介组织的社会公信力有所缺失。牙防组应当是通常所说的"社会中介组织"的一种，其通过提供某种类型的公共服务来获得社会的认同。这一事件的焦点在于牙防组"认证"的权威性，在于其认证"合法"与否引致的公信力问题。

贾西津（清华大学公共管理学院副教授）：我认为，该事件暴露了社会中介组织的制度规范问题，这一在社会转型期中介组织发展过程中出现的问题，体现在中介组织的定位、功能、责任等诸多方面。它决定着中介组织能不能建立起社会公信力。

杨团（中国社科院社会政策研究中心副主任、研究员）：从其成立方式、历史和基本功能等多要素综合判断，我认为牙防组更应当属于跨越卫生行政管理和健康教育两大领域的公共卫生牙科专业管理机构。

目前的监管体制以部门对下辖组织的纵向监管为主，基于行为的横向监管则相对欠缺。

（摘自《人民日报》，2008-04-02）

问答式结构的突出优势是能最大限度地再现采访的实况，保留谈话的原貌，尽量减少人工雕琢的痕迹。1927年，意大利著名记者法拉奇关于甘地的新闻专访，不仅实录了甘地回答的话语内容，还记录下了对方语言中的停顿和语气等，传递出一种特有的谈话气氛；而现在，一些新闻专访也会在不影响受众理解的情况下，保留一些被采访对象的方言或口头禅，借此让受众感受到个性独特的各类人物形象。

（二）半问答式

半问答式可以看作问答式结构的一种变体和补充。问答式结构虽然有现场感强、记录详尽清楚、能很好地保证新闻的真实性等优点，但它的篇幅通常较长，不仅占据了大量版面，不利于突出文章的中心和重点，而且形式呆板枯燥，在漫长的阅读中，受众很容易失去耐心和兴趣。

半问答式结构正好可以弥补问答式结构的不足。所谓"半问答式"，有时也称"不完全问答式",指的是摆脱"记者问—被采访对象答"的简单模式,截取对话中的精彩部分或能充分体现采访价值的部分加以实录,并穿插叙述、抒情、议论等表达方式,将问答的过程和情景连缀成篇的新闻专访。

在半问答式新闻专访中,问答的形式也比较明显,不同的地方在于,其所占的比例比问答式相对要少,而记者的叙述则有大幅度的增加。

如下面这篇例文:

> 今年2月,第43届世界新闻摄影比赛(WPP,又称荷赛),中国新闻社记者王瑶拍摄的有关我国舞蹈演员陈爱莲重返舞台的组照获艺术奖一等奖。一时间,中国的一些媒体铺天盖地地宣传年轻的王瑶,她毕竟是中国在WPP中组照的最高奖获得者。
>
> 王瑶的名字对我来说并不陌生。当她还是小学生的时候,她拍的照片小学生穿新制服上学,曾获得全国好新闻奖,那之后她迷上了摄影。14年前,我采访过她,那时候她还是北京师大附中的高中生,在学校举办个人摄影展览。她给我的印象是恬淡、纯净、勤奋、进取。这次相见,进入而立之年的王瑶成熟了许多,但是依然恬淡平和,不失少女的纯真。
>
> ┄┄┄┄┄┄┄┄┄┄
>
> "听说你在荷兰时的两次玩笑话后来都变成了事实,是吗?"
>
> "1998年,我第一次访问欧洲,在荷兰临走时,我曾对一位荷赛负责人半开玩笑地说,这是我第一次来荷兰,希望第二次再到荷兰是参加摄影大师班的学习,后来梦想成真了。在大师班学习结束时,我又玩笑说,第三次若能到荷兰希望是领奖。结果很幸运,我这次荷赛获奖了。"
>
> "为什么选择《60岁的舞蹈家重返舞台》这个主题?"
>
> "荷兰大师班暑假作业主题为'力',我的第一个反应是连续拍摄陈爱莲。"
>
> 两年前,60岁的舞蹈家陈爱莲重返舞台,演出中国古典舞剧《红楼梦》,王瑶利用自己的婚假,在陈的舞校住了4天,完成了一组图片故事……
>
> "我觉得你这组片子拍出了一个奋斗着的女人的力量,同时也走进了陈爱莲的心灵。她内心深处似乎有一种孤独感,正是这种孤独感和沧桑感有一种震撼人心的力量。"
>
> "谢谢您对我作品的理解。我的编辑线索是:孤独—奋斗—遇到困难再次孤独—赢得成功。""'孤独'二字正是我认识的陈爱莲的精髓。……"
>
> (摘自《人民日报》海外版,2000-06-14)

半问答式结构给了记者更多的创作余地,而且将问答自由地穿插在记者行云流水的文字中,读起来通畅、饱满,即使篇幅较长,受众也不易疲劳。不过,由于记者是凭借自己的感觉和经验对整个访问进行截取,在叙述中也不可避免地会加入自己的构思,因此,半问答式结构的专访主观色彩较为浓厚,新闻的真实性和客观性自然会受到影响,如果记者对事件把握不当,还容易出现断章取义、以偏概全的情况。

（三）叙述式

叙述式结构也可以称为"隐蔽问答式"，它可以看作是半问答式结构的一种延伸，是减少问答实录同时增加记者叙述后形成的专访文章。在叙述式文章中，受众只能从记者的叙述中隐约感觉到采访的实况，而几乎看不到"对话"的实录形式。如：

> 海外华人在异国他乡办华文媒体，许多都是因为内心的"华文情结"。不过，在德国《欧洲商旅报》社长吴景远看来，海外华人已经"超越了对方块字的饥渴，渴望得到更加有用的信息，而这正带来海外华文媒体的一些新变化"。
>
> 二〇〇三年，从事旅游业的吴景远涉足传媒业。一开始，吴从报纸生存的考虑，以自己熟悉的旅游业作为切入点和突破点。这无疑是一个聪明的决定——近年来，随着中国经济的发展，中国人赴欧洲商务和旅游的也越来越多，以德国为例，一九九六年在德国过夜的华人有二十万，到去年已经有六十万，因此为中国人提供旅游服务的需求越来越多。
>
> 吴景远对记者说："实际上，华侨已经把旅游业作为仅次于中餐馆的第二大就业职业，这为我们报纸的发展提供了契机。"在这样的大背景下，《欧洲商旅报》没有像许多华文媒体那样把受众定位于华人社区的综合性报纸，而是专注于旅游业的免费专业报纸，在全欧范围内出版发行，并在中国国内也有赠送。
>
> 《欧洲商旅报》的受众主要包括两类人，一类是越来越多的赴欧旅游和商务的中国人，一类就是从事旅游业的专业人士。所提供的信息正是吴景远所说的实用专门信息。吴景远说，海外华人可以通过因特网等各种途径看到方块字，因此他们需要的是在细分市场上提供专门的有特色的信息。吴景远说："有特色才有受众，有受众才能生存。"
>
> 目前，《欧洲商旅报》提供的服务非常细，如景点介绍、行业动态、旅游安全等，甚至包括提醒旅客注意犯罪分子最新的犯罪手段。吴景远还以报纸为纽带，提供专业人员培训，这不仅受到了欧洲人士的重视，也引起国内旅游人的兴趣。
>
> 走出传统的华人社区，跨越海外华人对方块字的渴求，吴景远的《欧洲商旅报》尝试了一条海外华人传媒的新路。在报纸的发行上，吴景远通过旅游网络发行报纸，免费的《欧洲商旅报》已经覆盖了欧洲的二十多个国家的旅游景点，并通过一些酒店和飞机航线发行。吴景远一九八九年赴德留学，毕业之后虽然没能选择自己所学的通讯专业，但在旅游业和传媒业找到了自己事业的支点。对此，吴景远很感慨：海外华侨的发展与祖国的发展分不开。
>
> （摘自中新网，2005 - 09 - 11）

叙述式结构以采访为基础，同时穿插大量的背景资料，从而能够在真实可信的基础上跳出人物和事件本身，拓深、拓宽新闻内涵。不过，记者需要凭借自己的理解将访问的过程和人物事件的背景资料穿插在一起，因此，相对来说，叙述式专访的主观色彩是最浓厚的，对记者的要求也是最高的。

第四节 新闻专访的写作要求

一、选择访问对象和访问场所

(一) 确定访问对象

被采访对象是否出彩决定着文章质量的高低，这一点在人物专访中表现得更为明显。既然是专门的访问，那么，人物的价值必须能够对得起"专门"的记者。

一般说来，过于平凡的、缺乏新闻亮点的、不够权威专业的，或者是不善于表达的被采访对象，都不太适宜采用专访的形式进行写作，与此相反，那些个性强烈、言辞犀利、眼光独到的，或者是对某个问题能提供专业权威看法的人，比较适合作为新闻专访的主角。

例如，由于洪晃本身特立独行的思考和表达方式及其家庭背景和生活经历，因此，以她为嘉宾的人物专访大都非常吸引眼球：

> 访问洪晃，我选择从概念宽广而又本质的"叛逆"题开始。
>
> "你叛逆吗？怎么看待叛逆？"
>
> 洪晃不假思索答："我觉得叛逆有各种程度。国外的叛逆有些是灵魂深处的，它是从思想上头对上一代所有东西的否认。而且甚至从肉体上的叛逆，比如逼自己到一个跟以前特别不一样的环境，是深层次的。"
>
> "在中国叛逆特别容易，因为中国的规矩太多了，你稍微违反一点规矩就可以算做叛逆。人家都喝茶你喝咖啡：叛逆。星巴克：叛逆。女的离婚：叛逆。女的不要孩子：叛逆。虽然这些在别的国家可能都是挺正常的事。"
>
> （摘自联合早报网，2009－10－04）

(二) 确定访问场所

因为要在专访中体现"现场"的各类要素，因此，和其他文体的新闻采写不同，专访必须对访问场所进行更仔细的甄别。

美国休·马力根曾说："假如让你选择访问的场所，要在车站约见侦探，在会议室约见法官，在室外竞选讲台约见政治家，在栏圈里约见野牛骑士。这样，如果没有恰当话可供引用，你至少也可以从他所在的自然环境中找到主题。首要的是，要避免在宾馆的房间里约见被访问的人。"

选择合适的，能引发话题、衬托人物或还原事件的"现场"，并在写作时进行适当的刻画，可以扩充文章的信息量，使人们看到一个立体真实的世界，从而加深对事件和人物的理解。

如央视某次电视新闻里采访了一位联合国官员：

> 记者：我看见您桌子上的小袋上印有汉字，请问，您到过中国吗？
>
> 官员：我到过湖南。原来不相信中国粮食产量这么高，到湖南后，我明白了，中国人民真了不起。

二、明确主题

无论是事件专访，还是人物专访，都需要先有一个较为明确的思路：为什么采访他（它）？他（它）的价值在什么地方？受众最想了解的是什么？等等。总体上讲，在明确主题的时候，有以下三个思考方向：（1）查阅资料，确定主题的起点，避免重复劳动；（2）主题确定的重点是别人疏忽和遗漏的地方；（3）一次专访最好只表现一个主题。

例如，在"神五"航天成功之后，许多媒体都对杨利伟进行了采访，而白岩松则抓住"太空看地球"让杨利伟谈感受，立意让人耳目一新：

> 白：还有一点是很多观众也非常关心的，你在整个飞行的 20 多个小时的过程中，看地球的感受是怎样的，有没有看到大家都在说的长城？
>
> 杨利伟：看地球景色非常美丽，但是没有看到我们的长城。

（摘自新华网，2009 - 10 - 04）

三、设计问题

有些时候，采访谁、不采访谁，并不完全取决于记者的主观意愿。优秀的记者既能选择出彩的被采访对象，也能在普通的被采访对象身上挖掘出闪光点，使受众记住这个人物，并把他的言行观点和别人区别开来。

要做到这一点，重点是要设计好问题。问题设计的总原则就是尽量统一被采访对象、受众和记者感兴趣的话题，除此之外，问题设计还应该尽量做到以下几点。

（一）言之有物

问题一定不能空，所谓"空"，就是缺乏核心要点、没有明确指向的问题，这种问题过于开放，回答者容易泛泛而谈，这样得到的材料多数是空洞的理论，缺乏深度和细节，一旦在文章中占据主要篇幅，势必让受众感觉无聊乏味。像"你想对受众说点什么？""你的心情怎么样?""你对此有何看法?""你将来有什么打算?"等,在大多数情况下均属于较"空"的问题,很难得到有意义的回答,大量使用往往会削弱文章的说服力和趣味性。

因此,在安排问题的时候,应尽量采用封闭式提问,限制对方回答的范围,利用问题把访问层层做深。

(二)言辞精确、简短

专访的主角是被采访对象,记者的工作是实录问答的文字,专访的重点是呈现被采访对象的回答,而不仅仅是展示记者的口才。因此,记者在设计问题的时候,应尽量简洁、易懂,切勿让冗长的文字浪费文章的篇幅、湮没精彩的回答,更不能以模糊的问题扰乱被采访者和受众的思维。

(三)采用多种方式提问

针对被采访对象的不同性格和问题的重要程度,往往需要采用不同的提问方式,此外,由于在专访写作中,绝大多数问题都会被实录在文章里面,变换提问方式可以使文章富于变化,从而增加文章的形式美和节奏美。以下四种方法比较常见。

1. **正问法**

这是开门见山的提问方法,也是在专访中最常使用的方法,对于那些和记者没有距离感的领导、名人等,往往会采用这样的方法。

2. **诱导法**

采用启发归纳的方式进行提问的方法,常见的格式是"可不可以这样理解,……""你的意思是不是……"等表达方式,它可以将富含哲理的或比较晦涩的内容条理化、通俗化。

例如,记者对作家萧乾的采访,就采用了诱导的方式:

> 记者:巴金在1979年的时候,曾经给您写信,说要让您变得深沉一点,好像这个对您的后来这十年当中的影响是比较大的。
>
> 萧乾:1979年以前,或者是30年代、40年代,我是在描写人生;1979年以后,我是在咀嚼人生。而生活经历了许多变化,生命力也有更多的弹力。生活不论是在什么境遇,都是很有味道的,我觉得我活得很踏实。

3. **设问法**

采用假设的方式进行提问,是"以退求进"的提问方法。这种问题一般是针对棘手的、敏感的那些内容,因为它既不会使气氛尴尬,也相对比较容易问出被采访对象潜意识里的想法。

例如,法拉奇对基辛格的专访,就大量使用了设问法:

> 法拉奇:如果我把手枪对准您的太阳穴,命令您在阮文绍和黎德寿之间选择一人共进晚餐……那您会选择谁?

4. 追问法

这是围绕一点紧紧追索的提问方法。对于骨干的材料、关键的环节以及核心细节，采用这种方法可以让受众看到记者对真相的不懈追求，并使受众明白事件的本质所在。

例如，《焦点访谈》记者常会围绕事件采用追问求证的方式：

> 记者：你们公司的推销员当时承诺过这个起搏器已经重新消毒，这是否属于欺骗行为？
>
> 副总：不属于，这是一种过失。不是有意识欺骗，因为他想：起搏器嘛，肯定都是消过毒的了，要不怎么能用呢？
>
> 记者：可当时推销员口头承诺的是这个已经重新消毒了，是不是这样？
>
> 副总：但他后来更正过来了。
>
> 记者：当时是不是有过这个说法？
>
> 副总：这你可以问问他。
>
> 记者：这个人现在在哪儿呢？
>
> 副总：呃……（沉默）他最后跳槽了，到其他公司去了。

（四）适当提示背景信息

胡乔木曾说过："不说新闻的读者和作者多半相隔几千里、几万里甚至几十万里，哪怕只隔几十、几百里，他就和你生活在两个不同的地方。他读你写的新闻时，既不会随时翻字典，看地图，查各种参考书，也不会把你过去的作品和其他有关的新闻找到一起来对读。你可能给他的各种麻烦，全靠你在写作时像情人一般的细心体贴，防患未然，礼多人不怪，你把你的读者每一次都当作对你的知识一无所知，准没有错。因此，你得在你的新闻里，每一次供给他详细的注释，纵断面和横剖面的背景，色、香、声、味，呼之欲出，人证、物证一应俱全。这样，你的新闻就叫做'立体化'了，就叫让人明了了。"[①]

和其他新闻文体不同，在专访中，除非采用叙述式结构写作，否则一般不会出现大段的背景材料，因此，给予受众"情人一般的细心体贴"多体现在记者的问题中。在提问的时候，适当交代一些背景材料，一方面可以在有限的篇幅和结构里扩充新闻的信息，增加知识和趣味，另一方面可以含蓄地阐述人物行为的合理性，激发受众想象，拓展新闻的现场。

例如：

> 记者：刘部长，我发现您这书架上有很多建筑方面的书，您过去是学建筑的吗？听说还爱好文学，年轻的时候还写小说。
>
> 刘忠德：我是学建筑结构的，但小的时候很喜欢文学。我记得在中学的时候，参

---

① 转引自张默主编：《新闻采访写作》，478 页，武汉，武汉大学出版社，2000。

加的课外活动全是文学方面的。至于你所说的写小说，那已经是很久以前的事了。

四、记录要点

不管采用何种结构进行写作，都不要求一字不漏地写完采访中出现的一切话语。因此，在采访和写作过程中要注意以下三点：

（一）省略过场

在实地采访中出现的寒暄、停顿以及告别语等，一般不必将这部分内容原文出现在专访中，如果专访的核心部分已经占据较多篇幅，这些内容就没有必要出现在文章里。

（二）集中精彩片段

为了使文章连贯而富于逻辑性，在提问的时候应尽量将可能会收获精彩回答的问题集中起来，减少它们中间那些比较乏味的过渡性问题。这样，在对问答进行实录的时候，既不会因为这些过渡性问题影响受众的阅读兴趣，也不会因为删除这些过渡性问题而降低阅读的流畅感。

（三）注意感情起伏

写作是一个情感累积的过程。记者在采写的时候，从收集资料、确定采访对象到整理成篇，要经历一个漫长的过程，在这个过程中，记者反复阅读、不断交流和频繁思考，其情绪也跟随着记者的活动慢慢酝酿，直至最后在文字中爆发。

但是，作为记者，要注意"我感动"并不等于"我让别人感动"，大多数受众并没有和记者共同经历这样一个过程，因此，在写作中，省略过场并不是不需要过场，在文章的开始和结尾部分，如果有一些适当的交代或抒情、议论等，会使受众的情绪较快地积淀起来，在字里行间真正和记者同思考、共呼吸。

病文诊疗

【原文】

采访《我们不能拒绝的年轻——大学摇滚大趴踢》策展人

时间：6月1日晚7点　地点：被采访人张××寝室

记者：能说说你最初是怎么想到做这个活动的？

张：最开始是4月底的时候，有个××学院的乐队到我们学校来演出，我去看了以后就和他们认识了。当时我和他们说，干脆在学校搞个大的摇滚party。其实那会儿只是说着玩儿，后来到了 5 月 10 多号的时候我突然就想做这事，然后用了两个多星期就做成了。

记者：怎么就突然想到了呢？应该是很喜欢摇滚乐吧？

张：对。因为××学院已经办过 3 届摇滚节了，我们一次也没有，每次想看都要去沙坪坝，我就想那不如自己办，还可以带动学校的摇滚气氛。

记者：一共 10 个乐队，都是你自己联系的吗？是怎么联系上的？

张：是这样的，我在豆瓣上认识了其中一个乐队的贝司手，他认识很多其他的乐队，大部分是他帮我联系的人。

记者：整个过程一共花了多少钱？是你自己掏钱还是其他方式？

张：我是去一个 KTV 拉了 1 500 元的赞助。基本上就用了这么多，因为乐队是免费演出的，乐器是我找到一个琴行赞助的，这样就比较省。我自己就稍微贴了一点。

记者：这些事情，拉赞助、联系乐队等等，都是你一个人做的吗？

张：绝大多数是我一个人做的。有几个朋友有时候来帮我一下，比如 KTV 和琴行都要求我发传单，就有四五个朋友帮我一起发。演出当晚也有朋友来帮忙维持秩序。

记者：准备阶段遇到的最大困难是什么？

张：应该就是拉赞助和租场地的问题。当时和赞助商没有协调好，后来就被他们刁难了。至于场地是因为学校不批，我们最后是借用地理协会联谊会的名义租下来的。

记者：能说说你对策展这样一个活动的收获和遗憾吗？

张：收获就是很有成就感吧，觉得自己原来也可以做这样的事。而且也了解了一些举办活动的流程，积累了社会经验，很有意义。遗憾的是我觉得现场的音效不够好，这点之前没考虑到。但是整个演出效果还是很好，大家都很 HIGH。

【评析】

这是一篇典型的人物专访，采用了最常见的问答式结构。从内容上讲，它基本上说清楚了事件的来龙去脉和人物的思想感情。不过，如果以较为专业的标准来看待的话，它还存在一些问题。

首先，最明显的问题是缺乏对采访环境和被采访对象的叙述，而这一叙述恰好是最能体现采访的真实性和现场感、帮助受众更好地理解被采访对象的。例如，既然在被采访对象的寝室采访，就应加入对其日常居所的描写，比如一幅摇滚明星的海报、某些带着叛逆的摇滚元素的摆设，等等。

其次，记者的问题比较平淡，采用的是比较单一的提问方法——正问法，虽然问题比较简洁，但千篇一律，难以吸引受众。

再次，记者没有在问题中适当加入背景资料，因此，受众只能从被采访对象的回答去理解人物，无法深入认识人物的内心世界，更不能有效阐述人物行为的合理性，例如，仅仅用"喜欢摇滚乐"和"看过一次演出"的理由解释为什么发起一个活动策划，原因过于表层和浅显；又如，对于摇滚乐本身蕴涵的哲理和知识，记者也没有提到，仿佛仅仅是为了 HIGH 才去摇滚，由于没有植入更深刻的内涵，因此和"我们不能拒绝的年轻"这一主题相去甚远。以上种种，导致文章更像一篇活动宣传稿。

最后，文章最主要的问题，也是最隐蔽的问题，就是从始至终没有一个鲜明的主题，导致问题与问题之间缺乏逻辑性，始终在现象上漂浮。

范文评析

【例文】

中国著名作家余华第一次踏足加拿大

【环球华报记者　萧元恺报道】很是周游过列国的著名作家余华，这次借长篇小说《兄弟》英文版在北美发行，第一次踏足加拿大，而温哥华则是他在加国的唯一落脚之处。此行得益于卑诗大学亚洲研究中心、西门菲沙大学林思齐文化中心和加华作家协会的共同努力，促成了中国当代重量级作家的访加之旅。

一如作品中现实与虚幻的交织，就要离加赴美的余华依然没有倒过来时差。他透露同苏童等一样，由于耽溺于创作，备受失眠的强烈摧残。这是把文学创作作为生存方式的代价，在忍受生理折磨的同时，也进到一种"禅境"，痛并快乐着。

余华在温最后一场演讲完后，著名汉学家王健即席谈到"三种人生境界"，大意是成人的、儿童的和健康的，并认为余华兼而有之。这是王健教授对余华的"评论"，也是对他加国之行的"小结"。

"天机"潜意识地泄露

无论是在卑大亚洲中心，还是在西门菲沙大学林思齐中心，自称在演讲上已是"老江湖"的余华，都坚持坐着说话。这不过是个人偏好，不过余华就此说的一句话却颇让人玩味。他对恭请他到讲台就位的人很不经意地小声道："习惯了就好。"

魔鬼藏在细节里。作画讲究画龙点睛，上述这句话也是余华下意识的"神来之笔"。他对苦难和人性恶的描述风格，近乎左拉《娜娜》般的自然主义，直到现在还为一些舆论所排斥，但已然不像起初那样强烈。可以说余华坚持用属于自己对世界的解释方式，"迫使"人们接受他、认知他、习惯他。

不仅是华人，整个人类都有积袭而成的思维定势，大作家一开始往往都是少数，站在某种思维定势的对立面，顽强地向习以为常的惯性冲击。这种冲击主要靠文字力量，用先知先觉的作品站到时代前面，自觉或不自觉地影响历史。情同此理，当余华的创作达到一定高度时，当人们开始习惯他接受他时，他的"敌人"就变成自己，如何在今后冲破自己的"习惯"，就成为新的挑战。

一句"习惯了就好"，就这样为我们提供了透视余华人生与写作的独到切口。

在那最没风景的地方

出生杭州成长于海盐的余华，是从小镇底层的平民视角管窥人间，这种社会层面就先天地为其作品规定了基调，笔下所流露的多是小人物的灰色人生。

1960年出生的余华，正赶上"文化大革命"的尾巴。如他所说，小学时怕老师，多少学了点东西；中学时发现老师怕学生，就所学无多，参加一届高考落榜似在意料之中。以后在乡镇卫生院当牙医，一干5年，成为一段最落寞的记忆。

5年牙医，余华用了一个量化的表示，共拔了一万多颗牙齿。看了5年张大的嘴巴，他形象地称那是"最没有风景的地方"。上班打铃需要守时，对于崇尚自由的余华是种煎熬，于是羡慕起把街上游走当成工作的文化馆干部，于是就有了写小说转调文化馆的念头，这成为他步入文学殿堂的原始动力。虽然他鲜有提过从医经历，但那段生涯对文学写作当然不会是空白。有过学医或从医经历的大作家不乏其人，如鲁迅、郭沫若、福楼拜等。法国有过一张经典漫画，福楼拜用手术刀血淋淋地解剖包法利夫人。

当年想通过文学翻身的小镇青年大有人在，可像余华这样如此成功者凤毛麟角。有人看到他第一部中篇《十八岁出门远行》，惊叹起点之高，而他在温哥华坦言，在此之前已发表过20多个短篇，只不过自认稚嫩而不提了。更早也经历了频繁退稿的苦闷。他父亲都晓得，只要邮递员隔墙扔来的邮件发出重响，必是儿子的退稿。那时余华多么盼望有封轻飘飘的信啊！

时来运转的是1984年，《北京文学》常务主编打来长途，请余华到北京改稿，3篇小说都被录用。

．．．．．．．．．．．．

叙事策略以轻击重

．．．．．．．．．．．．

任何作品都面临一个叙述的问题，余华讲，莫言写作一气呵成，而他却喜欢修改，斟酌中精益求精。有美国人评论他的作品有海明威简洁明快的文风，他却戏称与海明威一样识字不多。

影响余华的作家，照他的话说，可以组成一个军队了，有些影响意识到了，有些以后会意识到，有些也许一生都意识不到。对此他有个比喻，接受作家的影响好比树木接受阳光，却是以树木方式成长，而非以阳光方式成长，只能越来越像自己。比如余华师法川端康成，日本评论界却在他的作品中看不到川端康成的影子；他并未刻意模仿欧洲作家，但西方评论界却将他的人物与狄更斯笔下的大卫·科波菲尔相提并论，并找出陀思妥耶夫斯基、司汤达、拉伯雷等的痕迹。

"文化大革命"时把鲁迅推向神化的极端，令余华一度反感；待他创作趋于成熟后再读鲁迅，就有了共鸣与震撼。所以慧眼识珠的评论家发现，在余华作品中有"鲁迅因子"。"以小事大"许是其因子之一，余华特别提到《孔乙己》结尾对被打断腿的主人公"行走"的描述，彰显伟大作家的功力。还有肖斯塔科维奇的第七交响曲《列宁格勒保卫战》，当进入最为沉重的疯狂高潮时，却用异常轻松的抒情小调结束了。这种作曲手法深刻影响了他的叙事结构，使他把握住以轻击重的力量。

"我自认为是写日常生活的作家，并不是写政治、写历史的作家，因为生活包容了很多东西。"余华如是说。至于如何从中读出政治、读出历史，那就见仁见智了。……

(《环球华报》，2009 - 03 - 06)

【评析】

余华是中国当代"先锋小说"的代表作家，主要作品有短篇小说《十八岁出门远行》、《死亡叙述》、《爱情故事》、《鲜血梅花》；中篇小说《四月三日事件》、《现实一种》、《世事如烟》；长篇小说《在细雨中呼喊》、《活着》、《许三观卖血记》、《兄弟》。评论界普遍认为，他的作品迷恋于对暴力、苦难、阴谋、恐惧尤其是死亡的叙述。可以说，选取这位小说家作为专访的写作对象，已经给文章增加了重量级的砝码。

本文采用了叙述式结构，利用余华踏足加拿大，在温哥华近距离观察、采访、记录并思考了这位作家。这是一篇非常精彩的人物专访，在行云流水般的叙述中，记者向我们展现了他对被采访对象的深刻读解和强烈共鸣。

文章的思想，首先来自于对背景资料的娴熟穿插，无论是余华的写作历程，还是评论界的看法，或者余华作品本身，记者都有详细的了解；其次，记者对余华在加拿大的每一次"现身"都有细腻的观察，如"无论是在卑大亚洲中心，还是在西门菲沙大学林思齐中心，自称在演讲上已是'老江湖'的余华，都坚持坐着说话"等，对细节的关照加入了作者自己的思考，夹叙夹议，最终带领受众彻底进入余华的世界，文章也因此具有了厚重的文化功底和深刻的人文内涵。

职场操练

1. 完成一篇人物专访，要求：

(1) 选择你周围最适宜于作为嘉宾的人物进行采访；

(2) 按小标题叙述。

2. 完成一篇事件专访，要求：

(1) 从媒体上选取本地区最近发生的有影响力的事件（问题）作为专访对象；

（2）至少选择 3 名嘉宾参与访问。

【参考答案】

1. 评判依据：

（1）标题准确；

（2）人物选择能体现出针对性或差异性（一对多采访时）；

（3）主题深刻集中，能够展现人物的内在品质；

（4）有一定的现场描写，行文使人信服；

（5）结构完整，语言流畅，有清晰的逻辑。

2. 评判依据：

（1）标题准确，能够概括事件的主要方面；

（2）事件本身有针对性，并具有新闻价值；

（3）主题深刻，能够揭示矛盾，具有典型意义；

（4）嘉宾选择兼顾专业性和差异性；

（5）有一定的现场描写，行文使人信服；

（6）结构完整，语言流畅，有清晰的逻辑。

 参考文献

1. 刘海贵，尹德刚．新闻采访写作新编．第二版．上海：复旦大学出版社，2005

2. 刘海贵．中国新闻采访写作教程．上海：复旦大学出版社，2008

3. 张默主编．新闻采访写作．武汉：武汉大学出版社，2000

4. 赵淑萍．广播电视新闻采访与写作．北京：北京师范大学出版社，2006

第六章

深度报道写作

第一节　什么是深度报道

深度报道（in-depth-reports）作为一种特殊的新闻报道方式，现已广泛应用于各国媒体。何谓深度报道？《中国大百科全书》认为，深度报道是对新闻事件深入分析并预示其发展趋势的报道形式。《新闻学大辞典》则解释为：深度报道是运用解释、分析、预测等方法，从历史渊源、矛盾演变、影响作用、发展趋势等方面报道新闻的形式。而美国《哈钦斯报告》给出的定义是：深度报道就是围绕社会发展的现实问题，把新闻事件呈现在一种可以表现真正意义的脉络中。

以上各种阐释对深度报道的特征及本质看法大致相同。笔者认为，深度报道并非是一种具体的文体，而是一种报道方式。它不同于一般性的客观报道，注重对新闻事实的整体分析。概括起来说，深度报道是将新闻事实放在一定的社会背景下，运用整体性思维来开掘事实的深度与广度，以此满足受众对新闻事实全方位了解的报道方式。

从传播史的角度看，深度报道的发展源头可以追溯到美国杂志史上的"黑幕揭发时代"。自 20 世纪 30 年代始，深度报道有了新的发展，其中，解释性报道在美国被提到了一定的高度；而到了 60 年代，调查性报道也引起了广泛关注。

在我国，深度报道起步于 1980 年 7 月《人民日报》和《工人日报》对"渤海二号"翻沉事故的新闻报道。那次报道突破了传统重大事故报道的禁区，要求追究相关负责人的责任。

而 1987 年则被我国新闻界业内人士称为"深度报道年"，尤其是《中国青年报》对大兴安岭特大火灾的报道，可称得上是深度报道的经典之作，其连续推出的系列报道——《红色的警告》、《绿色的悲哀》、《黑色的咏叹》，以火与社会、火与人、火与自然为主题，记者跳出传统的新闻写作方式，主张"逼近最真实最重要的信息源头"，创造了一种全景式报道方式，令人耳目一新。以下是其中一篇《红色的警告》的开头：

红色的警告

一把火，一把令 5 万同胞流离失所、193 人葬身火海的火；一把烧过 100 万公顷土地，焚毁 85 万立方米存材的火；一把令 5 万余军民围剿 25 个昼夜的火，究竟是从哪里、为什么、又怎样燃烧起来的？

"这是天火。"——灾区一位老大娘说。

"这与'厄尔尼诺'现象有关，北纬 53°线左右有一道燃烧线。"——一位干部说。

"风再大也刮不出火来。"——大兴安岭林管局长说。

"五个火源都是林业职工违反制度和操作规程造成的。"——迄今一系列的报道这样告诉人们。

是的，现实给我们的答复往往不只一个。今天，大火熄灭了，然而，灾难留给人类的教训却是永恒的。

还是从几个小故事说起吧。

....

此后，一批具有深远影响的深度报道在中国新闻界崛起，如《关广梅现象》、《中国改革的历史方位》、《命运备忘录》、《大学毕业生成才追踪记》、《"放活"教授》等。

从深度报道的发展历史我们可以看出，这类报道产生与勃兴的时代，均为社会转型的关键时期。处于转型期的社会，往往会经历社会改革发展带来的各种丑恶与弊端，简单的新闻事实报道无法满足人们对各种问题的质疑，因此需要深度报道来为种种社会现象释疑、解惑。

同时，深度报道的发展也与受众的需要分不开。在新闻业日渐成熟的时期，受众对新闻的需要不仅仅停留在五个"W"上，还要求对五个"W"作进一步深入的开掘，"以今日的事态，核对昨日的背景，从而说出明日的意义来"，即是对新闻事实来龙去脉的追根究底，通过搜集与之有关的情况与细节，分析新闻事实的社会意义，从而预见事件的走势和影响。

另外，各种新闻媒介的繁荣发展，也促使报纸开掘自身"深度"优势，通过增强新闻的可读性来与其他媒介相竞争。如我国的一些主流媒体《中国青年报》、《经济日报》、《南方周末》等，都开辟了大量版面刊登深度报道并取得了成功，许多具有中国特色的深度报道名篇在广大受众的心目中留下了深刻的印象。

第二节　深度报道的特征及分类

一、深度报道的特征

深度报道作为一种有别于一般的客观报道新闻事实的报道方式，它的特征主要体现在以下几个方面。

（一）深刻性

如前所述，深度报道重在对新闻事实由表及里的拓展，从事件本身拓展向事件之间的联系、事件与人的联系。注重回答新闻要素中的 Why（为什么）和 How（怎么样），能把事物的特点、本质和事物发展的演变进程、根本原因反映出来，实际是对新闻事实的深层信息进行开掘。因此需要记者做扎实的采访、深入的调查研究，用科学的思维，回答隐藏在新闻事实背后深层次的问题。

比如，2002年《中国青年报》记者刘畅、柴继军采写的山西繁峙矿难系列报道，就是从山西发生特大矿难事故，记者接到遇难者家属举报，对死者数字所产生的疑问说起，揭露矿难真相的报道。矿井发生爆炸后，矿主不仅藏匿、焚烧尸体，而且故意破坏井口，这是一起令人发指的矿难罪恶。文章不仅关注事件本身，更注重的是找寻隐藏在事件背后的各种真相，追问导致矿难频频发生的更深层次的社会原因。"矿山管理混乱，金矿非法承包，没有一个环节符合国家法规。出现这种情况已不是一天两天了，但谁管了？"事故暴露出来的问题引人深思。首篇调查《惨剧扑朔迷离——聚焦山西繁峙金矿爆炸案》一经见报，举国震惊，引起国内外舆论广泛关注。

（二）重要性

与一般的一人一事一报的新闻报道不同，深度报道的题材一般都比较重大，是当前社会的热点和焦点，足够引起社会普遍的关注。同时，题材必须包含庞大的信息量，有思想深度，有丰富内涵，有拓展空间，要求记者具有宏观意识，善于从大局出发，按照事物的本来联系来认识新问题。如2008年9月《东方早报》刊登的深度调查报道《甘肃14婴儿同患肾病　疑因喝"三鹿"奶粉所致》，首次披露了导致众多婴儿同患肾结石的原因可能为三鹿奶粉，引起社会的普遍关注。

（三）过程性

深度报道的很多选题都是已经被媒体报道过的新闻事件，因而其意义更多地表现在事件过程的曲折性和复杂性，和一般性的新闻报道相比，深度报道对问题的反映更翔实，上承以往报道的事实或观点，下继新闻事实的最新发展趋势。

如2008年《南方周末》的一篇深度报道《奥运青岛 VS 浒苔　一场猝不及防的战斗》，就是围绕在筹备奥运会的过程中出现的青岛"浒苔"灾害问题进行的报道。

早在5月31日，国家海洋局北海分局就曾监测到黄海中部出现浒苔漂浮，最大影响面积约为1.3万平方公里，实际浒苔覆盖面积约为400平方公里。青岛市海洋渔业部门开始了每天的巡航，监控浒苔的漂移。

6月12日上午，青岛市海洋渔业局巡航船发现大公岛附近出现零星、片状分布的漂入浒苔，随即调动保洁船进行应急清除。

浒苔聚集的速度令人惊讶。6月14日上午，片状浒苔开始出现在青岛近海海域。青岛随即启动了浒苔清理应急预案Ⅲ级响应，18日和21日，分别启动了Ⅱ级和Ⅰ级响应。

小庄居委会近千名村民已全部上阵。本报记者在村里看到，沿主干道十字路口东西南北方向，数百米的道路上铺满了正在制作的流网，村民们每天工作至少十六七个小时。

浒苔即海藻，这个问题放在以往也有过报道，但这篇深度报道重点在于揭示事件的发生发展过程。全文的结构基本按照事件发展的一步步演变过程而进行：浒苔造成的困扰—应急预案迅速升级——一切为了奥帆赛—"举全省之力"清除浒苔—全岛总动员—从专家的预见、问题的提出直到问题的解决，这篇报道让受众对"浒苔"这一事物带来的影响有了全面的了解。

（四）解释性和分析性

深度报道要抓住新闻要素中的"为何"作详尽透彻的解说，尽可能扩大受众的视野，从更深更广的范围去认识新闻事实是在什么样的背景与条件下发生的，即让受众不仅知其然，还要知其所以然。为了说明其中的关键问题，还常常将新闻事实与背景材料结合起来，引用权威人士的经典分析，启发受众智慧，促使受众思考，起到画龙点睛的作用。

如1987年由《中国青年报》记者采写的《命运备忘录——38名工商管理硕士（MBA）的境遇剖析》，该文客观反映了中国首批MBA学员学成归国后遇到的现实困境。在整整一年的时间内，这批学成归国人员中的38名学员没有一人从事与MBA有关的工作，全部处于知识与人才的浪费中。其中凸显出来的关键问题就是当时中国没有人才自由流动制度，MBA们不能自由流动。文章围绕这个制度问题，采用了大量的翔实资料进行深入剖析，发人深省，报道发表后产生了轰动效应，并且引起了国家相关部门对这一问题的高度重视。

二、深度报道的分类

按照不同的划分标准，深度报道的类型也有多种。

（一）从文体流变角度分类

深度报道可以分为解释性报道、调查性报道和预测性报道。这种分类方法也是西方新闻界常用的。

1. 解释性报道

解释性报道是一种运用背景材料来分析一个新闻事件发生的原因与意义、影响，或预示发展趋势的新闻报道形式。

美国报人罗斯科·德拉蒙德曾形象地说，解释性报道是把今天的事件置于昨天的背景之下，从而揭示出它对明天的含义。美国新闻学教授卡尔·林兹特诺姆则说：所谓解释性报道，就是在报道新闻事件中补充新的事实，即"历史性的、环境性的、简历性的、数据性的、反应性的"事实，这样就能使正在发生的新闻事件更加明白易懂。

解释性报道侧重揭示和说明新闻事实的原因和结果，着眼于"新闻背后的新闻"，向读者解释事件的来龙去脉、事件的含义与社会影响，也包括对事件发展趋势的分析。要用大量的背景材料分析或回答新闻要素中的"为什么"。

2. 调查性报道

调查性报道又称"揭丑性报道",建立在深入调查研究之上,是一种以较为系统、深入地揭露问题为主旨的报道形式。

调查性报道充分体现了媒体和记者的主体性,注重对新闻背后的内幕进行充分挖掘,从而成为舆论监督的一把利器。比如,在美国,关于"水门事件"的调查报道导致尼克松总统下台;在印度,派记者冒充军火商人揭发政府高官受贿行为的网站一夜成名;在日本,《朝日新闻》揭露利库路特贿赂案,导致内阁总理大臣竹下登在社会舆论和在野党的压力下辞职;在韩国,新闻媒体的报道揭露了卢泰愚总统的受贿行为,最终导致他的下台与入狱,等等。

3. 预测性报道

预测性报道是对将会发生而尚未发生的事实所作的前瞻性报道,它着重对新闻事实的发展变化趋势或前景进行科学预测,其价值取向表现为准确性、科学性和权威性。

预测性报道的着眼点是未来,它能预示新闻发展前景,提供决策信息,引起受众思考。如 2004 年 6 月 28 日,美英占领军当局在巴格达秘密举行了伊拉克主权交接仪式,提前 48 小时由美驻伊最高文职行政长官布雷默,将主权移交的法律文件转交给了伊拉克临时政府总统、总理和最高法院院长。伊拉克的三色国旗重新飘扬在了巴格达的上空。此种情况下,未来的伊拉克究竟如何发展?《中国日报》网站发了特约评论员文章《伊拉克:你的未来谁能懂?》,分析了几个读者想要了解的问题:美国提前交接为了什么?主权移交对伊拉克格局的影响?主权交接对布什政府意味着什么?这篇预测性文章为人们正确认识伊拉克局势理清了思路。

(二)按中国新闻奖的分类标准

深度报道又可以分为系列报道、组合报道和连续报道。

1. 系列报道

系列报道着重于组织报道事物各个侧面的稿件,集不同角度的报道为一体,达成报道的深度和广度,具有启迪性。它以全面、系统见长。

如《经济日报》2000 年围绕"西部大开发"的主题推出的"东人西行记"系列报道,从"东人"眼里看西部,每天推出一篇记者的随行报道,如《温州人眼中的大西北》、《眼皮底下的钱为啥不赚》、《兰州拉面到底该怎么"拉"》等篇目,通过这一系列报道,让受众对西部有了更感性的认识。系列报道的开篇就指出:"在温州人眼里,世上处处有黄金;在外地人的眼里,哪里有市场,哪里就有温州人。以上两句话,道尽了温州人的敏感。""东人西行记"正是通过温州人敏感的双眼,看到了"西部大开发"中存在的问题与商机。这些思考给了读者不少启发,引起的社会反响非常强烈。

温州人眼中的大西北

中国西部在举世瞩目中"热"起来了。

"热"起来的西部引起了温州市的重视。市政府、柳市镇和天正公司的三位同志准备到西部实地考察调研，寻找合作商机。记者闻讯，相约北京，结伴而行。

　　在温州人眼里，世上处处有黄金；在外地人的眼里，哪里有市场，哪里就有温州人。以上两句话，道尽了温州人的敏感。有意思的是，此次三位考察者，正可谓温州市的"三方代表"：

　　一位是叶正猛：温州市政府副秘书长兼政府办公室主任，有学者之风，长于经济研究，曾受云南省政府之邀巡回演讲温州经验，轰动边陲。

　　另一位是任雁鸣：温州第一强镇——柳市镇镇长，该镇1999年财政收入2.7亿元，超过内地有些地市，故有"柳市是个市"之说，任镇长因此被戏称为"任市长"。

　　还有一位叫高天乐：温州市唯一的政协九届全国委员、全国十大民营企业家、天正集团公司董事长，商界高手。早年在中学执教鞭七年，后从商。起步时"五人结义"，资产五万；十年过去，职工三千，资产近四亿，增长近八千倍。

　　这么说吧，凡是要深入了解温州经济，叶正猛是应该造访的对象，柳市镇是必须到的地方，天正集团是要去的企业。

　　对于大西北，温州人是什么印象呢？临行之前，记者与三位朋友有了初步接触和交谈。三人角度各有不同，但共同的一点是：国家提出西部大开发战略，温州人肯定大有作为。

　　叶正猛比较关注人才，他很直率地说，其实东部西部都缺人才，拿温州来说，缺的是科技人才；而西部缺的是经营人才，这一点是西部容易忽略的。西部的人才优势、技术优势、资源优势等等为什么难以发挥，经营人才缺乏正是原因之一。因此说东西部的人才交流实际上是"双赢"的选择。

　　高天乐的天正集团"腿"已经伸到了上海，伸到了美国。此次西行，他想再伸一条腿。他对西部人的协作精神期望很高。他说，温州人到一个地方，希望不要给人"鬼子进村"的感觉，其实大家是利益分沾的，温州的许多老板都是先当配角、甘当配角而后再当主角的，有些也许永远是配角，这是分工协作题中应有之义。

　　任雁鸣刚从西安回来，他对西安的印象有二：一是冷，零下八摄氏度，不敢出门；二是路宽城方，文化气息浓郁，同时城乡界限分明，城乡差距明显，这一点与村村相连、镇镇相接、城乡趋于一体的温州不同。问此次西行目的何在？任镇长说，柳市不缺资金，现在关键是钱往哪里投，想到西部去找找看。同时，作为镇长，他想去看看在西部经商办企业的老乡，想了解怎样抓住西部大开发这一巨大商机。

　　东人西行，首站西安。1月12日下午，迎着飞舞的瑞雪，飞机昂首向天，朝着西北方向而去。我们双方都感觉到，此行一定会大有收获。

（《经济日报》，2000-01-13）

2. 组合报道

组合报道集中一组稿件，反映同一时间、不同地点的同类情况，或同一主题、不同门类的情况，形成较大的报道规模。稿件可以由消息、通讯、评论等不同形式组合而成。

作为一种全新的新闻报道方式，组合报道从更多的角度，更全面地反映了新闻事实和新闻主题，赢得了受众的欢迎。如关于 2009 年 7 月 22 日在我国长江流域能观看到的"日食"的报道。多家媒体对于这次五百年难得一见、历时最长的日全食奇观给予了高度重视，纷纷开辟大量的版面、时段来进行大规模报道。由于我国四十多个大中城市均能看到这一景象，于是，由不同地点发回的组合式报道便成了各大媒体纷纷采用的模式。

3. 连续报道

连续报道紧跟事件或问题的发展变化进行追踪，连续发出报道，反映其全过程，取得及时、深入、扣人心弦的报道效果。连续报道多用于报道正在发展进行的新闻事件，如关于"哥伦比亚号"航天飞机失事、南方大水灾、四川汶川地震等事件的连续报道。除此以外，也有许多都市类报纸纷纷对一些备受关注、能够打动人心的社会新闻进行连续性报道。

如江苏《扬子晚报》的孙仲芳回家寻亲连续报道，就是对一位 87 岁的广西农村老太太（一个 1937 年"南京大屠杀"时流落他乡的幸存者）63 年日思夜想回家而难以实现的事件进行的连续报道。在《扬子晚报》上以《我想回家》为开篇，展开了一系列朴实自然、催人泪下的报道。63 年前的"离家"和 63 年后的"回家"，其间包含了一个个感人的故事。于是报社在后续文章里推出了《孙仲芳老人儿子在上海》、《跨越 60 年的思念》、《老泪纵横跪认母》、《非同寻常的"回家"》、《感慨万千说"回家"》、《石城访"新家"》、《我控诉，我作证》等。在离散团聚的骨肉亲情的背后，是对日本侵华战争的血泪控诉和对如今日本右翼势力歪曲历史的愤怒谴责。文章现实针对性强，人情味浓，刊出的报道有计划、有条理，收到了很好的社会效果。

第三节　深度报道的要素内容

通常，一篇优秀的深度报道要包括如下具体要素的部分或全部：事件、背景、阐释、原因、过程、意义、前景、建设性意见。

事件：一个具有普遍意义、被社会普遍关注的新闻事件或新闻现象。

背景：一般新闻报道中的背景材料主要是补充和说明新闻事实，而深度报道的背景材料侧重于揭示和解惑，因此从容量上来讲也是大量的。如 2003 年年初，《南风窗》刊登文章《境外赌场围攻中国》。记者尹鸿伟曾长期注意这个问题，并在采访之前仔细研究了地图，得出了"中国已经处于境外赌场包围之中"的结论。

境外赌场围攻中国（节选）

中缅边境赌场遍地开花

越南芒街的赌城只是中国边境邻国新兴赌业的一个缩影。

其实，在西南部泰国、缅甸乃至西部、西北部与中国接壤的国家，以中国人为主要消费对象的赌博业早已"遍地开花"，其中以中缅边境的金三角和缅北地区最负盛名。以前提起这些地方，很容易令人想起毒品发源地，各种毒枭与缅甸政府军火并，为毒品的庞大利益展开杀戮。

时移势易，这些位于中缅边境、遥居山区的特殊地区，在毒祸渐渐"去除"后，却发展成一座座繁华小城。现在这些地区的赌博业正取代毒品业，成为经济支柱。

果敢与云南省临沧地区接壤，这个同时悬挂着缅甸国旗和特区旗的"缅甸掸邦第一特区"，在1991年联合国禁毒工作大规模开始后，经过多年"经济改革开放"，已发展成为中缅边境"小澳门"，黄赌起舞，活色生香，千里迢迢、络绎于途的游客，不少就是为此而来。

(http：//bbs. cqupt. edu. cn/wForum/boardcon. php？bid＝229&id＝1004&ftype＝3)

这一段就是对中国边境邻国赌博业发达地区作的背景说明。这些地区过去是毒品发源地，而今却成了赌博业繁荣的小城。

意义：探询新闻事实放在社会宏观背景下的意义。

前景：对新闻事件的发展结果或新闻现象的发展趋势进行预测。前景建立在充分的根据之上，并有科学的判断。

建设性意见：能够对问题提出实质性的解决途径以供参考。

借鉴我国学者喻国明的看法，深度报道可依照下列基本结构模式来操作：

导语（由相关的新闻事件或人物引出）
过渡到主题
发展主题（展开分析）
结尾（首尾呼应）

以2008年10月27日《中国青年报》刊登的特别报道《真假记者排队领"封口费"》为例说明：

1. 导语

一个与报道主题相关的最为典型的人物或事件的"白描"。它可以是一段感人的情节，也可以是某人的独白或引语。其任务是提供一个生动的个案或场景，激发受众的受传兴趣。其目的是使受众在一种情景化、具象化的状态中跟随传播者进入相应的主题。《真假记者排队领"封口费"》一文开篇就用了一个动作片的场景，描写戴骁军在山西霍宝干河煤矿的拍摄过程，引起读者的注意。

真假记者排队领"封口费"

干河煤矿矿长因事故迟报和发"封口费"遭查处

记者 张国 李剑平

回顾整个过程，就像看一部惊险大片。

闪光灯亮起，"咔嚓咔嚓"两响，迅即退出房间，跑到楼道里，又是"咔嚓咔嚓咔嚓"三响，然后箭步下楼，跑到一楼大厅，未等保安缓过神来，又是一顿连拍。随即冲出大门，钻入早已发动的汽车，一踩油门，车子马上消失在潇潇夜雨中。

这是42岁的戴骁军在山西霍宝干河煤矿的一次拍摄，前后历时19分钟。

"拍完以后，自己后背都发凉"，戴骁军对中国青年报记者说，"也许还没等矿方人员打你，那些记者都会打你。"

这次拍摄留下了中国新闻界耻辱的一幕：一场矿难发生之后，真假记者争先恐后地赶到出事煤矿——不是为了采访报道，而是去领取煤矿发放的"封口费"。

2. 过渡到主题

首先，设法在个人的遭遇或经历与一个宏观或中观性的社会问题之间建立起某种联系，然后，点出报道的主旨，使报道顺畅地由对个人的问题的描述转换到对大问题的考察分析上去。《真假记者排队领"封口费"》接下来的段落交代戴骁军为什么要进行拍摄的缘由，从而过渡到主题，展开对事件的调查。

9月25日晚，西部时报驻山西记者戴骁军完成了职业生涯中最为惊心动魄的一次拍摄。事情的缘起是，他接到干河煤矿矿工举报，41岁的矿工吉新红在矿内闷死，吉系洪洞县曲亭镇北柏村二组人，9月22日下葬。事故发生后，煤矿未向上级报告，反而为闻风而来的各地的所谓"记者"发放"封口费"，多则上万元，少则几千元。

10月25日，中国青年报记者在太原辗转找到戴骁军采访，并随即赶赴干河煤矿展开调查。

3. 发展主题

即对大问题展开报道和分析，多层面地观照和透视主题，使主题得以全方位地展现。《真假记者排队领"封口费"》就在接下来的段落将事件的调查过程全面展现在读者眼前。

矿工们说，煤矿塌了，把人埋了。

黄河的第二大支流、山西第一大河汾河从这里静静流过。即使在山西这个产煤大省，临汾的煤炭资源也令人美慕。

霍州向西，跨过汾河，南下进入洪洞县，公路沿途遍布矿山和煤矿指示牌。山西霍宝干河煤矿有限公司就在其中。

这家煤矿不在霍州境内，而是位于洪洞县北部的堤村乡干河村。站在煤矿公司大院放眼望去，山上仍有窑洞。当地村民说，干河地底深处很"肥"，出产优质焦煤。

顾名思义，霍宝干河煤矿有限公司的出资方就是"霍"、"宝"两大集团——山西焦煤集团下属的霍州煤电集团公司和宝钢集团下属的宝钢贸易公司。该煤矿公司注册资本金为4亿元人民币。

董事长证实事故迟报与"封口费"

10月26日中午，霍州煤电集团董事长杨根贵接受中国青年报记者采访时说，直到9月底，集团公司才接到了干河煤矿的事故报告。

他直言不讳地对煤矿负责人提出批评并告诉记者，10月21日，霍州煤电集团召开干部大会，对此事通报全局（即"集团"），要求大家引以为戒。

矿方说"大约有四五十人"

与杨根贵董事长的坦率相比，矿方的态度耐人寻味。10月26日上午，中国青年报记者来到煤矿的六层办公大楼，由于当天是周日，绝大多数办公室都上了锁。一间虚掩的办公室内，六七名工作人员在开会，记者推门而入，他们却对任何事情都表示"不知道"，也不透露值班领导或办公室、宣传部门负责人的联系方式。

经过一番努力，记者辗转获得干河煤矿内部通讯录。

听说记者希望采访李天智矿长，一名工作人员说："这两天矿长忙得很，打电话肯定……这两天，矿长的心情不好。所以给书记打电话就行。"

"听说你们前一段时间出了点事儿，很多记者去'敲诈'？"对于这一问题，李国良在电话那端解释："不算敲诈。来的媒体多而已。"

究竟去了多少记者？李国良回答："大约有四五十人吧。"这一数字，少于戴骁军9月25日晚所目测的100多人的规模。

而那并非"封口费"发放的唯一一天。干河煤矿门口总有一些出租汽车在等活，据司机回忆，出事后的四五天内，来了不少记者"领'封口费'"。一名司机还向本报记者多次强调并点出了两家电视台的名字。这两家电视台总部分别位于北京和香港，均在世界上具有一定影响。

不过，本报记者无法核实这一说法的真伪，因为无法从干河煤矿拿到"封口费"发放名单。

同干河煤矿的矿工一样，这位司机也一再建议"上网看看"。

4. 有力的或意味深长的结尾

这是深度报道的一个特色，讲求首尾的连贯性。《真假记者排队领"封口费"》以霍州煤电集团董事长杨根贵的一段话作为结尾，其中的深意不言自明，让读者自己体会。

"安全的事儿，要瞒瞒不住，没有必要！"霍州煤电集团董事长杨根贵对中国青年报记者指出："这是大事，虽然你有责任，何必瞒报呢，没有必要嘛！你以为瞒过了就不处罚？照罚不误，不含糊，只能加大不能减小——不合算！"

第四节　深度报道的写作要求

深度报道以其贴近生活、反映时代主题、丰富生动的细节描写、立体化的报道手法获得受众青睐。那么，如何把深度报道写得有看头，富有深度，吸引受众呢？笔者认为，深度报道的写作大致可以从选题、语言、文章结构三方面来构思。

一、选题

深度报道的题材基本要求是：具有深度和广度挖掘的空间，主题重大，聚焦社会热点，背景材料厚重。一般说来，适宜采写深度报道的新闻题材应该具有足够的内在张力——新鲜、重大、有针对性、有深度，所以，在题材选择上，记者应该时刻关注社会的发展和进步，无论是重大政策的出台及其产生的反响，还是衣食住行的微小变化，一些突发的重大新闻事件的详情，新闻背后的内幕情况，曲折动人的新闻故事，引人关注的人物命运，旧闻中新发现的新闻，都应该纳入选题视角内，成为深度报道的题材。

值得关注的是《南方周末》这份以深度报道著称的报纸。上面的文章选题大多聚焦在一些重大的突发新闻事件、特定人群生存状态以及社会热点话题上。如《地震预报的中国江湖》（2008年10月30日），文章写在汶川地震之后，全面深入揭示中国地震预报体系的尴尬。《三个"棒棒"的城市梦想》（2004年4月22日），是关注特定人群"棒棒"的生存状态的。

二、语言

深度报道与一般新闻报道在语言表达上也有不同。它既有直接叙述，又有主观议论，通常夹叙夹议、边述边评，可用思辨性的语言揭示事物的本质，也可用抒情性的议论。在语言上，深度报道既要求准确、朴实，又追求生动、形象；既可写得庄重严肃，又可写得轻松活泼。语言风格可以多样化。

深度报道写作还应注意的一点是：重视细节写作，精彩传达事实，揭示事物本质。通过细致入微的细节"白描"，生动、传神地传达事实的真相，给受众营造想象的空间，深深地打动人心。细节描写比直接采用概括性语言的效果要好得多，如《南方周末》刊登的深度报道《盲艺人的乐与路》中的一个细节描写：

> 药成江把几张纸币对着太阳贴在眼前仔仔细细地看了个遍，又把它递到张庆林手里，张庆林一张一张地摸过，又传到陈玉文手里再摸了个遍才递回来，药成江解开棉衣扣子，把它们揣进贴肉的口袋里⋯⋯

这一系列的动作：看、摸、传、递、解开、揣进，体现了盲艺人对钱的珍爱，还有盲人的动作特点，非常传神、到位。

可以看出，深度报道写作对语言的要求较高，力求达到完美、丰富、多维度、立体化，通过重视细节的写作、悬念的设置，找到最恰当的表达方式。

最后，深度报道篇幅一般稍长，但也并非都要写成长篇大论，可大、中、小灵活运用。

三、结构

深度报道因其类型较多，文章材料丰富，所以文章结构也多种多样。常用的是叙事体结构、论证体结构、"华尔街日报体"结构。

（一）叙事体结构

对新闻事实的各种素材进行巧妙安排，使松散、无序的片段能有机结合成具有严密因果联系或故事性的文本。此结构往往针对故事性较强的新闻题材。比如，陈锡添采写的长篇通讯《东方风来满眼春》，就是以邓小平南行深圳的行踪为线索组织材料。邓小平在深圳5天，没有作任何报告，重要的指示只是在参观过程中的随意聊天，他的一言一行、一举手、一投足，记者都详细记录了下来。

（二）论证体结构

主要采用提出问题、分析问题、解决问题的结构来写作。此结构可以用在需要论证的一些社会问题的题材上。如《南方周末》对青岛浒苔事件的报道，文章结构就是按照提出问题—分析问题—解决问题来组织材料的。

（三）"华尔街日报体"结构

从某一具体的事例（或人物、场景、细节）写起，经过过渡段落，进入新闻主体部分，叙写完毕以后又回到开头的事例（或人物、场景、细节），有时也用总结、悬念等方式结尾。从小处落笔、向大处开拓。

在这几种结构当中，最值得一提也是被媒体运用得最广泛的，是"华尔街日报体"结构。它往往围绕一个特定场景中的人物或事件展开，然后将读者的注意力引向同这个场景或事件紧密相连的问题，点明主题的真正意义所在。因此，文章一开头就吸引了人的注意力。然后通过细节、背景、事实展开叙述。这种写作形式往往是通过普通人的眼光来考察，通俗易懂；同时也使人容易理解并掌握重大、复杂问题的含义。《南方周末》的许多深度报道习惯采用这种结构方式写作。如《悲情航班 MU5210》，文章是这样开头的：

> 11 月 21 日 8 时左右，在得到了塔台的允许后，航班号为 MU5210 的东航云南公司 CRJ-200 型飞机关闭了舱门。探亲回沪的中科院研究生李江，一位爱打 CS 游戏的乘客，抓紧时间给同学打了个电话，然后关闭了手机。另一位爱打 CS 的年轻人叫易沁炜，是飞机的副驾驶员。应该是在他的协助下，机长王品驾驶飞机进入机场唯一的一条跑道，滑出，升空。

> 飞机不对劲——在第一时间，塔台的工作人员就看出来了。起飞不到 40 秒，它发生爆炸，并坠落在南海公园的冰湖中。

整篇文章中，像这样的对当事人、目击者的描述非常多，一个个活生生的人物，构成了空难具体的场景，具有强烈的现场感和真实感。

特别提示

采写深度报道，要注意以下几点易犯的错误：

其一，忌讳就现象论现象，要求对新闻事件进行梳理、分析，从宏观的角度出发，透过现象看本质，着力探索、掌握和反映规律性的东西，从中提炼出给人启迪的新思想和新观点。了解"新闻背后的新闻"，知道"为什么"。

其二，对于一些重大理论问题、科技前沿问题、政策制度问题，忌讳堆砌资料和术语。

其三，在保证思想深度的基础上，避免文章写得粗糙、平淡（如组织的材料不丰富，主题不突出，缺乏典型佳例，增添背景少，权威人士评论少）。

病文诊疗

【原文】

研究生就业难过本科生？不少研究生哭笑不得

令不少研究生哭笑不得的是：学历镀了金，就业倒更难。

分析这几年的就业率，可以看到一个怪现象，研究生的就业率往往稍低于本科生甚至专科生。本来很多人就是因为找个好工作不容易，才报考了研究生。然而经过几年努力，自己学历镀了金，没想到就业反而更难！

对于这个怪现象，记者在采访中发现，其中不仅有企业因素，也有毕业生个人心态的问题。随着高校不断扩招，如今研究生不再是"不愁嫁"，他们和本科生、专科生一样，都要面对现实、调整心态，重新给自己定位。

研究生的苦楚

现象1 执著"考霸"四处碰壁

梁迪离开北京那天，同是研究生毕业的李翔从浙江回到了北京。与梁迪不同的是，这次旅程不过是李翔这大半年来数次旅程中的一次，他又考试去了。

李翔这次参加的是浙江信用中心的公开招聘，照例失望而归。从去年11月参加完国家公务员考试开始，李翔又先后参加了北京、广东、上海、江苏不下20场的考试。这大半年，他跨越五个省十多个城市，"公考"高峰的三个月，他2/3的时间都在旅途上。

在过去的几十次考试中，李翔有六次进入面试阶段，但最后总和幸运之神失之交臂。尽管如此，他并不打算放弃。李翔说，因为已经复习了好几次，放弃会觉得不值，即使现在暂时找到了其他工作，以后也还是会考，倒不如趁着这个热劲考下去。

公务员的考试机会平等、职业威望高，再加上经济危机，今年公务员考试报考人数急升直上。数据显示，2009年国家公务员报名通过审核的人数创纪录地超过了105万人，比去年多了13万，为历年来最多的一年。像李翔这样的"考霸"，不在少数，但他们的成功率其实非常低。有关数据显示：105万的报考人中，最终能捧上"金饭碗"的仅仅13 566人。也就是说，有超过100万人将成为"炮灰"，淘汰率高达98.7%。

现象2 入不敷出 家教维生

为了考试，李翔已经花去将近1万元。为了继续今年的考试，李翔只好开始借资度日。"刚开始是坐卧铺，接着是硬座，再后来只能买站票了。再考不上，不知道还可以坐什么了。"李翔经常因为经济压力太大而睡不着觉。

梁迪对此很有同感，她算了一笔上研究生的账：学费每年一万三，住宿加其他杂费要两千，再加上生活费等，一年至少要二万，读完一个研究生要比本科多花很多钱。

"先别说回收教育成本，现在只求养活自己了。"梁迪补充。相对于已经工作几年的本科同学，没有收入的她明显底气不足。每次一起吃饭时，同学因为知道她还没有找到工作，总是抢着埋单，这让梁迪已经不敢轻易约同学见面了。

然而，相比那些家不在城市却要留在城市工作的农村学生来说，梁迪的境况已经算好了。广东商学院研究生郑文是肇庆市广宁县人，毕业后也没有找到工作，离校后他和同学在学校附近合租了一个单间。在简陋的单间里，一张床、一个书桌、一台旧电脑就是他的全部世界。为了不给家庭增加负担，他只好边找工作边做家教以支付房租和日常开支。对于未来，郑文越来越没有信心了。

现象3　性别歧视 关卡重重

毕业即失业，对于女研究生来说，毕业找工作更是比找婆家还难。

广东工业大学的研究生郑丽已经忘了自己投过多少份简历，但都如泥牛入海。难得有面试机会，面试官也会问"有没有男朋友"、"什么时候结婚"之类与工作无关的问题。

适逢婚龄，女研究生都是要生儿育女，因此即使她们有学识有能力，在就业竞争中也不容易和男性站在同一起跑线上。很多招聘广告白纸黑字写明"限男性"，这让郑丽感慨"花木兰"难当，"恨不得自己是男生。"

企业盲目设"卡"，性别和年龄让昔日的"皇帝女"在求职路上举步维艰。但与大多数未婚的女研究生相比，只占少数的"妈妈型"研究生反而走俏。班上两位已婚的同学首先找到了工作，这让郑丽也有了先结婚后工作的念头。

现在，郑丽在淘宝网上做起了个体户，同时又在为结婚做准备。尽管现在还能维持生活，但拿到了硕士文凭还要靠卖衣服为生，这多少让郑丽心有不甘。

用人企业：

研究生年纪偏大

6月份已经顺利拿到硕士学位的梁迪从北京回广州两个月了，原本以为一张"211工程"院校的硕士文凭能让她在广州更容易找到工作，但现实却并非如此。

三年前，已经拿到工科学士学位的梁迪为增加自己的就业筹码，考取了北京体育大学体育新闻硕士。可是三年过去了，她拿到硕士学位回到广州的同时，也走进了失业大军。

"学历高，工作不见得就好找。"梁迪说，因为多读了三年，她的年纪比应届本科生要大三岁，再加上是女生，很多用人单位都不愿意要。

在中国，读完本科一般是二十二三岁，再读三年硕士，毕业就二十五六岁了，倘若再继续读博士，就快到30岁了。但现在很多公司都把招人年龄上限定在二十五六岁，高学历毕业生们连面试的资格都没有。

记者采访中，多数研究生表示，当初读研就是为了找更好的工作，谁知"如意算盘"失算，现在他们连当时本科毕业能得到的机会都失去了。更具讽刺意味的是，尽管研究生们愿意自降身价，薪酬向本科生看齐，但用人单位似乎都不买账。企业大都需要本科生，而高校和科研机构已经开始要求博士学历了。

用人单位也有自己的解释。某企业人力资源负责人向记者分析，研究生们由于年龄较大，工作激情不如本科生，逃避出差、加班的现象时有发生。而根据以往的经验，很多研究生的工作能力亦不如本科生。现在用人单位的招聘更理智、实际了。

研究生：
仍不愿下到基层

我们采访发现，研究生就业难，也不能全归于企业的苛刻，研究生本身的心态也是个问题。

为缓解今年的就业压力，政府已经采取了不少政策，如增加国家公务员职位，鼓励和引导毕业生到城乡基层就业等。但教育部门公布的资料显示，尽管公务员考试爆棚，依旧还有多个职位无人问津。这些职位大多集中在较落后的城乡基层或西部。

"宁要大城市一张床，不要中西部一套房"的偏执心态，在研究生身上尤其明显。北京高校毕业生就业指导中心的统计显示，在全国最有吸引力的城市中，北京、上海、广州、深圳包揽了前4位。而"中国人才热线"发布的大学生求职调查结果与此不谋而合，近七成大学生希望在上述四大城市工作。

由于有了较高的学历，大多数研究生认为自己应该留在大城市发展，再加上研究生学习的课程专业性较强，更适合做科研，他们到了城乡基层也不是很"对口"。

除此之外，"越读越高、越高越找不到工作"的现象也值得反思。因为找不到工作而决定再考博士的伍卅选择了中科院，因为考取中科院的公费博士，除了不用交学费之外，每月还可以有960元补助。眼看着自己从本科生"小黄蓉"变成了硕士生"李莫愁"，现在又要变成人们所谓的第四类人"灭绝师太"，伍卅百般无奈。

（http：//yz.chsi.com.cn/kyzx/kydt/200908/20090810/29818730.html，略有改动。）

【评析】

这是一篇反映研究生就业现状的深度报道。选题具有一定的代表性，大学生就业难是近年来人们常谈的话题，如今的研究生似乎也进入了这样一种境地，不再是"皇帝的女儿不愁嫁"了。处于现阶段社会背景下解读这一问题，有更为深层的社会原因。文章用了一些典型材料来反映这个问题，很有说服力，也分析了用人单位和研究生双方的原因。不过，在对这种现象进行分析的时候，点到的问题症结稍显单薄，比如用人单位不用研究生，恐怕不仅仅是因为年龄的问题。这与用人单位的观念改变有没有联系？学历是否等同于能力？研究生就业难的真正原因是什么？而且，文章也没有对问题提出相应的解决措施。建议加入专家的看法和建议，提供一些政策背景链接，使读者对这个问题有更加全面深刻的理解。

【修改文】在文章中增加以下分析：

就业为何变难

业内有观点认为，硕士研究生就业难都是扩招惹的祸。真正的原因是否如此呢？一些专家称，"用人单位向我们反映过，硕士虽然学历高，但如果没有工作经验，用起来还不如有工作经验或者社会实践较多的本科生呢"。"硕士研究生就业和本科生一样，都开始走向大众化，这是个趋势"。可见目前用人单位的用人观念正在和国外接轨，他们不再十分重视学历，而是重视能力。

除此以外，研究生就业难的原因与研究生对工作的期望太高也有关：在期待月薪的问题上，无论是问卷调查还是网络调查，都显示出硕士生最期待的目标是5 000元以上。尤其是在对知名高校进行的问卷调查中，期待月薪超过5 000元以上的比例达到一半以上。在网络调查中，也有近三成的人期待月薪在5 000元以上。但是，有些单位明确要求只接收某些学校的本科生而不愿意要研究生，则说明市场的眼睛是雪亮的。

同时也有人认为，当前研究生培养的质量较低也是导致就业难的重要原因之一。与本科教育相比，研究生的学习课程安排较少，到课人数较少，考试管理松懈。很多学生在考上研究生以后，只需要用极少的时间学习就可以蒙混过关，三年的学习浪费了很多时间。只有一部分研究生真正具备"可以独立从事科学研究"的能力。

研究生就业难，其实对研究生的教与学两个方面都敲响警钟：从学生来看，高学历并非因为其学历优越而可以高枕无忧，社会需要的是与学历相称的有真才实学的人才；而对教一方来说，只有改革现有的培养模式，才能培养合格的受市场欢迎的人才。

范文评析

【例文】

科学发展看治沙：穿越塔克拉玛干沙漠

郑扬

这里，是我国重要的石油、天然气生产基地；这里，盛产全国闻名的优质棉花、美味香梨；但同时，这里也是我国乃至世界的主要沙尘暴策源地之一。这就是位于新疆南部的我国最大的流动性沙漠——塔克拉玛干沙漠及其周边地区。

在与沙漠的博弈中守住家园、脱贫致富是困难的，塔克拉玛干沙区人民在进行着怎样的努力？4月上旬，尾随着一股从西伯利亚侵入沙漠、掀起南疆大范围扬沙的冷空气，记者自塔克拉玛干北缘纵穿沙漠抵达南缘，沿路进行调研探访。

水啊，水！

4月5日，记者来到巴音郭楞蒙古自治州，第一站赶往位于塔克拉玛干东北边缘的尉犁县。清明时节不见雨纷纷，只见漫天薄薄的黄沙。馒头柳初吐新绿，齐刷刷歪斜向一边，远远看去煞是壮观，不用说，这自然是风沙的"杰作"。

"到了尉犁一定得尝尝羊肉！我们这儿地下水盐碱度非常高，羊吃了盐碱地里的草，肉质鲜嫩，毫无膻味。"当地人热情地介绍。

咸苦的地下水带来的如果仅仅是鲜美的羊肉，当然令人满意。然而，这样的水是无法灌溉农林的。尉犁又是客水县，自身无水源，靠流经此地的塔里木河、孔雀河提供水源。但多年来由于上游农业水土开发，两河不堪重负，年年发生断流。"生态绿化也好，经济发展也罢，这儿的一切都与水有关。"尉犁县委常委包尔汉·托乎提说。

到哪里寻找异常珍贵的水资源？包尔汉·托乎提骄傲地说出了尉犁的答案：向耕地要水！"尉犁是巴州第一大产棉县，过去有限的水都被棉田吃掉了，根本没有余量去恢复植被、改善脆弱的生态。2005年，县里决定实施高标准节水工程，修建防渗渠，推广加压膜下滴灌节水技术，向耕地要水去治理荒漠化。一开始农民不同意，说吃饭都没钱，哪能出钱节水？为了做通农民的思想工作，县里出钱一乡一村搞起了示范，百姓一看，原来15天灌不完的地，一个礼拜就灌完了；原来一亩地用300方的水，现在只要150方就够用了，都说'哎，这个法子对着呢！'纷纷自己搞起来。去年一年，全县搞了16万亩的高标准节水灌溉，节下了2 000万方水。今年，我们准备用这些水建设2.5万亩的生态林。"

高标准节水灌溉更为棉花产业带来了高效益。副县长刘克文欣喜地说，"现在，尉犁平均每亩棉地增产籽棉50到120公斤，一亩棉地的纯收入达到800元到1 000元，成为农民增收的主要途径。"

从尉犁县返回巴州首府库尔勒，我们从新疆塔里木河流域管理局了解到，相对于塔河全流域902万人口来说，尉犁县6万多人的用水紧张问题仅仅是一个缩影。国家对这一难题关注已久，于2001年批准投资107亿元，开展塔河流域综合治理工作，以期对水资源进行统一调配、合理使用。成效正在初步显现。如今，塔河下游胡杨林等天然植被悄然重现生机。塔河治理前的1999年，尉犁县GDP仅为2.37亿元；而治理后的2005年，GDP增加到15.63亿元，农牧民人均收入也增长了近一倍。

进退一公里间

6日，记者自塔里木沙漠公路进入塔克拉玛干腹地塔中，次日清晨辗转沙漠东南缘的且末县。

且末县是古丝绸之路南道的重镇。伫立于城外一座高高的沙丘上极目远眺，只见黄色的沙原横无际涯，如一群猛兽从四面窥视着这片小小的绿洲。县委书记李天佑告诉我们，自古以来且末人民斗沙治沙的事迹足以写成一部壮丽的"史诗"；如今，大风沙正将沙漠以每年5米的速度向西南推进，车尔臣河东岸的流动沙漠与县城仅一河之隔，相距不到一公里。

"这进退一公里间，可以说关系到我县的存亡！"李天佑说。

且末人没有退缩。县防风治沙工作站站长居来提·库尔班奔波于风沙前沿地带已是第6年了，他告诉我们，近年来且末人开展了河东治沙工程和河西生态工程两项重点工程，对直接危害农区的沙漠不懈地进行专项治理。自1998年起一桶一桶从车尔臣河往上取水，一棵一棵地浇灌树苗，到如今大面积采用先进的滴灌节水技术。截至2006年，河东治沙工程已完成治沙造林面积7 400亩，河西生态工程也完成了5 000亩防护林。目前，较为完善的防护林体系已经形成，在农区阿热勒乡以东等局部区域还出现了人进沙退的喜人局面，几年来且末人已经从沙漠手中夺回了12 000亩土地。

在春日的阳光下，且末城中桃花、杏花分外美丽。居来提·库尔班望着窗外笑道，现在县城绿化覆盖率已经达到43%，与10年前相比，沙尘暴天气由24天下降到15天，浮尘天气由193天下降到146天，降雨量也大大增加了。

"绿洲内部已经形成了良好的小环境，但周围大环境依然恶劣，与风沙的斗争，还会一直持续下去。"居来提·库尔班说。

资金再紧也要造林

8日上午，记者赶到了位于沙漠公路南尽头与315国道交汇处的民丰县。

正值当地居民赶巴扎之时，集市上热闹非凡。一个小女孩捧着馕的双手令记者心中一紧：与她水汪汪的双眼毫不相称的是，那双手竟如树皮般粗黑！

风沙在此的肆虐可见一斑！当地干部阎明告诉我们，他的父亲多年来从事民丰县志研究。1 000多年来，民丰居民为了摆脱风沙的威胁，经历了一次又一次的搬迁，沿着尼雅河一直往南退。但如今，北面塔克拉玛干沙漠的流动沙丘仍在逼近，南边却已紧邻昆仑山脉。某种程度上讲，他们已经退无可退了！

绿色就是民丰的生命线。棘手的问题是，与同处沙漠边缘的且末县不同，且末石油储量超过亿吨，石油税收提供了90%以上的财政收入，为发展先进的滴灌节水技术提供了支撑；民丰却是国家级贫困县，滴灌节水造林所需的资金，对民丰来讲是难以承受的数字。

缺少资金，林还是要造，民丰人不缺乏勇气。虽然是周末，民丰林业局局长阿布都卡地尔仍然忙碌在造林第一线。听说记者前来采访，他匆匆赶回谈了谈情况。原来，从2001年起，民丰县干部群众齐上阵，按照每年10 000亩的速度植树造林，建成一条宽70米的大林带，目前林带长度已达130多公里。

在恶劣的生态环境面前，如何减少造林成本仍是无法回避的问题。阿布都卡地尔说，现在民丰县已有经济林面积4.9万亩，不少乡镇都在部署种植红柳肉苁蓉，希望有朝一日营造绿色生态屏障不再是一个无法承受的负担，而成为一条通向致富的道路。

青翠阿克苏

花了一整天时间自沙漠公路返回，10 日我们抵达了塔克拉玛干沙漠北缘的阿克苏地区。几天来看惯了漫天黄沙，阿克苏城乡的青翠令我们眼前一亮。

在阿克苏实验林场的红枣生产基地地头，我们碰到了买买提等几位农户。买买提告诉我们，自 1986 年承包林场 12 亩红枣地以来，家里越来越宽裕了，去年全家 5 口人纯收入有 21 万元。李有灵则是全阿克苏地区的"红枣状元"，由于对科学施肥、科学管理特别钻研，他家产出的红枣个儿大、产量高，每公斤能比别人多卖 5 毛到 1 块钱。近年来红枣越来越出名，公司竞相过来收购。80 多户农户平均年收入都能上 10 万元。

以林养林，在阿克苏地区的荒漠化治理过程中已经形成了非常成熟的做法。

阿克苏行动得非常早。1986 年便启动了建设生态经济型防护林体系的一项重大工程——柯柯牙绿化工程。弹指 20 年过去，阿克苏人神话般地在沟壑纵横的盐碱地上编织出一道宽 300 米至 1 500 米、长 25 公里的蔚为壮观的"绿色长城"，从东、北、南三面将阿克苏市环绕起来。盛产红枣、核桃的实验林场作为新疆最大的国有平原林场，便在其规划之中。

"柯柯牙绿化工程从一开始就考虑到产出的问题。"地区林业局局长王建平说，因为从地区财政状况来讲，不可能每年投入大笔资金养护树木、维护基础设施，只有多渠道投入、多主体参与，形成以林养林的良性循环，林地才能保持旺盛的生命力。

王建平前两天刚从和田河考察回来。"国家很重视塔河流域治理，我看今后还要在中上游水源补给上多下功夫。"

仍然是水的问题。对塔克拉玛干沙区人民来讲，无论身在塔河流域何处，水都是一个绕不开的话题。

"我想说的是，还是要有忧患意识。治理这么大的沙漠确实不容易，但是如果不治理，我们生活在沙漠边缘的人们就会永远失去立足之地！"王建平说。

（《经济日报》，2007－04－24）

【评析】

这是《经济日报》2007 年推出的系列报道《科学发展看治沙》中的一篇。这组治沙的系列报道是在全国全面部署科学防沙治沙的大背景之下策划推出的，准确地反映了党中央、国务院的决策精神。文章导向正确，对事实的开掘有深度。为引导广大读者正确认识土地沙化的严峻形势和看到防沙治沙的巨大成就，系列报道坚持以正面报道为主、坚持科学思辨的态度，显示了经济报道领域的专业精神。

作者通过深入采访，挖掘了许多感人的细节，报道有很强的可读性。该文对居住在塔克拉玛干腹地的且末县人民与沙漠在进退一公里之间的博弈进行了生动描述，充分展现了沙区人民的坚韧。随处可见的细节描写如"一个小女孩捧着馕的双手令记者心中一紧：与她水汪汪的双眼毫不相称的是，那双手竟如树皮般粗黑！"对于读者深层次了解塔克拉玛干沙区的艰苦环境有了感性认识。

职场操练

1. 自 2001 年以来，内地夫妇在香港产下的小孩自动获得港人身份，他们被称之为"港生一代"。从 2001 年 620 人到 2008 年 25 000 人，40 倍的增速使得"港生"们也因此成为香港人口增长的主力。10 年，从新生儿到小学生，依旧生活在内地的"港生"们，注定成为香港"特殊的一代"。在父母编织的"香港梦"中，这些孩子们正要或将要面临教育、医疗甚至身份认同等问题。请你就这个新闻线索做一篇深度报道。

2. 每年 5 月份左右，云南滇池的蓝藻就开始生长。蓝藻的生长给滇池的环境带来巨大危害，也给治理滇池的工作带来很大的困难。请你就这个新闻线索做一篇关于云南滇池蓝藻的深度报道的策划方案。

【参考答案】

1. 参考文

赴港生子十年：港生一代的成长烦恼

《南都周刊》记者　炫风　实习生　王敏琳

港生一代　成长的烦恼

他们被称为"港生一代"。

如果做一个名词解释的话，大致如此：自 2001 年以来，内地夫妇在香港产下并自动获得港人身份的新香港人。在学理上，香港学者称之为"TYPE Ⅱ Babies"，以此区别于传统内地香港配偶所生的孩子。

港生一代，最早可追溯到 2001 年。那年，香港高等法院和终审法院相继裁定，1997 年在香港出生、但父母皆为内地人的庄丰源胜诉，这从法律层面让港生的身份得到认同；而 2003 年港澳自由行，更是从心理和地理上，为赴港生子的内地夫妇打开了一扇大门。

从 2001 年 620 人到 2008 年 25 000 人，40 倍增速的背后，见证了内地夫妇们的疯狂，而港生们也因此成为香港人口增长的主力。

10 年，从 BB 到小学生，依旧生活在内地的港生们，注定成为香港"特殊的一代"。在他父母编织的"香港梦"中，这些孩子们正要或将要面临教育、医疗，甚至身份认同等问题，而身份附加的利益，更多时候成为可望而不可即的"水中月"。

这个正在膨胀的人群，让香港的卫生、教育、房屋署等部门，不得不估量，乃至计划应对这些孩子在香港的未来。一名教育者说，"我不知道他们什么时候会来……但现在是时候准备面对他们了。"

3月1日上午，香港靠近深圳的边境地带，凤溪第一小学刚刚开学。下课铃响过，穿着蓝绿色校服的小学生们"哗啦"一下涌出教室，操场上顿时热闹了起来。两个低年级的男生玩起了类似警察抓小偷的游戏：他们大汗淋漓地追逐着，一个高喊"咪郁（粤语指不准动）"，另一个用普通话回应"你来嘛"，最后两个小伙伴"嘿嘿哈哈"地扭在了一起。

"在这里你就可以看到或者听到'两文三语'。"望着操场，校长廖子良意味深长地说道。

在香港，"两文三语（中文、英文书写；粤语、英语、普通话口语）"是1997年回归后语文教学的目标，学校要刻意培养学生的普通话能力，但凤溪一小有超过一半的学生来自香港以外，尤其是深圳地区，于是老师们从一年级开始，就要面对粤语、普通话和各地方言的"多声道"局面。

早在20世纪80年代，在香港新界北部，这样的学生已经陆续增多，他们有的来自父母北上工作、置业的家庭，有的是新来港的配偶移民。但是，从2001年开始，一个迅速成长的群体正强势地出现，他们被称为"港生一代"——父母均来自内地，他们自2001年以来在香港出生并自动获得港人身份。有香港学者将他们称为"TYPE II Babies"，以此与传统的内地背景新港人（一般指中、港配偶生下的孩子）相区别。

一个数据，佐证了这个群体的膨胀速度。据香港媒体报道，2008年香港新生婴儿多达7万多人，其中25 000名是内地妇女来香港所生。而2001年，这个数字仅仅为620名。

通过对"港生一代"以及中介组织的正式访问，《南都周刊》发现，当初主要来自华南、以超生为主要目的、被认为是较低教育与收入水平的赴港生子群体，正向全国化、高阶层的方向发展，其目的更注重香港的教育和护照。而中介们多年的推销不但让"到香港生宝宝"从超生口号变成了中产时尚，还推动着都市人自行计算着远比投奔京广上高房价更美好的"香港梦"——譬如，在700万人的香港竞争多家世界一流大学的学位，比在内地与13亿人血拼北大清华要容易得多。

10年的时间，让"港生一代"正成为特殊的一代，在他们出生，就已经对深港两地的中介服务、医疗和房地产等行业带来了或短或长的刺激。

但至今，还没有机构对这批新香港人自出生后对香港的社会和经济影响做出过调查或者预测。不过，从卫生、教育到房屋、福利，香港政府各个部门和孩子们的父母都正在估量，乃至计划应对这些孩子在香港的未来。

"到香港生男孩去"

元宵节那天，深圳，陈秋萍还在为8岁的儿子阿达踌躇，到底是继续让他在深圳读书，还是尽快到香港的小学报名。陈在2002年偷渡到香港生下阿达，现在阿达会不时提醒记者："我是香港人。"

在 8 年前，中港之间还没有自由行。已经育有两个女儿的陈秋萍，为了多生一个儿子，通过边境农民的船只、自行车接力，穿越河流、农田和检查站，然后躲到亲戚家，直到临产一刻才打车到香港医院。她离开香港是被警察递解出境的，但她的"突袭"也奏效了："我蹲一两天拘留所无所谓。最重要的是儿子在香港出生了，还能由亲戚抱着，从罗湖口岸堂堂正正地过了关。"这个母亲自豪地说。

陈秋萍回忆，她当年生下儿子的屯门医院，是一家被护士形容为"八成孕妇是内地人"的公立医院，其产科大多是偷渡者（该医院位于新界部），以致警方要专门在旁边设置一个办公室。尽管在那里生下来的孩子在 2001 年开始已被确认为香港人，但妈妈们当时的目的大多仍然单纯，"就是为了多生个儿子，而且在香港的医院生了以后不用罚款，也不用被结扎。"

根据香港产子中介"安宝"负责人 Paggy 谢多年的行业观察，至今"生男孩"仍然是内地父母赴港产子的第一诉求，从农村务工者到长三角企业老板无不如此，甚至一些有经济能力的男士，不惜以代孕或者包二奶的方式取道香港产子，务求生到男孩为止。"除此以外，他们对教育和护照的目的也越来越明确。"这位前助士对记者解释说。

成功赴港产子的家庭很容易就成为亲戚朋友们的话题，陈秋萍也成了亲戚们的示范。她说，"我的几个亲戚都学我到香港生儿子，其中一个更连续在香港生了两胎"。

回顾内地孕妇赴港生子路，可以追溯到 2001 年。当年高等法院和终审法院相继裁定，1997 年在香港出生、但父母皆为内地人的庄丰源胜诉，并因此为以后赴港产子的父母打开了一条通道："不论父母是否已在港定居，在港出生的中国籍子女都享有居港权。"

2003 年，"港澳自由行"开始实施，孕妇们用港澳通行证就可以进入香港，这使内地父母港生婴儿的数字迅速爬升。即使 2007 年年初香港加强对赴港孕妇的监察以后，还是不时有设法伪装为未孕的妇女试图过关。"她们比我方便多了"，陈秋萍说，"只要你在香港有亲戚肯收留你住下，你身体能熬过去，那就不会有问题"。

即使没有亲戚也不是问题。2004 年开始，深港两地的产子中介开始出现，为那些在香港没有人脉关系，尤其来自广东以外的内地父母，提供类似旅游一样的配套服务。一些自信的家庭，近两年还通过自行预约香港医疗机构的方式，自行解决到香港生孩子的全程问题。

边境的松动令赴港产子的孕妇数字在近十年里猛增，根据香港统计署提供的数据，去年"港生一代"的出生量，已是 2003 年的 10 倍多。另外，根据记者的调查，一些父母在香港进行 B 超等产前检查后，也因为选择性别等各种原因终止怀孕——这表明赴港产子的大军比实际的"港生一代"更庞大。

孕妇经济

曾经有学者做过假设性的统计：2008 年，内地夫妇赴港产子的数目是 25 000 多名，若其中一半的父母是由中介包办，那么按照平均每人 15 000 元港币的市场价格，那里也制造了 1.8 亿的行业收入。这也是香港政府不愿杜绝内地孕妇赴港生子的一个现实理由。

Paggy 谢在 2004 年成立了"安宝",6 年后的她已经完全熟悉了这个市场。开始的时候,她专门租赁了办公室去接待内地客人,但后来发现这并无必要,因为客人们往往早上来,夜晚前交钱走人。"大多数内地客都希望尽量节省在香港的旅费,如果我们一边陪他们去医院、办手续,一边跟他们聊业务和价钱,他们会更愿意。"

根据记者调查,赴港生子中介公司大致有两种形态:最多的是"纯中介",也即是在内地招徕到客人以后,转到香港中介的组织,它们在内地几乎都是缺乏商业或医疗登记的机构,其组成人员以业务人员为主;另一种是在深港两地从事实质服务的机构,除了业务和行政人员之外,还需要有住房、汽车等配套资源,以及医疗专业人士提供实时服务。

(《南都周刊》,2010 - 03 - 08,略有改动)

2. 云南滇池蓝藻深度报道的策划方案

现象:云南滇池蓝藻集聚情况严重

滇池蓝藻问题的实质原因:采访研究水质变化的科学家、滇池管理局人士

滇池治污的病根:采访环境监测局人士、政府部门人士

采访研究蓝藻的学者

采访滇池周边居民

收集其他地方水资源污染治理经验

提供对云南蓝藻发展变化的预见

参考文献

1. 邓涛. 深度报道的 30 年. 军事记者,2008(12)

2. 张占辉,朱金平. 预测性报道窥探. 军事记者,2008(4)

3. 喻国明. 深度报道:一种结构化的新闻操作方式. http://www.people.com.cn/GB/14677/22100/26521/26522/2699118.html

4. 朱荣根. 对深度报道新趋势的思考. http://www.studa.net/xinwen/080803/15441816-2.html

5. 欧阳明. 深度报道与写作原理(第二版). 武汉:武汉大学出版社,2006

第七章

新闻评论写作

第一节　什么是新闻评论

新闻评论一直是新闻媒体的重要组成部分。早在 1927 年，戈公振先生在《中国报学史》一书中就明确提出了关于报纸的定义："报纸者，报道新闻，揭载评论，定期为公众刊行者也。"可见，评论和报道共同构成了报纸的主要内容。在我国，新闻媒体是党和人民的耳目喉舌，各级党委的意见、精神往往通过新闻评论得以传达，它的重要地位和独特功能，正为越来越多的人所认识。

什么是新闻评论？新闻评论是针对现实生活中新近发生的具有普遍意义的新闻事件、迫切需要解决的现实问题或公众广泛关注的社会话题，发表议论、做出分析、讲明道理、直接发表意见的文体或节目类型。它包括社论（本台评论）、评论员文章、短评、编者按语、专栏评论、述评、杂文等基本体裁，以及广播评论、电视评论、网络评论等各种独特样式，是对报刊、通讯社、广播、电视、网络等新闻传播媒介以传播意见性信息为主要内容及目的的各类评论文章或节目形式的总称。

新闻评论属于议论文的范畴，主要通过分析说理的方法，从理论、政治、政策和思想上启发和引导读者。

第二节　新闻评论的特征及分类

一、新闻评论的特征

（一）强烈的新闻性

评论冠以"新闻"二字，突出了其新闻的特性。新闻评论所讨论的话题，是现实生活中新近发生的事件和问题，而且是重大的、大众关心的或迫切需要回答的问题。

2008 年 5 月 12 日，四川汶川发生大地震，灾难发生后，国内新闻媒体及时跟进，积极报道，并大量刊播新闻评论，号召全国各族人民团结一心，抗震救灾，极大鼓舞了民众斗志。地震发生次日，《华西都市报》在头版刊登评论《万众一心众志成城　战胜特大地震灾害》，对如何正确看待突如其来的灾害及怎么开展抗震救灾，评论进行了较为客观而深刻的分析。

（二）鲜明的政治性

新闻评论的政治性，是由新闻传播的工具性质决定的，也是新闻评论区别于其他议论文和学术理论文章的主要特征。我国的新闻媒体，作为党和人民的喉舌，有着鲜明的立场和态度，从不含含糊糊、吞吞吐吐。新疆"7·5"事件发生后，《人民日报》及时刊登评论员文章，澄清事实，表明态度，传达了党和国家反对民族分裂主义、坚决打击暴力犯罪的决心，具有很强的政治性。

（三）广泛的群众性

新闻评论的群众性，首先表现为评论的内容是同人民群众切身利益密切相关的，是能及时反映广大人民群众的呼声的。其次，新闻评论在形式上也要符合广大读者的阅读兴趣和口味，照顾他们的阅读兴趣和接受能力，为他们所喜闻乐见。

新闻评论广泛的群众性还要求媒介吸引广大读者加入到新闻评论的队伍中来，成为新闻评论的执笔者，直接表达对新近事实的看法和观点。近年来，几乎所有的媒体都开辟了评论专栏或专版，吸引广大群众积极投入到写作当中，比如《人民日报》的"人民论坛"、《中国青年报》的"青年视点"、《南方周末》的"众议"、《成都商报》的"岷江评论"等。

二、新闻评论与议论文、新闻报道的区别

（一）新闻评论与议论文的区别

新闻评论虽属于议论文的范畴，但又和一般的议论文有严格的区别。比如，普通议论文只是剖析事物、论述事理、发表意见、提出主张，通过摆事实、讲道理、辨是非，以确定其观点正确或错误，树立或否定某种主张，对议论的事件或问题没有严格的时间限制，可以谈古论今、纵横捭阖。新闻评论则不同，具有强烈的新闻性。

（二）新闻评论与新闻报道的区别

新闻评论与新闻报道都是对客观世界的反映，但两者有很大的区别：前者是对新近发生的具有普遍意义的事实的态度和意见，是对事实的判断，后者是对发生事实的客观记录，不能直接表达态度和意见，即使有主观倾向，也要通过事实间接表达；前者主要传递意见性的信息，后者主要传达事实性的信息。

请看下面两篇文章，体会新闻评论与新闻报道的区别。

"七·五"事件是有预谋有组织的打砸抢烧事件

事件中死亡人数达到一百四十人，伤者得到救治

警方已抓获包括十多名挑头闹事骨干分子的数百名参与者

新华社乌鲁木齐7月6日电 6日12时30分，在新疆维吾尔自治区举办的新闻发布会上，自治区人大常委会副主任、乌鲁木齐市委书记栗智说，乌鲁木齐"7·5"事件死亡

人数已达到 140 人，其中有 57 具尸体是从背街巷道中发现的，受伤人员达 800 多人。

5 日晚上，乌鲁木齐发生打砸抢烧严重暴力犯罪事件。在此次事件中，乌鲁木齐被毁车辆达 260 部，其中 190 部公交车，50 多部民用车；受损门面房 203 间，民房 14 间，总过火面积达到 56 850 平方米，全市共有 220 多处纵火点，有两栋楼房被烧毁。

自治区公安厅指挥中心介绍，目前伤者被分别安置在乌鲁木齐 10 家医院进行救治，并安排做好伤病员的证据收集工作，作为将来依法审判犯罪分子的罪证，医院内已安排好民政、安全保卫等工作。

乌鲁木齐警方已经抓获了数百名参与者，其中包括 10 多名挑头闹事的骨干分子，另外，经警方查证，对直接参加打砸抢烧的部分骨干分子正在全力搜捕。

乌鲁木齐公安、武警在重点区域设立了检查卡点，乌鲁木齐周边的昌吉、吐鲁番、巴州等地也开始设立卡点堵截外逃的暴徒。

新疆维吾尔自治区公安厅厅长柳耀华说，乌鲁木齐当前的主要任务是追逃，社会面的控制和重点地区的交通管制，加强街面巡逻和重点单位的安全保卫，确保市区社会稳定，保护各族群众生命财产安全。

新疆维吾尔自治区主席努尔·白克力 6 日凌晨发表电视讲话指出，这起打砸抢烧严重暴力犯罪事件，是一起典型的境外指挥、境内行动，有预谋、有组织的打砸抢烧事件。在各民族团结坚如磐石的情况下，"三股势力"的煽动袭击一定会遭到各族人民的唾弃，敌人的分裂破坏活动注定要彻底失败。

努尔·白克力说，历史无数次证明，稳定是福，动乱是祸。凡是民族团结搞得好的时期，新疆经济社会发展就快，各族人民得到的实惠就多；反之，凡是民族团结遭到破坏的时期，就会导致社会动荡，发展停滞，各族人民遭殃。各民族人民大团结和社会和谐稳定是包括新疆 2 100 多万各族群众在内的中华民族的最高利益所在。

努尔·白克力说，在新疆，没有稳定一切无从谈起。多年来我们旗帜鲜明地反对民族分裂主义和非法宗教活动。今天的新疆各项事业欣欣向荣，各民族群众和睦团结、安居乐业，这一大好局面来之不易，我们应该倍加维护各民族共同团结奋斗、共同繁荣发展的大好局面，倍加珍惜和谐稳定的社会政治局面。

（《人民日报》，2009 - 07 - 07，略有改动）

严厉打击暴力犯罪　坚决维护社会稳定
本报评论员

7 月 5 日晚，乌鲁木齐市发生打砸抢烧严重暴力犯罪事件，造成 140 人死亡，800 多人受伤，财产损失巨大。这是一起境外指挥、境内行动，有预谋、有组织的打砸抢烧事件。这种丧心病狂、令人发指的暴力行为，是绝不能容忍的。我们要迅速行动起来，以强有力的措施和手段，严厉打击暴力犯罪，坚决维护社会稳定。

铁的事实证明，"7·5"事件是由境外反动势力一手策划的。其目的就是要挑起事端，制造暴力事件，搞分裂干扰我发展。这既不是民族问题，也不是宗教问题，摆在我们面前的是一场捍卫祖国统一、维护民族团结、维护社会稳定的异常激烈的斗争。我国是一个社会主义法治国家，法律的尊严不容践踏。对犯罪分子的容忍，就是对人民群众利益的伤害。对参与打砸抢烧的一小撮犯罪分子，我们一定要依法予以严惩。我国是一个多民族的国家，各民族的团结是促进经济发展、构建和谐社会的根本保证，破坏社会稳定、制造民族分裂，是不得人心的。我们一定要像爱护自己的眼睛一样珍惜民族团结，对任何企图通过制造事端分裂国家的行径，都要予以最严厉的谴责和最坚决的打击。

稳定是福，动乱是祸。经过改革开放 30 年，新疆经济发展、社会进步、民族团结、人民安居乐业。这是新疆各族人民共同奋斗的结果，是全国各族人民的根本利益所在。我们一定要旗帜鲜明地反对民族分裂主义，倍加珍惜团结稳定的社会局面。我们坚信，"7·5"事件阻挡不了新疆改革、建设、发展的步伐，动摇不了各族干部群众促进发展、维护稳定的坚定决心和坚强信心。这一事件只能使更多的人擦亮眼睛，明辨是非，齐心协力巩固和发展新疆的大好局面。任何敌对势力的破坏，必将以可耻的失败而告终。

（《人民日报》，2009－07－07）

两篇文章都发表于 2009 年 7 月 7 日的《人民日报》，都是对新疆"7·5"事件的报道，但两篇文章的侧重点不同。第一篇文章对事件的原因和严重的社会后果进行了报道，指出"乌鲁木齐'7·5'事件死亡人数已达到 140 人，其中有 57 具尸体是从背街巷道中发现的，受伤人员达 800 多人"，这篇文章的标题（主副标题）和导语部分已交代了重要的事实，文章虽然对"7·5"事件间接进行了谴责，但作者的态度融入事件中，是通过引用采访对象的叙述间接体现的。第二篇文章题目旗帜鲜明地亮出观点，直接对此次暴力事件进行了谴责，文章直接分析了此次暴力事件的目的，"挑起事端，制造暴力事件，搞分裂干扰我发展"，可谓一语中的。最后一段提出了反对民族分裂主义的倡导并表明惩治犯罪分子、保持新疆社会安定团结的决心。

显而易见，前一篇是新闻报道，后一篇是新闻评论。两者的区别体现在传播内容、传播目的、传播方式和传播要求上。

其一，传播内容不同。新闻报道记录和描写已经或正在发生的具有新闻价值的事实；新闻评论在对客观事物进行分析议论的基础上提出意见和观点。

其二，传播目的不同。新闻报道的传播目的是满足公众对事实性信息的知晓权，让受众知其事；新闻评论的传播目的是满足公众对意见性信息的知晓权以及话语权，让受众晓其理。

其三，传播方式不同。就传播方式而言，新闻报道"用事实说话"，以客观叙述、描写或记录等方式再现事物状态和来龙去脉，一般不直接发表议论；新闻评论则"直抒胸臆"，以判断、评价、分析、议论等方式直接对客观事物发表看法，但不排除对事实必要的叙述或记录。

其四，传播要求不同。新闻报道以"真实性"为原则，以讲清事实要素（五个 W 和一个 H）为基本条件；新闻评论以"公正性"为原则，引入事实性信息，不要求"五个 W"俱全，注重时效性与时宜性的统一，讲求前瞻性分析与规律性认识。

三、新闻评论的分类

新闻评论一般分成五大类：社论、本报评论员文章、短评、编后和编者按、专栏评论。[①]

（一）社论

社论是代表报刊、通讯社、广播电台、电视台等媒体编辑部发言的权威性言论。它集中反映政党、政府、团体对当前重大事件和迫切问题的立场、观点和主张，是影响并引导社会舆论的有力的评论形式。包括专论、代论、来论、编辑部文章等。

社论一般分为：

1. 阐述型社论

用来直接阐述当前形势和党的方针、政策，及时传达党的指示精神。

2. 评介型社论

对国内外重大政治事件或社会生活中具有代表性与方向性的事物加以评论，表明编辑部对此问题的认识和判断。

3. 仪式型社论

一般以重大节日或纪念日为依托，就全局问题发表议论，分析形势，提出任务，或对重要外事活动发表礼节性评论。如 2008 年 8 月 8 日，就在北京奥运会拉开序幕的当天，《人民日报》发表社论《同一个世界，同一个梦想》。

社论的写作从选题、制题、写作、修改等各个环节，都是集体的构思和创作。

（二）评论员文章

评论员文章是介于社论和短评之间的一种评论形式，一般在一千字左右，通常不去全面地论述某一重大问题或重大决策，而是就某一个问题或选择一个重要的侧面发表意见，作深层次的分析。

评论员文章有署名和不署名两种形式。具体用哪种形式，由编辑部根据论述问题的重

---

① 参见范荣康：《新闻评论学》，3 页，北京，人民日报出版社，1988。

要程度和发表的郑重程度决定。

（三）短评

短评是一种篇幅短小、内容单一、分析扼要、使用灵活的编辑部评论。它根据党的方针政策，常常配合新闻报道，就现实生活和实际工作中某一个方面的问题，代表编辑部发言。包括署名和不署名短评。

首先，短评要简短精练，字数一般在五六百字左右，内容要集中、单一，做到一事（观点、问题）一评。在诸多方面选择一个问题，评其一点，不及其余。其次，短评具有一定的依附性，既可为一篇新闻配一篇评论，也可以针对数篇新闻配发一篇评论，也可针对新闻中的一个事实或一个观点，甚至一句话配一篇评论。再次，短评要求据事论理，不能就事论事。《人民日报》发表的《"罗汉陪观音"》短评，视角新颖，说理有力。

"罗汉陪观音"

司马心

批评大吃大喝的主角，很必要，也应该批评一下那些陪吃者，外面来个人，多人陪宴，有人称此为"罗汉陪观音"。客人只一位，陪吃倒有十八。

然而知道底细的人，却说罗汉陪观音是十分"必要"的。不陪，罗汉喝什么？肉账如何开销？酒柜如何充实？难怪一位机关干部下去工作，见有那么多的基层领导"亲自陪宴"，真是诚惶诚恐，然而那基层的陪客，三杯下肚之后，道出了真情："请不必不安，其实是你请我们而非我们请你呀！"

拒宴不吃，固然有许多难处。但这一屁股坐下去，那十八罗汉陪吃喝的账，说不定就算到你这观音菩萨的名下了。

请君三思。

（《人民日报》，1990-05-31）

这则短评一是以借喻拟题，形象、幽默；二是批评重点显然由"观音"转向"罗汉"，角度新、立意巧；三是一语道破"罗汉"陪"观音"的秘密；四是以"请君三思"四字戛然结尾，提醒"观音要三思而行"，认清行为定向，只有坚决"拒宴不吃"方能保持自身廉洁，有利于扭转社会不良风气。既找出病根，又对症下药，读来耐人寻味。

（四）编者按语

编者按语不是独立的新闻评论文体，而是一种依附于新闻报道或文稿的、画龙点睛式的、简短的编者评论，是报刊、通讯社、广播、电视等新闻传播媒介的编者专用的，对新闻稿件所加的评介、批注、建议或说明性文字，也是新闻媒介的编者最常用的一种发言方式。

编者按语可分为文前按语、文中按语和文后按语三种，各自所起的作用有所不同。一般来说，文前按语编排位置位于文前或栏前，片言居要，显得庄重。文中按语，又称文间按语，是报刊独有的按语形式。它与新闻报道或文稿既相互配合，又相互渗透，通常置于文章的字里行间，在新闻报道或文稿的某句话或某段文字后面打上括号，加上"编者按"、"编者"或"按"字，就报道或文稿中的词语、提法、材料、内容，或诠释补正，或评点批注，帮助读者领会文义、加深认识，有时还可以代表编者修正失误、提出希望等。文后按语也称编后、编余、编后小议、编辑后记等，在广播、电视中称为编后话，它是一种附于新闻报道或文稿之后的编者按语，是编者依托报道有感而发的抒情、联想及议论性文字，旨在补充和深化报道或文稿的主题和中心思想，帮助受众领会和理解其意，同时，增强其深度和力度，使报道或文稿锦上添花。

《中国人物周刊》在 2006 年发表了一篇人物访谈《且听下回分解——专访单田芳先生》，在文章前面，刊登了"编者按"：

> 郭德纲火了，天桥乐剧场一票难求；单田芳老当益壮，构思文化村，重振书场；赵本山急了，二人转被注册为计生用品的商标，他四处呼喊绿色演出。媒体对民间曲艺文化的报道越来越热闹，人们的热衷，产生一种民间艺术回归的表象。其实，钻进海量的信息，我们发现的总是这么几个人，也就是这几个人。名人品牌效应和文化需求总会有着差距。文化选择多了，但是欢乐少了。单田芳提出了一条团结联欢之路，也是振兴之策。

按语三言两语简要介绍了文章的内容以及刊登的目的，并且在一定程度上深化了主题。该按语透露出，专访不只是关注单田芳先生的生活状况和想法，更关注传统文化的保留和发展的问题。

（五）专栏评论

在评论中，那些一般有固定栏目名称、定期刊发的、作者个人署名的、短小的新闻评论通称为专栏评论。专栏评论名目繁多，有的叫小型评论，有的叫小言论，它们大多短小精悍，即事议理。从内容上看，实际上包含两大类：一类属于思想评论，如"每周评论"、"百家论坛"等，着重从思想、理论问题入手，写作上要求更像政论文体，说得比较透彻；另一类是小型言论、微型评论、袖珍评论，如"大家谈"、"群言堂"，写得更短小，两三百字，更具有新闻性。

专栏评论的写作需要注意以下几点：

1. 选题要小，题目要小

这样有利于把问题说得更加深入。专栏评论题材十分广泛。大至经济体制改革、反对不正之风、建设社会主义物质文明和精神文明，小至个人衣食住行、见闻观感，都可以三言两语、事理融合地加以议论。

2. 立论要深

立论要深，指的是角度新颖，分析深刻，有新意。对立论的开掘更深，也就是说，在分析某一个问题、阐述某一个观点时，超越一般人能说到的第一层、第二层，往深说到第三层、第四层，说到问题的本质。

3. 短而有物

专栏评论虽然文章不长，两三百字、四五百字即可，但应当短而有物，要有内容，不是泛泛空论。在写作上，往往是以某个具体的新闻事实为由头，因事说理，这样才能及时地反映社会生活、引导生活，推动社会生活前进。

4. 群众性

专栏评论一般由作者个人署名发表，作者中有编辑、记者，更多的是广大读者、通讯员及社会各界名流。各种专栏名称如《大家谈》、《百家言》、《群言堂》，本身就标志着各界群众自由踊跃投稿，由编辑部择优选用。

针对网络内容良莠不齐、如何引导孩子们正确使用网络的问题，《人民日报》发表了评论文章进行探讨。

把网吧办成青少年的有益课堂

李长虹

青岛团市委日前开展"青少年网络文明行动"：组织 300 名青年志愿者进社区，举办网络知识培训；聘请 200 名"网络安全社会义务监督员"，对网吧进行监督；设立"红领巾网站"，在网上开展活动；在主管部门支持下，创建社区"青少年安全放心网吧"。

"网吧"为人们学习知识、交流信息、休闲娱乐提供了一个丰富多彩的平台，是一个重要的教育阵地。但对网吧的消极影响不可低估，不可放任自流，违法经营的应予取缔。同时也不能因噎废食，而要扬长避短，趋利避害。

对青少年的校外教育，常常苦于找不到"抓手"。青岛的做法给人们的启示是，既要严格管理，又要认真创建，将网吧的建设与文明城市的创建联系在一起，与公民基本道德教育联系在一起，形成文明的网络环境，使网吧成为青少年的有益课堂。

（《人民日报》，2002－10－03）

这篇评论文章选题时效性较高，针对性很强，就事论理，提出了"使网吧成为青少年的有益课堂"的观点。

第三节　新闻评论的要素内容及结构

一、要素内容

论据、论点以及说理论述或论证，是构成新闻评论的要素。在一篇评论中，论点是观点，是立场和态度，是见解和主张，是文章的灵魂；论据是材料，是证据，是基础。论点支配论据又依赖于论据，而论据则从属于论点又支撑着论点。说理、论述或论证正是解释论据与论点之间的逻辑联系，使论点得以确立并得到阐明的过程和方法。一篇成功之作，首先要做到论点准确、新颖、新鲜，论据真实、新鲜、典型；同时，还要善于运用恰当的说理论述或论证方法，使论据与论点水乳交融地统一起来。

（一）论点

论点从何而来？评论的论点绝不是个人灵机一动凭空得来的。准确、鲜明的重要论点，总是对客观存在的反映，是作者围绕某一个论题，经过详细的调查研究，集中集体智慧，在占有大量材料的基础上，运用马克思主义的立场、观点和方法，经过反复的分析、综合、推理思维过程，抽象和引申出来的。只有这样产生出来的论点，才无可辩驳，具有较强的针对性、鲜明性和理论性。

（二）论据

论据指的是用来阐明论点的材料，是评论论点的依据，是判断和推理的基础。它的功用在于形成论点、引发议论和说明论点。对新闻评论来说，思想、观点、论断的提出，只有当它被有力而充分的论据证明了的时候，方能使人信服。论据主要有事实论据和理论论据。

（三）论证

详见本章第四节。

二、结构方式

新闻评论的三大部分，即引论、本论和结论，其组合起来的结构方式有多种，主要有以下四类。

（一）归纳式

这种从个别到一般、从材料到观点、从分论点到结论的组织方式比较符合人们的逻辑思维。邹韬奋先生曾在其主持的《生活》周刊上，发表过一篇评论《肉麻的模仿》，就是用这种方式组织材料的。文章如下：

肉麻的模仿

邹韬奋

模仿本来不是坏事情，而且有意义的应需要的小模仿反是一件极好的事情，例如模仿外国货以塞漏卮，模仿强有力的海陆军以固国防，模仿良好的品性以正心修身，何尝不好？但是无意识的模仿，便有不免令人肉麻的地方。

自从《胡适文存》出版之后，好了！这里出一部"张三文存"，那里又出一部

"李四文存"！好象不印文集则已，即印文集，除了"某某文存"这几个字外，就想不出别的稍为两样一点的名称！我看了实在觉得肉麻！这种没有创作精神的"文豪"，只怕要弄到"文"而不"存"！

还有许多做文章的人，见别人用了什么"看了……以后"作题目，于是也争相学样，随处都可以看见"听了……以后"，"读了……以后"的依样画葫芦的题目，看了实在使人作呕！我遇见这一类题目，便老实不再看下去，因为"以后"的内容也就可想而知！

交易所初开的时候，随处都是交易所，好象除了交易所，没有别的生意好做！后来跳舞场开了，也这里一家，那里一家，好象可以开个不完！不细察实际需要而盲目模仿的事业没有不失败的，交易所和跳舞场便是好例。现在又群趋于开设理发店，将来若非一个人颈上生出两个头来，恐怕不够！

即讲到本刊的排印格式，自信颇有"独出心裁"的地方，但是近来模仿我们的刊物，已看见不少，听见有一种刊物的"主人翁"竟跑到印《生活》的那家印刷所，说所印的格式要和《生活》"一色一样"！我们承社会的欢迎，正在深自庆幸，并不存什么"吃醋"的意思，不过最好大家想点新花样，若一味的"一色一样"，觉得很无味。

我们以为无论做人做事，宜动些脑子，加些思考，不苟同，不盲从，有自动的精神，有创作的心愿，总能有所树立，个人和社会才有进步的可能。

（《生活》周刊第 3 卷第 39 期，1928 - 08 - 12）

第一段文章引出模仿的话题，论文的主体部分第二、三、四、五自然段各描述一种关于模仿的社会现象，第六段得出结论，是一篇典型的从材料到观点结构的文章。文章列举的四类现象：模仿书名、模仿文章名、市场行为的模仿、刊物的模仿，看似并列，却在一定程度上体现了内在的逻辑，从"肉麻"、"作呕"、"无味"这些词可以看出来。在列举大量事实的基础上自然而然得出结论："我们以为无论做人做事，宜动些脑子，加些思考，不苟同，不盲从，有自动的精神，有创作的心愿，总能有所树立，个人和社会才有进步的可能。"论据充分，结论可信，富有说服力。

（二）演绎式

这是一种从观点到材料的结构方式。评论开门见山、亮出观点，然后以相应的材料作论据证明论点。这和人们日常的说理习惯相适应，并以观点的醒目独到取胜。比如，下面这篇文章《危险的开端》，就是以这种结构组织文章的：

危险的开端

义高潮

北约 13 日凌晨在未经联合国授权的情况下，发出对南斯拉夫联盟科索沃地区进行军事干预的命令。这是一个危险的开端。

北约曾经在 1995 年对波黑进行过军事干预，当时得到联合国的授权，尽管所授权限并不明确。但是，这次对南联盟实施军事干预的命令，是在完全没有联合国授权的情况下发出的，这一行动为北约只根据自己拼凑的合法依据而未经联合国授权就想对一个主权国家进行军事打击开创了一个先例。

北约官员一再声称，北约内部已就在科索沃行动的合法性达成共识，但又不能以声明文件方式证明它的合法性。这显露出北约在行动合法性问题上的虚弱，这种做法给北约为日后采取其他行动寻找依据留下了进退两可的"解释权"。

冷战结束后，北约作出改变其战略思想的决定，表示在新世纪将临之际，北约战略将从集体防御转向集体应付可能危及北约成员国和北约和平伙伴关系国利益在内的危机。这次北约对南联盟实施军事干预的命令，实际上是它向新世纪战略思想迈出的第一步。制订中的北约新世纪战略把因社会、经济、宗教、民族和环境等问题引起的危机统统作为应付的对象，而根据北约这次对南联盟采取军事行动的准则，这些危机都可成为北约进行军事干预的理由。

（新华社述评，1998 - 10 - 13）

文章首先亮出观点，先声夺人："北约 13 日凌晨在未经联合国授权的情况下，发出对南斯拉夫联盟科索沃地区进行军事干预的命令。这是一个危险的开端。"然后以相应的论据从三个方面说明了"危险的开端"这一论点：（1）为北约只根据自己拼凑的合法依据而未经联合国授权就想对一个主权国家进行军事打击开创了一个先例；（2）这种做法给北约为日后采取其他行动寻找依据留下了进退两可的"解释权"；（3）这些危机都可成为北约进行军事干预的理由。

（三）并列式

当观点复杂、内容丰富、层次繁多时，可以将一个论点分成几个并列的分论点，从不同的方面、不同的层次加以论述，从而结构全文。这种结构方式层次较为清晰，论述较为深入。《人民日报》发表的《企业做大三件宝》就是将一个论点分成了三个分论点，从而比较精彩、简练、深入地组织了文章。

企业做大三件宝

张保振

企业要做大，离不开三件宝：文化、品牌和渠道。

文化是企业的"生长素"。没有文化，企业永远长不大。文化不是外在的，而是内生的。文化的特征是"自发"，即"从来不需要想起，永远也不会忘记"；文化的表现是生活，即现实中有意识或无意识的一言一行、一举一动；文化的核心是价值观，即对生活的态度与信念、对工作的立场与信仰；文化的本质是"人化"，即"人化自然"、"人化自己"，从而获得更多更好的物质文化生活资料，并使自己得到不断的完善、持续的发展。这一切，源于企业一代又一代人不断的探索与传承。企业有了文化，就能人显精神、牌显价值。

品牌是企业的"命根子"。没有品牌，企业难以安身立命。这是因为，市场经济从一定意义上说就是品牌经济。品牌定位尽管各有不同，但不论什么品牌，背后都离不开知识、科技与管理，都离不开人才、谋划与文化。品牌需要积淀，更需要创新。创新，可以刺激消费需求，拉动经济增长。支撑品牌创新的，有观念、知识、科技和管理等方面的创新。这种种创新，不仅催生着诸多品牌问世，而且推动着社会进步，提高着人们的生活质量。

渠道是企业的"扩大器"。没有渠道，企业就缺腿少脚。而缺腿少脚，企业就难以在市场上立足扎根、走久跑远。企业有无渠道，决定着企业有无市场；企业渠道的宽窄，决定着企业规模的大小。渠道，企业既可以自建，也可以借用。企业自建渠道，重要的是做到"三适"：一是适度，即与企业规模、企业财力、企业品牌相匹配，且留有一定发展余地；二是适当，即成本相对较低，来源和去向相对较多，不致使企业缺粮断顿或出现"肠梗阻"；三是适用，即能最大限度地突出企业品牌特色，点亮品牌光芒。企业借用渠道，重要的是善借会借。一是善借力，能把别人成熟的渠道"拿过来"为我所用；二是善借势，利用知名渠道，特别是跨国公司的成熟渠道提高自己品牌的知名度；三是善借题发挥，将品牌优势转化为市场占有率的提高，使企业的产品由区域名牌逐步成长为全国名牌乃至全球名牌。

（《人民日报》，2008－09－01）

文章将企业做大的法宝分为：文化、品牌和渠道，即所谓"三件宝"，进而将此论点自然而然分三部分分别论述，而每一部分则是一个分论点：（1）文化是企业的"生长素"；（2）品牌是企业的"命根子"；（3）渠道是企业的"扩大器"。文章的井井有条、简洁深入，有赖于文章巧妙的结构安排。

（四）递进式

这是一种对论题进行逐层分析，使议论由此及彼、由表及里、由浅入深的结构方式。每一层分析都建立在上一层分析的基础之上，既是对上一层意思的补充，也是对其的深化。对内容较为复杂的事件或问题，采用这种结构方式，容易使议论更为深入和透彻。

针对我国一考定终身的高考现状，《中国青年报》发表了题为《可怕的"人墙"》的文章，全文如下：

可怕的"人墙"

李忠志

6月21日至23日，大连市第41中学中考考场外，一道由考生家长自发形成的"人墙"截断了考场外的交通：为了考场安静，一切车辆禁行。因这道"人墙"，阻拦了送"速效救心丸"的出租汽车，一位突发心脏病的老人失去救治的时间，这位老人的儿子也因此失去与父亲见最后一面的机会。

好可怕的一道"人墙"！它实际上在设立一个标准：考试是天大的事，任何价值与权利都在它之下。

事情有急缓之分，不同的权利与价值有冲突，就需要权衡和协调。据报道，考试期间，考场附近的施工工地都已基本停工，音像店也关闭了音响，这就是社会权衡不同的价值的结果，也是保护一种权利与价值的合理限度。而阻断交通，使公交车无法进站，车辆无法通行，正常的秩序受到干扰，就明显过头。由此出发，就完全可能发生拦阻为病人送救命药的出租车这样的道德事件。

中考是迈向大学之门的关键一步，在家长心目中地位之重可想而知。家有考生，全家"临战"，家庭的一切活动都会向考生让步。大连"人墙"事件则表明，考生家长们不仅要在家庭内部推行"考生至上"的观念，还要将其施之于社会。几十名考生家长之所以理直气壮地组成"人墙"，拦阻交通，是因为他们坚信"考生第一"、"考生至上"，可以说，这种观念是这道"人墙"无形的基石。而众多行人为其所阻，另改其道，却不敢制止，实际上显示了人们在一定程度上默认了这种观念和标准。

这是一个明显失衡的"标准"，它在强调考生价值、考试价值的同时，已经不知不觉地侵犯了社会其他价值和权利——包括他人生命的权利。我们正在建设一个法治国家，任何权利的平衡、让与和妥协，任何约束他人权利的公共权力，都要有法可依。从去年就开始出现的这种考生家长组织起来拦阻交通的做法，显然既非公共权力，也没有法律依据。

大连"人墙"事件，是千军万马过独木桥的考试，使有些考生家长心理压力已经达到极限，甚至产生心理扭曲的反应，但其性质仍是一个法制问题——一个涉及侵犯和保护权利的问题。新近召开的全国教育工作会议，提出要调整教育结构，扩大高等教育招生规模，大力发展高等职业教育，构建不同教育类型相互沟通相互衔接的教育体制，无疑将改变这种"千军万马过独木桥"的状况。但在今天，即使还没有这样的平衡的、多元化的考试制度，难道我们就能无视社会上其他人应该受到尊重、保护的权利吗？

（《中国青年报》，1999－06－29）

这篇文章是以层层推进的方式组织文章结构的，每一个观点的提出都是建立在上一个观点之上，层层深入，逻辑严密。我们可以将文章的结构表示为："人墙"事件的描述—这是在设立标准—这是一个违反道德的失衡标准—更是一个涉及侵犯和保护权利的法制问题—回到事件，提出倡导。

三、新闻评论结构的基本要求

新闻评论的结构应符合以下三点要求。

（一）结构合理，详略得当

对于新闻评论而言，结构一般由引论、本论和结论三部分构成。即先说什么后说什么、详说什么略议什么、如何安排观点和材料、如何安排各部分所占的比重、三部分之间如何衔接和过渡等，都应注意其协调性和合理性。

（二）层次明晰

新闻评论应当由点及面、由此及彼、由表及里地层层展开。

《人民日报》的《今日谈》专栏发表过一篇小言论《发票不该这样开》，针对日常生活中常见现象作出分析，全文如下：

发票不该这样开

李佳祺

有一种现象司空见惯：不少人在商场明明买的是服装、家电、保健品，开发票时却要求写成"办公用品"、"文具"等，商场职员则有求必应，甚至会同意把金额写多一些。有人说，顾客拿到了"符合需要"的发票，商场则迎合了消费者，有利于提升销售额，这样的"双赢"何乐不为？

据了解，顾客要求虚开的发票主要有两种用处：一是在单位报销，损公肥私；二是便于在单位财务入账，逃避税收或审计。无疑，虚开发票侵害的是单位利益或国家利益。商家这样开发票，表面上看起来是"顾客至上"，实质却是和顾客"串通合谋"。

发票虚开现象，一方面说明我们的一些单位财务管理不完善，监督制度不健全；另一方面也说明多数顾客购物没有要发票。如果顾客购物都要发票，商家就不能完全按照顾客的意愿，想开什么开什么、想开多少开多少，否则，商家自己要么无法入账，要么就得多缴税了。

事实上，发票是重要的购物凭证，虚开之后，如果将来商品出现质量问题，而又没有购物小票，消费者想维权就难了，到时只能"哑巴吃黄连"。因此，实写发票品名也是消费者对自身权益负责的表现。

（《人民日报》，2005-03-24）

全文共四个自然段，第一段为引论，中间两段为本论，最后一段是结论。首先，从全文来看，作者的思路是：虚开发票的现象—消费者虚开发票的目的—虚开发票的原因—虚开发票的后果。文章层层展开，符合人们认识事物的规律，很自然地得出结论，层次明晰、不枝不蔓，是一篇论题很小却把握得很好的评论。另外，就本论部分来说，主要是现象分析，先分析消费者心理，然后剖析制度上的深层原因，层次分明。

（三）逻辑顺畅

新闻评论以逻辑思维见长并以其为主要手段，谋篇布局的过程要符合事物发展的内在逻辑和人们认识事物的思维逻辑。

"给点面子嘛！"生活中我们时常听到这句话，针对"面子"问题，《光明日报》刊登了《撕一撕"面子"又何妨》的评论，从一个生活现象说到了"给面子"的后果。全文如下：

撕一撕"面子"又何妨

杨润

标题的这句话，是某县一位领导对笔者说的。

这位县领导告诉我，他最近下到一个贫困乡，事先明确交代：自己和随行人员的吃饭问题就在乡政府职工食堂解决，乡上不用管。但第一天吃午饭时乡干部们硬要他到街头的饭馆里"吃特色菜"，并一再恳求他"给点面子"。听人家把话说到这份上，他让步了，但强调就吃这一顿。可到下午吃饭时间，乡干部们又请他上饭馆，并说已预订好饭菜，要他"一定给面子"。他忍不住发脾气了："我不管你什么面子不面子，坚决不吃！"还掏出150元钱交了上一餐属于自己和两个随行人员的饭钱。乡干部们看到这一阵势，只好陪他到食堂和职工一起吃快餐。这位领导总结说："作为领导干部，对有的面子，撕撕又何妨？该撕就得坚决撕！"

近些年，我们生活中出现了一道特殊的"景观"，那就是乞讨面子。"给点面子嘛！"这是我们常听到的一句话。有的人劝人干杯说这句话，求人办事说这句话，甚至为违纪违法者说情时抛出的也是这句话。而不少人确实较看重"面子"，有的领导干部就是在"给点面子"的乞讨声中，做了面子的俘虏，喝了不该喝的酒，吃了不该吃的饭，做了不该做的事。

既然"乞讨面子"不是一种好做派，所以对付"面子乞丐"，有时撕撕面子又何妨。如果一个人只被面子牵着鼻子走，是做不好任何事情的；特别是领导干部，该驳的面子不驳，动辄向面子妥协，那是危险的。勇于撕那些该撕的面子，这是领导干部树立正气的需要，是一个共产党员坚持党性原则的需要。

有的人不愿扫别人的"面子"，主要是怕别人说自己不近人情，怕得罪人。对此我们有必要作点分析。不难看到，生活中许多人乞讨"面子"是出于礼节上的应付，有的是另有苦衷，并不见得都心甘情愿。比如有的基层干部"乞讨面子"请上级领导大吃大喝之类，是怕怠慢了上级以后不好相处。如果上级真驳了他们的面子，那或许还正中他们的意。比如前面说到的那位领导，就是因为"不给面子"，全乡干部群众对他不仅没有意见，相反更有好感，更加敬重。可见，驳这样的面子，实际上更近情理，不必有"得罪人"之虞。而有人乞讨面子则是出于个人目的，想让人办不太正当的事。对这样的"面子乞丐"，就不能有丝毫"怜悯"，必须严词拒绝，即使"得罪"也值得、也应当。否则"给面子""给"掉的将是党的原则和人民的利益，还要加上自己的前程。这里，我们还要为某些"面子乞丐"进一言：自己诚恳做人，踏实做事，清廉为官，人民就会肯定，社会自会褒扬，面子自然会有。乞讨面子，不仅往往强人所难，甚至会害人害己害社会，这种做法比乞讨财物之类还等而下之，还是不做的好。

（《光明日报》，2004 - 05 - 20）

文章首先交代了选题的由来，再说到了"面子乞丐"已不是生活的个别现象，已经很普遍，成了一道独特的"景观"，进而分析乞讨面子的动机，以及不愿意扫别人面子的原因，最后亮出观点，给面子给掉的是党风，所以该撕的面子一定要撕。文章层次分明，环环相扣，逻辑严密，符合人们认识事物的逻辑，读者接受起来比较容易。

第四节　新闻评论的写作要求

一、新闻评论的写作要求

新闻评论的写作要求可以归纳为：论据与论点统一，虚与实统一，破与立统一。

（一）论据与论点统一

俄罗斯媒体：阿拉伯世界动荡没有赢家

阿拉伯革命风潮的进一步蔓延不利于任何在该地区有利益的国家。从安全角度看，最大的受害者是以色列，其国家安全保障模式面临威胁。在面临阿拉伯民众整体敌视的情况下，以色列一贯强调与阿拉伯政权建立关系。事实上，以色列与约旦和埃及的关系并非国家之间的关系——和平协议和各种伙伴关系协议大都是以色列与萨达特—穆巴拉克政权签订的。因此，在政权倒台后，这些协议也失去了效力——新统治者为了博取民众的承认将奉行反以政策。这意味着以色列将再次陷入敌对势力的包围。

北京也是受害者。中国在经济上征服非洲的战略受到沉重打击。中国人对这些国家的各个经济领域进行了投资。与欧洲公司不同，中国人不介入非洲的内部事务。西方无法与中国的全盘战略相抗衡，但这个战略需要稳定。而现在稳定没了。中国面临威胁，中国在非洲国家的资产可能被国有化。

利比亚式的革命对美国也没有好处。这不仅是因为美国在该地区的可靠盟友可能被推翻。长期以来，华盛顿一直精细地执行着中东转型和民主化政策。对该地区大学的很多教育资助和文化交流都是为了在阿拉伯世界培育信奉西方价值观的中产阶级。眼下的革命发生得太早，阿拉伯国家的中产阶级还没有最终形成。因此，权力很有可能落入伊斯兰主义者之手。他们将迅速压倒为数不多的西式非宗教国家的支持者，并建立伊斯兰酋长国。

欧盟就不用说了：难民潮、穆斯林移民的激进化、对经贸关系的打击——这一切都是伊斯兰世界动荡蔓延对欧盟造成的明显损害。

事态对伊朗的威胁远远大于机会。革命浪潮很有可能波及伊朗（伊朗民众没有忘记前不久总统大选时期的民主行动）。在这种情况下，伊朗民主化不仅将导致阿亚图拉政权的倒台，还有可能导致国家崩溃。

（《参考消息》，2011－03－01）

这篇评论是分析中东和北非动荡局势的。其论点是：中东动荡对谁都没利，也就是文章的标题。为了证明这个论点，文章用了五个论据：以色列四面楚歌、中国战略受阻、美国企图落空、欧盟的难民困扰和伊朗的国家危机，皆为事实论据，包括了从美洲、欧洲、中东到中国诸多国家。大量的论据成功证明了文章的观点，使文章说服力较强。换句话说，论点建立在真实可信的论据之上，同时论据也成了论点的依据和基础。

论据与论点统一，是新闻评论说理论述的一项重要原则和要求。要做到论据与论点统一，论据必须真实、准确、充分、典型。真实，要求论据材料完全符合实际，没有弄虚作假、捕风捉影；准确，要求材料和论点相一致；充分，要求论据足以证明论点的正确性；典型，是指选择最有代表性的、最能反映事物的本质、最有说服力的材料。

（二）虚与实统一

虚与实统一，是评论论述的又一个原则和方法。在评论写作中，虚与实是对立统一的。虚，指理论、观点、政策、思想；实，指事实、事件、业务、材料。写评论，要和当前实际问题结合起来，力求虚实并举，善于务虚。例如，《人民日报》1997年刊登了《这也是一种腐败》。文章从不久前发生的一件事情谈起：宁波一家珠宝店总经理拱手相赠，某影星无偿拿走价值16万元的珠宝。此事经新闻媒介披露后，引起群众极大的反感，纷纷责问：影星有什么权利无偿拿走这些珠宝？总经理有什么权利拿如此巨额的集体财物送人？对这类的事应当怎么看待呢？作者对此议论道：

企业的董事长、总经理或地方行政长官，随心所欲，将国家或集体的巨额资财赠与影星歌星，我以为这是变相地侵吞"公物"，实质上是一种腐败。既是腐败，就在应坚决反对之列，而且应加以查处。……不然的话，这种慷国家和集体之慨地捧星豪举，日后恐怕还会层出不穷。此则非国家和人民之福也。

文章没有满足于就事论事，而是将事件上升到"腐败"的高度，更好地深化了主题，以引起人们和有关部门的重视。

（三）破与立统一

在新闻评论写作中，破与立是辩证统一的。立，就是正面提出和论证自己的观点；破，就是反驳和纠正错误的观点。驳论文往往是在批驳对方的同时，提出自己认为正确的观点，达到破与立的统一。

破与立统一体现在以下几个方面：第一，破其论点，提出正确的观点。比如一些地方以弘扬民族文化为幌子，用"西门庆"、"潘金莲"作为酒店名，但西门庆和潘金莲恰恰是《金瓶梅》里的糟粕，不是民族文化。第二，破其论据，使其论点无以立足。一是破其论据不可靠。如果论证依据的是"假证"，那就像抄错了算术题，整个运算必会得出错误的结果。误传、谣言、歪曲报道等，都是假证的来源。二是破其证据错误，即证据是确实的事实，但由于错误地运用而使事实变成了"假象"。第三，破其论证。反驳论证就是揭露对方的论证犯了"推不出"的逻辑错误。如指出对方的推理事实无效，或论据与论题缺乏逻辑联系，等等。反驳论证方式与反驳论据一样，即使揭露对方的论证方式存在谬误，也不能断定对方的论题必然是假的，只能说明该论题尚未得到证明。

二、说理的方法

（一）例证法

例证法是指列出观点后举出具体实例证明观点的论证方法。例证法在新闻评论中应用最为广泛，它是卓有成效的一种推理方法。

比如，毛泽东的《新民主主义宪政》一文，在讲到"顽固分子"时说："顽固派，他们总有一套计划，其计划是如何损人利己以及如何装两面派之类。但是从来的顽固派，所得的结果，总是和他们的愿望相反。他们总是以损人开始，以害己告终。"就这个结论，毛泽东引用古今中外一些例子来加以证明：（1）张伯伦过去一心一意想搬起希特勒这块石头，去打苏联人民的脚，但从德国和英法的战争爆发的那天起，张伯伦手上的石头打在他自己的脚上了。而且直到目前，这块石头还在打张伯伦。（2）袁世凯想打老百姓的脚，结果打了他自己，做了几个月皇帝就死了。（3）段祺瑞、徐世昌、曹锟、吴佩孚，等等，他们都想镇压人民，但结果被人民推翻了。这些例子都是历史的事实，雄辩地证明了论点，而且能使人从历史中洞见现实，从经验中引出规律，具有强大的说服力。

运用例证法要注意不能只把例子摆在论点后，而不去揭示论点论据之间的内在联系。摆出事实后，需要讲道理。不加以充分的分析、说理，就不能把观点阐述清楚，文章就会简单化，缺乏内在的逻辑力量。另外，例证法中所选的例子，一定要真实、典型，否则就无法说明问题。

（二）喻证法

喻证法，即比喻论证，它是用比喻来阐明事理的方法。有的道理比较抽象，直接说明不容易把问题讲清楚，如果用一个恰当的比喻，即用人们容易理解的、浅显的事物或道理来说明不容易理解的、深奥的事物或道理，那么，"喻巧而理至"，就能把道理讲得生动、深入浅出，给人以鲜明的印象。

2004 年 2 月 17 日，美国《波士顿环球报》发表了题为《新皇帝的新装》的专栏评论。

新皇帝的新装

[美] 格林韦

从前，有一位皇帝曾被人篡夺了皇位长达 8 年之久。后来篡位者离去，这位皇帝公告天下，过去 8 年中发生的一切都是错误的，今后只有正义永存。

与此同时，他扔掉了所有让他回忆起篡位者的黄袍，开始四处为皇室寻找一家新衣店。

他将切尼、沙拉比和沃尔福威茨组成的"巴格达裁缝店"钦点为自己的正式制衣商。这些裁缝向皇帝承诺，他只需穿上本店生产的服装，整个巴格达都会落入他手中。甚至整个阿拉伯半岛都会拜倒在他脚下。获得解放的地区会接受皇帝的信仰，帝国将获得这些地区的石油和军事基地，而所有的新臣民都会欢欣鼓舞地争先赞扬皇帝的新装。

这位皇帝最重视的是忠诚。"巴格达裁缝店"的提议让他感到满意。他命令裁缝为他的宰相做一套相同的衣服。

宰相是内阁中最强大最有影响力的人物，也是皇帝的战争大臣。老奸巨猾的裁缝们解释说，只有正直的人才能看到他们的新衣服，那些不够高尚的人什么都看不见。

衣服按时做成了。皇帝召集了他的全部朝臣，正式展示他的新装。大部分朝臣热烈鼓掌，称赞新衣服式样大胆美丽，象征着帝国的伟大。有些朝臣颇为惊讶地发现自己看不见衣服，但他们不想被视为不够高尚，因此三缄其口。

后来，整个巴格达的确落入皇帝手中。裁缝很高兴，皇帝也很高兴。最高兴的是宰相，因为他的对手们开始失势。

但随后事态急转直下。首先，皇帝的新臣民并不俯首称赞皇帝的新装。他们开始拿起武器反抗皇帝。日复一日，局势一步步恶化。宰相似乎永远拿不出解决问题的合理方案，而维持新装的费用却在不断上涨。

有一天，宰相决定前往科威特犒劳为保卫帝国而流血牺牲的士兵。据说，他穿着华丽的长袍出现在他们面前。将军、上校和上尉们都鼓掌称赞衣冠楚楚的宰相。但随后，一名年轻的士兵对宰相说："但是长官，您没有穿衣服啊！"结果怎样呢？

这并非安徒生的童话。即使有人戳穿了"皇帝的新装"，但真相大白的日子并没有到来。除了沙拉比离开了裁缝店之外，其他人又在忙于为皇帝制作另一套新装了。这次的衣料来自伊朗。

（《参考消息》，2004 - 12 - 20）

《皇帝的新装》是丹麦著名作家安徒生笔下的童话故事。这篇评论就借用《皇帝的新装》的童话故事来形象地进行说理，用通俗、浅显、易理解的事理，来论证比较深奥、复杂、不易理解的事理。

（三）比较法

有比较才有鉴别。比较，是认识事物和说明事物的好办法。它是把具有相同特征的事物，或同一事物在不同时间、地点、条件下的不同表现进行比较，来有力地证实某个论点的正确或错误。这也是论证问题时常用的一种方法。比较法分为类比和对比两种情况。

类比是将不同时间、不同地点的一类事物的某些相同方面进行比较。评论的作者可以采用类比法，这种论证方法是将类似的情况作比较，并由此推论：既然这种情况产生某种结果，类似情况也应当产生同样的结果。

对比是指将两种事物加以对照、比较后，推导出它们之间的差异点，使结论映衬而出的论证方法。事物的特征和本质在对比中显露出来，特别是正反相互对立的事物比较，具有极大的鲜明性，能给人留下深刻印象。经过对比，正确的论点更加稳固。

《人民日报》2006 年 8 月 15 日刊登的社论《从参拜靖国神社看错误的历史观》用了横向对比的方式：

> 曾经与日本有着相同经历的德国，早在几十年前就勇敢地卸下了沉重的历史包袱。德国前总统魏茨泽克曾经说过："对过去视而不见的人，对现在是盲目的。"1970 年 12 月 7 日上午，作为一个曾经屠杀了 600 万犹太人的国家的代表，联邦德国总理勃兰特双膝跪倒在华沙犹太人死难者纪念碑前，"替所有必须这样做而没有做的人下跪"。勃兰特之跪，没有令德国失去尊严、失去荣誉，相反，却赢得了欧洲的谅解和全世界的尊敬。欧洲之所以有今天的和解，与德国对本国战争罪行的深刻反省和真诚忏悔密不可分。德国人把德国的荣誉和尊严与纳粹帝国分开，与希特勒分开，从媒体到教科书，都没有也不容许为纳粹及希特勒辩护。相比之下，日本极少数右翼势力，把日本人的荣誉和骄傲及尊严与军国主义的覆没、与早已被历史钉在耻辱柱上的战犯紧紧地联系在一起的行为，是多么的缺失诚意与理性。

（四）引证法

就是事理论证法。新闻评论文章在说理论述中常引用一些典型的事例，或引用那些被实践证明是正确的结论作为推理的前提、论据，来证明评论文章中所提出的某个论点的正确性。这就是新闻评论写作中常用的引证法。

《河北日报》2003 年 8 月 29 日的评论《由"三纸无驴"谈改进文风》，通过一则讽喻故事来引出论点：

> 有一文官，叫茹太素，每每引文，总是海阔天空一番，几张纸写下来，还没有一

个所以然。朱元璋"厌听繁文"，龙颜大怒，就让他吃了苦头。这茹太素也真该遭打，文章一万七千字，套话、空话、官话就达一万六千五百字。这倒应了那个笑话：一个秀才托人买驴，写了三张纸也没见到一个"驴"字。

....

如今，茹太素的做法有没有？答复自是肯定的。我们对当前文风不正的现象必须给予足够的重视。除了前面所说的"新八股"外，一些人提笔为文，只是一味求长，如同懒婆娘的裹脚，又似山间竹笋、墙上芦苇；有的故弄玄虚，在一知半解中照抄外来的概念和术语，以显示自己的时髦和深刻；还有的堆砌辞藻，拿名人名言壮胆子，用古典成语做靠山；更有甚者，东西不怎么样，拉拉扯扯、吹吹拍拍的本领却极高，一些平庸之作也能屡获大奖，正可谓"功夫在诗外"，远比茹太素会来事。

评论通过对"三纸无驴"这则讽喻故事的介绍和分析，自然而然地引出了"正文风"、"变作风"，即尽量缩短文章篇幅的论点。

下面是毛泽东为追悼张思德同志牺牲而写的《为人民服务》中的一段话。文中引用司马迁的一句话作为本段的中心句，然后加以论述。

中国古时候有个文学家叫做司马迁的说过："人固有一死，或重于泰山，或轻于鸿毛。"为人民利益而死，就比泰山还重；替法西斯卖力，替剥削人民和压迫人民的人去死，就比鸿毛还轻。张思德同志是为人民利益而死的，他的死是比泰山还要重的。

（五）算账论证

所谓算账，就是把一个事物的量用另一个事物的量来表示，旨在将抽象的数字折合成有形的、人们比较熟悉的东西，从而缩小数字与读者的距离。一个看来绝对值很小的东西，或者看来枯燥乏味的数字，通过折合推算的说理分析，就能化虚为实，化平为奇，进而使读者消释麻木的心理，从思想上引起重视和警觉。

《经济参考》曾发表过一篇评论员文章《鹊桥的造价》。文中将两地分居的夫妻一年探亲一次比喻为牛郎织女的鹊桥相会。将探亲的一笔巨大花费比喻为鹊桥的造价，进而从宏观上减轻国家经济负担的新角度，提出要尽快妥善解决职工两地分居这一社会难题。文章很多地方运用了算账推理。文中指出：

夫妻长期分居，不仅给双方带来诸多不便，而且，从宏观的角度看，也给我们国家造成巨大的经济负担，成为一个社会性的难题。空口无凭，我们不妨来算这样一笔账：据估计，目前全国的厂矿企业单位大约有600万个"牛郎"（或"织女"）探亲一次。如果以每次平均报差旅费120元、探亲期间少创造产值200元、但仍支付工资70元计算，国家每年将为此支出（或少收入）23亿元。这些数字显然是不够精确的，但从中至少可以看出，这条"鹊桥"的造价是何等的昂贵！

此外，600万"牛郎"还将挤满5万节车厢（以每节车厢定员120人计算），他们下火车后，又将使10万辆长途汽车或公共汽车、电车满载。这样，就给本来很紧张的交通运输增加了巨大的负担。

因此，解决职工夫妻分居问题，不仅具有重要的社会意义，而且具有现实的经济意义。

将精当的、典型的数据进行推演算账，以替代一般化的叙述和议论，是这篇文章的一个重要特色。文中从夫妻分居造成的国家资财耗费和由此带来的交通运输紧张入手，进行精细的推演算账。于是，几个简单的数据，便说明了一个重要的社会问题。

（六）归谬论证

就是反驳对方的说法时先假定其成立，然后根据这种假定推导出荒谬结果，从而否定该假定的一种方法。

质疑《质疑"英语报警"》（节选）

辛翁颖

贵报8月3日的B14版曾刊登一篇文章《质疑"英语报警"》。看完之后，有些话想说。

首先，顾先生说："中国的法定语言是汉语，没有也不应该有任何法律规定110必须配置英语处警"。因为"不管是中国人、还是外国人，都应该入乡随俗。……外国人到中国来学习工作也需要通过基本的汉语测试（配置翻译除外）。如果你不能使用东道国的语言，那是你自己的责任。"我对法学不大了解，不敢妄下定论。但是，按顾先生的意思，是不是120也不应该会英文，114也不应该会英文，中国的路标和旅游景点也不该配有英文，甚至包括医院这些机构也不应该会。哦，你迷路了，因为看不懂路牌，不会说中国话？为什么不会？因为你是来旅游的，不是来学习工作的，才待短短一个月，为什么要因此就学中文？好吧，那你要保证这一个月你不用看路标，不用问路就会到处玩。你要保证你不生病不用叫救护车也不用住院，你也要保证你不会发生个什么意外或被人抢包什么的。你甚至连打辆车都别想。为什么？因为顾先生说了，每辆出租车上的英语问候系统是为了表面好看的，虽然2006年第一季度中国就有4 632 398［数据来源：2006年中国酒店业分析及投资咨询报告（上中下卷）内容简介第二段第一行］个外国来客，虽然他们极其有可能会英语。

中间顾先生还说："如果你配置了英语处警，那么，你要不要配置法语、俄语、西班牙语、阿拉伯语处警？因为联合国的工作语言是6种，你为什么厚此薄彼？"这就仿佛问一个要买一套90平方米两房一厅的工薪阶层说："你为什么不连三房一厅、花园、车库一起买?"都一起买了固然好,可是有能力有必要么?世界上以英语为官方语言的约 70 个国家,以英语为主要外语的约 100 个国家。法语共同体约 50 个成员,说西班牙语的国家和地区有 20 个左右,说俄语的国家大约 15 个,说阿拉伯语的国家大约 15 个。而后四个差不多都属于以英语为主要外语的大约 100 个国家之内。在会说英语的人数远远多于不会的情况下,在中国人外语能力还不十分强大的情况下,为什么不能"厚此薄彼"?

(《南方周末》,2006 - 08 - 10)

全文多处使用归谬推理,将对方观点一一否定。该文体现了归谬推理的优势,先假设对方的观点和推理是正确的,再顺着对方的方法推导出很明显的荒唐的结论,从而达到说理的目的。

(七)假设论证

假设分析法是假设材料中能达到某种结果的条件不存在,将会出现什么样的结果。

假设分析的一般方法是:叙正面事例从反面假设推论,叙反面事例从正面假设推论。

假设推理的关联词一般用"如果……那么……",其他还有"如果……就……"、"假使……那么……"、"倘若"、"若"、"试想……"等。

如有位作者在论证"自强是事业的催化剂,是一种锲而不舍的钻研精神"这一观点时,举了张海迪、莫泊桑、帕格尼尼经历坎坷,但因为能自强,最后才一举成名的例子,分析道:

> 假如他们没有自强作为精神支柱,张海迪也只不过是一个碌碌无为的自卑者,莫泊桑不会成为著名的作家,帕格尼尼始终是一个坐过二十年牢的政治犯。

又如,某作者在论证"宽容的结果是使一个人在生活的道路上越走越宽"这一观点时,举了项羽因缺乏宽容,导致屡出奇计的陈平和善于用兵的韩信、最亲近的"亚父"范增被逼离他而去,最终落得四面楚歌、乌江自刎的结局这个例子后,议论道:

> 如果项羽当初能宽容些,又怎会至于四面树敌,陷于困境而留恨千古呢?

病文诊疗

【原文】

为九龄童"盗马"辩

近日读到一则新闻:某日晚 11 时左右,几位巡逻民警行至某地立交桥,发现一小男孩牵着一匹白马悠然独行。上前询问,男孩答道:"爸爸给我买的。"民警把他带到派出所，问了两个小时，男孩才讲出原委。原来这位小朋友看到公园的小白马长得漂亮，晚上便偷偷地从公园牵出。文章继而写道："后据了解，小男孩名叫某某某，因从小顽劣，小学一年级即被学校除名。"从爱护这位小朋友的角度出发，我在摘录原文时，将他的姓名隐去。这里需要指出的是，民警深夜巡逻发现小孩牵马引起怀疑上前询问是对的，正确的做法是应及时将他送回家或通知小孩儿的父母，不应在小孩儿的监护人不在场的情况下，深夜询问达两小时之久，更不能在报刊上将他的"历史材料"通过新闻媒介传播。

············

接着，评论重申了《中华人民共和国未成年人保护法》中的有关条款，对包括民警和媒介在内的有关单位和人士提出了诚恳的建议：在处理这类问题时不可随意，要三思而行。

【诊疗】文章所选评论对象比较典型，议论言之有理，结构层次分明，逻辑也较为严密。主要的问题是，标题《为九龄童"盗马"辩》显然与文意不符。

首先，9岁儿童偷偷将马牵出公园，其行为已触犯法律，"盗马"二字不必加上引号。

其次，作者实际上是对有关人员处理这一事件的做法提出异议、进行辨析，而并非是为孩子的盗马行为辩解或辩护，但仅看标题，很容易理解为后者。

建议：标题可以改为《"顽童盗马"引出的法律思考》或《执法者应懂法》，这样就和文章比较契合了。

范文评析

【例文】

当恐惧的病人遇到恐惧的医生

董伟

又一出人间的悲剧在医院上演。肖志军认为，北京市朝阳医院应该为自己的妻儿殒命负责。可是，医院也觉得委屈——医生已经尽力抢救了，是患者的不信任或者说放弃，最终导致了悲惨的结局。

院方在媒体沟通会上说，在这一事件中，医院面临守法和救人的双重矛盾。这虽有推卸责任之嫌，但也算肺腑之言。在当前恶劣的执业环境下，哪个医生不担心患者将自己告上法庭？当一位患者推门进来的时候，医生心里存在着真实的恐惧。

然而，病人一样地恐惧。从面对医生的那一刻起，他心里就怕了起来：他的医术怎样，能不能断准我的病情？他会开大处方吗？他拿没拿药厂的黑钱？他要是对我不住，我该怎么样留存证据……这无数的担心，贯穿在患者整个就医过程中。

很多人已经认识到，医生和病人应该是一个战壕里的战友，他们共同的敌人是病魔；应该依靠彼此的信任和合作，去病除疾保持健康；应该依靠彼此的信任和合作，尝试新疗法，医学才能不断地前进。可是，现实却不是"应该"的那样。

近几年，医院里发生了多少恶性事件绞痛着人们的心灵：哈医大二院天价药费事件、茶水发炎事件、见死不救事件、护士长辞职事件、深圳医生戴钢盔事件、福建兼职警察进医院事件……医生和患者哪里是同生共死同仇敌忾的战友，分明是你争我夺、你死我活的仇敌。因为疾病，他们不得不相见；因为恐惧，他们不得不拿起盾牌。李丽云事件不过是这种境遇的另一个明证而已。

有医生曾经对记者抱怨说，天底下最难的职业是在中国当医生；也有病人对记者诉苦道，在中国当患者简直就像一场噩梦。经济学家则告诉记者，医患关系正在走入典型的"囚徒困境"，并在医疗系统内部演变成"劣币驱逐良币"的局面。

结果是，虽然医生和患者都在追求对自己最有利的局面，甚至过度自我保护，可是他们的努力换来的，却是最糟糕的局面。同时，越来越多的优秀医生逐渐退出这个行当，他们不愿意坚守在一个得不到尊重的领域。

如果经济学的分析是正确的，那么仅仅提高"囚徒"的素质是不能够改变那种"困境"的，也不能够改变良币被驱逐的长远趋势。我们最应该做的是，改变游戏的规则。尽管医生和患者存在天然的经济争夺性——无论怎样，医生靠病人维持生计这一事实是存在的——但是如果政策得当，则能够将这种争夺性降到最低。

不幸的是，当前的有关政策，不是在降低这种争夺性，而是放纵甚至鼓励。更何况，医患双方的信息严重不对称，各类型医院竞争不充分，医生败德行为得不到适当的惩罚，都促使"争夺"更加赤裸裸和血淋淋，也让医疗领域一直遍布地雷炸弹。

过去几年的事件一再表明，简单的道德指责是无益的。事实上，医生也好，患者也好，在医院这个空间里都没有天生的恶意。就像前不久丁香园网站的调查显示的那样，多数医生认为，为医者最大的幸福不是金钱、地位的攫取，而是病人康复时感激的笑容。问题是，我们有没有足够的智慧去实现或帮助实现这样的幸福。

（《中国青年报》，2007－11－26）

【评析】

这篇评论有许多优点。首先，从选题上来看，议论对象具有很强的新闻性，是当时受到广泛关注的新闻事件，虽有偶然因素，但是所涉及的医患关系问题具有典型性、重要性、普遍性和接近性。

其次，从立论特色来看，角度新颖，没有简单指责医院、医生或当事人，而是以医患关系的"囚徒困境"为议论重点，观点鲜明、独到、公正，能给人以启示。

最后，从说理论述特色来看，采用"两面说"的议论方式，注重分析医患矛盾深层次的政策性、制度性原因，并指出其最终带来的不良后果及解决途径。

职场操练

根据下面这则新闻，自拟标题写一篇新闻评论。

"90后"司机称在沪遇"钓鱼" 自砍小指表清白

记者 朱恬

来自河南的"90后"司机孙中界今天（10月15日）向媒体投诉反映：14日晚7点多，他驾驶面包车被放"倒钩"后遭原上海南汇区交通行政执法大队（现为上海浦东新区城市管理行政执法局）指认涉嫌黑车经营，车辆被扣。回公司遭指责后，孙中界回家砍断自己的小指以示清白，他坚持认为，自己没有讨要车费，也未同意一名男性乘客上车。

东方网连线SMG电视新闻中心记者宣克炅了解到，在沪南公路9758号原上海南汇城市交通行政执法大队（现为上海浦东新区城市管理行政执法局）办公地点，孙中界说，涉嫌"黑车"运营的"金杯面包车"为庞源建设机械工程公司所有，属于工程用车。1991年出生的孙中界来自河南商丘。他的左手绑着绷带，小手指弯着。他告诉记者，昨天傍晚7点多，他驾驶浙ADS595的金杯面包车行驶在闸航路上，距航头镇不到两公里。此时，一名男子满脸愁容站在马路中央拦车，恳求搭一段路。

孙中界介绍说："他就装得可怜得不得了，他说师傅帮帮忙把我送到航头，我有急事，当时我没同意他上车，他就爬到我车上来了，我想算了吧，一上车他就跟我谈价钱，他说你说多少钱吧，我没吭声，他说我给你出租车起步价，12元，我还没吱声。"

车差不多开出去2公里，该男子突然跳下车，车门一开，围上七八名男子，拔掉车钥匙，拿走手机。在争执过程中，孙中界的衣裤的口袋被撕破。

孙中界说："掏出10元钱，往那一放。刚一放我右侧就来执法车，小伙就抢我钥匙。"

在僵持了10多分钟后，孙中界在处罚书上签了字，金杯面包也被开走。孙中界回到公司受到公司的指责，羞愤之下，孙中界回到家中突然冲入厨房，拿刀将左手小指砍下。

经检查，孙中界左小指肌腱断裂，伤及肌肉、骨头和神经系统，当晚做了手指缝合手术。记者试图采访原上海南汇区交通行政执法大队（现为上海浦东新区城市管理行政执法局），但对方拒绝了记者的采访要求。

（东方网，2009-10-17）

【参考答案】

钓鱼式执法，危害猛于虎

·吴焰

10月17日，人们听到了上海市政府对"钓鱼式执法"的回应："对于采用非正常执法取证手段的行为，一经查实，将严肃查处。"

然而，这样的表态，并没有平息人们一个多月来的质疑。因为这个回应，仅仅是政府对媒体报道"个案"的表态，而事件的性质却远不止于此。

早在9月上旬，上海一位"好心搭载胃疼陌生人"的张军，就因不服执法大队据此认定自己非法营运的处罚，坚持"讨公道，要清白"，并认为执法部门是在放出"鱼饵"、设计"圈套"取证并陷害自己"非法营运"。

随着越来越多相似的案例浮出水面，这种"钓鱼式执法"迅速演变成为公共话题：譬如在上海一个区就发现有千余名疑似执法部门雇用的职业"钓饵"；譬如两年来仅闵行区交通行政执法大队查处的非法营运车辆就多达5 000多辆，罚款高达5 000多万元……人们质疑，这是执法者在"非法执法"，而其后果，比这还要严重得多。

"黑车"的最大恶果，是扰乱正常的出租车市场秩序，但包括"钓鱼式执法"在内的"非法执法"，则不仅麻痹和摧毁着公众对法律的信任，更可能摧毁人们向好行善的价值追求。3年前轰动全国的南京"彭宇案"中，那位好心搀扶老太太的青年彭宇被认定为肇事者，至今让人沉痛；现在，这位"好心载了病人"的张军也被指为非法营运，再次让人产生"好人做不得"的寒心。如果连普通人的善举都被断为"别有企图"或被"定罪"，那么，即使"非法营运"现象不再，这样的代价，岂不更为巨大？

这些质疑与不满，已经触及政府形象，威胁到社会道德的培养。人们期待的，不仅是个案的处理，更希望有关部门对这一执法手段本身彻底调查，公正公开处理，及时公布结果，使其对整个社会心理的破坏力降到最低。

遗憾的是，有关部门对此先是失语，后是逃避、推诿，以"不说话就是最好的表态"来回应——直至14日发生浦东一位涉嫌非法营运司机自断手指、以证清白的事件。它使人们担心：百姓对维护自身权益的诉求，难道只有通过"开胸验肺"、"自断手指"，才引得起"高度重视"吗？

作为一个现代的、法治的、民本的政府，及时回应公众质疑，并从质疑中查找工作漏洞和缺陷，往小里说，是其自身义务和工作制度；往大里说，是一种维护和加强政府形象建设的重要方式。更重要的是，如果对一些非法行为——尤其是政府部门的非法行为，以一种不痛不痒、置若罔闻的态度，任其滋生泛滥，长此以往，政府的公信力、法治的尊严、社会的公德意识都将大受损失。

（《人民日报》，2009 - 10 - 19）

第八章
网络新闻写作

随着网络的普及和信息技术的飞速发展，网络媒介对人类社会的整个生产和生活产生了极其深远的影响。网上交谈、电子邮件、OICQ 等使人与人之间的交往突破了时间和空间的限制，它在改变人们生活的同时，也对新闻写作产生了强大的影响，它改变了、并正在改变着新闻的制作理念和生产方式，成为一股影响新闻业的强大力量。

第一节 　什么是网络新闻

作为新闻传播的一个新概念，对网络新闻的定义目前尚无定论。正所谓"仁者见仁、智者见智"，面对网络新闻的定义这一核心问题，不同的研究者给予了不同角度、不同层面的诠释。

北京大学出版社出版的《网络新闻学》一书这样界定网络新闻：网络新闻，概而言之，是指以互联网为介质而传播的新闻。

中国传媒大学金梦玉教授主编的《网络新闻实务》一书中提出：从新闻学理论的角度上来说，所谓网络新闻，就是指由报纸、杂志社、广播电视台、通讯社的网站，同时也包括各商业网站以及政府、行业协会、企业等各种机构和个人在互联网上利用网络技术和网络功能对最新发生、发现或正在发生的事实的报道。

网络传播研究学者闵大洪提出：网络新闻是指通过互联网（Internet）发布、传播的新闻，其途径可以是万维网（WWW）网站、新闻组（Usenet News）、邮件列表（Mailing list）、公告板（BBS）、网络寻呼（ICQ）等手段的单一使用或复合使用，其发布者（指首发）、转发者可以是任何机构也可以是任何个人。

南京大学杜俊飞教授在他的著作《网络新闻学》中，对网络新闻做出了如下定义：网络新闻是指传受基于 Internet 的新闻信息——具体来说，它是任何传送者通过 Internet 发布或再发布，而任何接受者通过 Internet 视听、下载、交互或传播的新闻信息。

其实，简而言之，网络新闻是指传受基于互联网的新近发生或正在发生的事实的报道。

具体而言，网络新闻又有广义和狭义之分。广义的网络新闻指互联网上综合性门户网站和各类专业性网站所发布的各种有传播价值的新信息。狭义网络新闻指互联网上新闻类的消息，包括传统媒体所设网站发布的新闻信息、其他网站设立的新闻中心或新闻版块发布的新闻信息，国家有关部门设立的专门网站所发布的新闻信息、个人主页和站点所发布的新闻信息等。[①]

---

① 参见余义勇：《关于网络新闻的思考》，http：//ruanzixiao.diy.myrice.com/wlxwdsk.htm。

这里所指的网络新闻仅限于狭义的网络新闻。

第二节　网络新闻的特征及分类

一、网络新闻的特征

与传统纸质新闻、广播新闻和电视新闻相比，网络新闻具备十分鲜明的特征。

（一）传播时效性强

网络新闻的传播速度非常快。传统媒体中，报刊新闻的出版周期以日、周、半月、月为单位，广播电视的新闻播报以小时为单位，而网络新闻的发布和更新速度则是以分秒为单位的。2008 年 5 月 12 日 14 时 28 分，四川汶川县发生了大地震。然而震中地区通讯却被迫中断，全国上下一时人心惶恐。当天 14 时 46 分，新华网第一个发布了新闻消息：四川汶川发生 7.8 级强烈地震，北京有 3.9 级震感。稍后又及时更新快讯：据国家地震台网重新核定，北京时间 5 月 12 日 14 时 28 分，在四川汶川县（北纬 31 度，东经 103.4 度）发生的地震震级为 7.8 级。这让震区之外的民众对这场地震有了及时、真实的了解。网络成为汶川大地震这一突发事件的第一个报道者，网络新闻信息也成为受众获取新鲜新闻的首要选择。相信随着科学技术日新月异的发展，互联网的传播速度之快将更加令人惊叹。

（二）信息量丰富

网络新闻的内容从理论上讲，具有无极限的延展性。网络超链接技术的发展，使得网络新闻突破了网页版面的限制，网民可以通过多层级的超链接在丰富的信息海洋里自由驰骋。因此，经常被用来形容以网络作为载体的网络新闻的词汇便是——"海量"。

在 1998 年的克林顿绯闻案的新闻事件中，斯塔尔报告厚达 445 页，牵涉内容广泛而复杂，作为传统的印刷媒体很难承载如此大量的信息。也正因为如此，在互联网上首先全文刊载有关克林顿丑闻的斯塔尔报告，突显了网络新闻"信息量丰富"的优越性。网络媒体的信息承载能力是其他媒体所无法企及的，可以说是无限的。

（三）多样性

网络新闻集报纸、广播、电视三者之长于一体，是兼具数据、文字、图像、声音的超文本结构，实现了文字、图片、声音、图像等报道手段的有机结合。在传统新闻写作中，文字和图片是主要表现形式，而近年来 PPT 幻灯片新闻、flash 新闻、3D 新闻、视频新闻的出现，彰显了网络新闻的特色。

除此之外，与传统新闻相比，网络新闻在语言写作方面更加多元化。尤其是近几年，网络词汇产生迅速且传播范围很广，比如"雷人"、"打酱油"①、"躲猫猫"②、"范跑跑"③等。这些词汇多为对新闻事件和新闻人物的概括，而且受众认可度较高、接纳性较强。

（四）交互性

这里讲的交互性包括三个层面的含义。

第一层是指网络新闻可以实现传播者和接受者之间的互动。现在很多新闻网站在每条新闻之后设置了"我要评论、我来说两句"等之类的链接（如图8—1，就是来自人民网的新闻互动环节设计）。

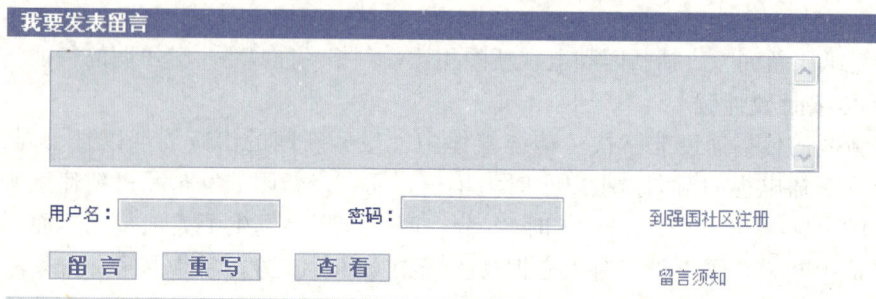

图 8—1

新闻传播、消息发布不再是传统方式"从上至下"的单向传达，网民可以通过上述方式积极发挥主观能动性，通过搜索、查询、发表留言等方式来主动参与、表达诉求。媒体与受众之间的信息得到有效和及时的沟通，报道也更具有针对性。因此，网络为新闻提供了一个良好的发布平台，这种良性互动的关系将极大推动新闻事业的蓬勃发展。

第二层是指网络新闻可以实现不同传播者之间的互动。每个网络新闻媒体都希望自己的网站所涵盖的信息量既有自身特色，又能包罗万象，给受众提供更多的选择性。因此，网络新闻传播者之间会相互转载借鉴，或为避免网络新闻的同质化而另辟蹊径，寻找不同的定位。

一个良性发展的网络新闻市场，不是取决于一家网站、一个网站人员的经营工作状况的。无论从宏观还是微观角度上来讲，不同的网络新闻传播之间的互动是不可或缺的。不同传播者之间应既相互融合又相互竞争，为打造一个和谐、良性发展的网络新闻市场而共

---

① "打酱油"释义：路过、不关我事的意思。背景：2008年，某电视台就陈冠希"艳照门"事件采访一路人，该路人脱口而出："我是出来打酱油的。"之后"打酱油"一语迅速红遍大江南北，甚至衍生出了"酱油族"，

② "躲猫猫"释义：一种游戏，亦称捉迷藏。背景：2009年2月13日，云南省玉溪市红塔区北城镇24岁青年李荞明在昆明市晋宁县看守所离奇死亡。警方称其是在与狱友玩"躲猫猫"游戏时意外死亡的。"躲猫猫"一夜之间流行起来。

③ "范跑跑"释义："在这种生死抉择的瞬间，只有为了我的女儿我才可能考虑牺牲自我，其他的人，哪怕是我的母亲，在这种情况下我也不会管的。"出处：汶川大地震发生后，四川一所私立中学的教师范美忠在博客中的这番震后"表白"，掀起轩然大波，范本人也被网友讥讽为"范跑跑"。

同努力。

　　第三层指网络新闻可以实现不同接受者之间的互动。网络新闻论坛（或称社区）也是一种全新的新闻信息平台，网民能够跨越时空阻碍，通过论坛传播思想、文化，表达看法观点，宣泄情绪，已俨然形成一道崭新的网络风景。最近几年，人民网的"强国社区"、新华网的"发展论坛"、中青在线的"中青论坛"等，都发展成为各自所属的网站举足轻重的品牌论坛，不仅实现了传播者和受众之间的互动，更是不同网民之间互相交流的广阔平台。

　　将上述三个层面的交互性综合起来，有学者形象地称之为"共动性"或"群动性"。而目前，能与这种"共动性"相媲美的传统媒体恐怕尚无一二。

（五）个性化

　　首先，网络新闻的呈现模式更趋于个性化。在互联网中，若要从云集的网络媒体、海量的网络新闻中脱颖而出，若要吸引并牢牢巩固受众，网络新闻必须具备自身的个性。与传统媒体的新闻相比较，网络新闻的报道模式、生产方式、受众的阅读模式等都发生了很大的改变。即便同属文字写作范畴，网络新闻的写作模式也逐步形成了自身的"细腻的人性化"、"用意的煽情化"等写作风格。这一点，我们将在本章第四节中具体阐述。

　　其次，网络新闻媒体为受众提供了定制"个性化新闻"的服务。不同职业、不同年龄、不同爱好的网民在阅读网络新闻时会有不同的兴趣点。根据自己的喜好、时间，能够非常便利内容地定制到"我的报纸"、"我的主页"，是很多网民的心愿。而随着博客、播客、RSS[①]等网络技术的发展，无论是新闻信息内容还是新闻字体、色彩、网页布局，网络新闻媒体都将专门为每一个网民量身打造"我的新闻"，争取最大限度地满足网民的个性化需求。

　　当然，网络新闻既有其优越于传统媒体的特征，也有其局限性。其局限性主要表现在两个方面。

　　一是真实性和可信度降低。与传统媒体新闻的权威性相比，由于缺乏必要的信息处理机制，网络新闻信息往往处于真假难辨、鱼龙混杂、紊乱无序的状态。不负责任的假新闻和失实报道，不但大大削弱了网络新闻的真实性，而且涉及很多著作权纠纷和个人隐私保护等法律问题。网民也往往会遭到不明来源的新闻信息的干扰与侵害。

　　二是信息太多太繁杂，给受众阅读造成了很多不必要的干扰。在杂乱的版面、很容易被分散注意力的环境下，网民很难进行深层次的阅读。因此，网络新闻受众的忠诚度在下降，网络新闻信息的"快餐化消费"令人担忧，网络新闻的生产方式有待进一步改变。

---

　　① RSS：Really Simple Syndication，也叫聚合内容，是在线共享内容的一种简易方式。通常，在时效性比较强的内容上使用 RSS 订阅能更快速地获取信息。网站提供 RSS 输出，有利于用户获取网站内容的最新更新。网络用户可以在客户端借助于支持 RSS 的聚合工具软件，在不打开网站内容页面的情况下阅读支持 RSS 输出的网站内容。

二、网络新闻的分类

网络新闻的分类较为复杂，可以有多种分类依据和标准。根据新闻的种类划分，网络新闻的分类大致有以下几种划分方法。

第一，按照内容分类，网络新闻可以分为时政新闻、经济新闻、娱乐新闻、法制新闻等。网络在进行新闻报道的时候，可以将新闻分为数十种，以满足不同受众的需求，这是传统的媒体所做不到的。如新华网，就将新闻分为地方联播、港澳台、时政、国际、法制、财经、军事、社会、传媒、科技、娱乐等数十种。

第二，按照地域分类，网络新闻可以分为国际新闻、国内新闻、地方新闻等。如中国新闻网，在按照内容划分的同时，还以地域将新闻划分为 37 个地区的新闻。

第三，按照报道形式分类，网络新闻可以分为文字新闻、图片新闻、视频新闻等。如新华网，就把新闻划分为视频、TV、直播、图片、数码等类别。

第四，按照新闻性质分类，网络新闻也可以大致划分为"硬新闻"和"软新闻"两大类。

第五，按照写作体裁分类，网络新闻可以分为一般性网络新闻（即网络新闻消息）、解释性网络新闻报道、深度网络新闻报道和调查性网络新闻报道四大类型。

不论是上述哪种分类标准，必须要划分明确。如果同样一条新闻在不同的分类中出现，会浪费网络信息资源，给网民的阅读带来不便。因此，网络新闻的分类在网络新闻报道中是具有重要作用的。我们在对网络新闻进行分类的时候，要具体综合考虑所属网站的一般规律和特殊因素，使网络新闻的分类更好地突出网站的特色，以便更好地服务于网络新闻报道。

第三节　网络新闻的要素内容

网络新闻通常包括标题、导语、主体、关键词或背景资料、延伸阅读五个部分。当然，并不是每条网络新闻都要完全具备这五个部分，有时可根据情况省略其中的背景部分或结尾部分、导语部分。

一、标题

对于传统的新闻而言，标题是新闻的眼睛，是对整个新闻事件的概括和浓缩。而对于网络媒体而言，网络新闻标题既继承了其中的精髓，又衍生甚至颠覆了传统新闻标题的一些特点。

（一）注重眼球效应

海量性的网络新闻信息使得网络新闻标题必须更加传神、夺人眼球，因为只有这样，某一条新闻才能从浩瀚的网络信息中脱颖而出。因此，网络新闻标题必须做足悬念、摆脱平庸，吸引受众的阅读兴趣。也正因为如此，新闻标题在网络新闻传播中的作用尤为突出，能否准确提炼标题，成为衡量一个网站编辑的功力大小和水平高低的一项重要指标。

（二）尊重网络传播基本规律

网站页面的尺寸为了适应计算机屏幕的大小和便于读者阅读，必须受到限制。原则上，页面横向不应滚屏，纵向滚屏也不要超过3屏。由于网页面积受限，而想要展示的内容却相当庞杂，网络传播因此呈现出层级化、立体化形态，这也使网络受众阅读任何一条网络新闻，必须从一级页面点击链接进入二级页面。因此，在一级页面拥挤的有限空间内，网络新闻标题势必要更为简洁。在经过一段时间的发展后，网络新闻衍生出"标题单行化"的特征。如图8—2所示。

[时政] 十七届四中全会于9月15日至18日在京召开
[国际] 美经济竞争力沦为"老二"　是谁把美国超了？
[台湾] 台多个团体抗议民进党操弄达赖来台
[军事] 国庆60周年阅兵信息密集披露　规模料将空前
[经济] 发改委官员：向富人征物业税建廉租房　允许外资境内上市
[跨国] 我国将减少外资股权比例限制 [房产] 泛海入股联想控股
[IT] 色情蔓延　手机网络染黄当禁 [家电] 京东方被称"圈钱"高手
[汽车] "醉酒驾车死刑案"改判无期 [食品] 麦当劳输给麦咖喱

图8—2

（三）强化新闻时效性

新闻传播速度是新闻媒体永恒的追求。纸质媒体的传播周期以月、半月、周、天为单位，广播电视媒体以天、小时为播报周期，而网络新闻的传播速度是以分、秒为单位的。为了满足读者的阅读需求，网络新闻标题在写作的时候一定要注意分秒必争、更新及时。

二、导语

导语是新闻的开头，表述新闻主要内容的第一部分。百度百科这样描述网络新闻导语的含义：

> 导语，是整个新闻中的核心部分。通常，记者在采访之前、采访中间和采访之后，头脑中始终在思考一个问题：所采新闻的核心内容是什么，以及如何恰当地来表现它。而这种思索一旦成型并付诸文字，最先落实的部分往往就是新闻的开头——导语。导语完成了，新闻标题的拟定和新闻正文的写作也就比较顺畅了。

网络新闻编辑阅看的新闻，往往已经有了现成的导语。但是，这并不能代替编辑本人的思考、选取和提炼过程。编辑首先需要领会和把握新闻的内容，把看到的导语与自己心中拟写的导语加以比较。提炼和构思导语，是把握和掌控新闻全篇的关键环节和第一步。

三、主体

毋庸置疑，主体是新闻最重要的部分。它是对导语中已经提及的关键新闻要素进行更全面或深入的阐释和补充。导语的任务主要在于运用大量的新闻事实来阐述新闻的发生发展过程，突出反映主题思想。

虽然在网络新闻的最初发展阶段，"层次化"特征使得网络新闻标题的发展一度越位于主体写作之上。但是，随着网络新闻的逐步完善和成熟，网络新闻主体的功能终将会成为最后的"王道"。

四、关键词或背景资料

关键词是网络写作的关键一环。面对浩瀚无穷的网络新闻信息，积极主动的网民会通过网站的数据库、搜索引擎将自己想了解、感兴趣的新闻"拉"出来。在网站搜索栏的相关位置，有些网站还会列举出最新的焦点和热点新闻关键词，如果网络新闻在写作时就设置好了关键词，则可以最大限度地被网民检索和阅读。一般来说，可以作为关键词的，包括一些重要的人名、事件、法规名称等，比如甲流感预防、国庆庆典等。如图8—3所示：

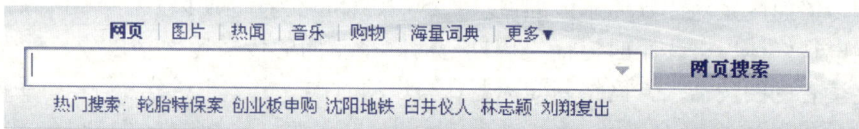

| 网页 | 图片 | 热闻 | 音乐 | 购物 | 海量词典 | 更多▼ |

热门搜索：轮胎特保案 创业板申购 沈阳地铁 臼井仪人 林志颖 刘翔复出

图8—3

背景资料是新闻事件发生发展的历史条件和环境条件，能够使新闻写作显得更加深入和完整。它用附加的次要材料来补充导语中未涉及的新闻内容，提供新闻背景，更好地说明新闻的来龙去脉，使新闻充实饱满，更为生色，主题的表达得到加强。

五、延伸阅读

顾名思义，延伸阅读是对当前新闻的一种延伸扩展，内容可以涉及与当前新闻信息相关联的新闻报道，用来延展读者的知识面，引导读者对某一类相关事件做更加全面的了解。目前，大多数新闻网站都是采用在新闻正文的前面或者后面添加"新闻链接"的方法，来引导网民的延伸阅读。网民通过点击阅读新闻链接的相关内容，从而对新闻事件有更加深入、全面的理解，有助于更好地帮助网民进行"深阅读"。

第四节　网络新闻的写作要求

传统媒体的新闻写作已形成了一套规范系统的范式。而网络新闻是一种全新的表现形式，网络新闻的写作仍处于不断实践和摸索的初级阶段。随着网络技术的全面普及和网络新闻的不断发展壮大，人们还会在实践中总结出有关网络新闻写作的更多新鲜、实用的规律。

一、标题的写作

在具体写作过程中，网络新闻标题的写作应遵循以下两点最基本的原则。

（一）准确

这里所说的准确具体包括两层含义：事实准确和感情准确。

2009年9月9日下午，北京网络新闻信息评议会召开专门会议指出：标题既是对新闻主题的概括，同时又是吸引读者的重要手段，尤其是在网络媒体上，标题是网民选择新闻和阅读新闻内容的"起点"。新闻标题制作的水平、质量和品位，直接反映着各媒体的运作状态和价值取向。但由于网站编辑对新闻标题制作的自主性相对传统媒体较高，审核机制不严格，另外，部分传统媒体图文新闻、标题本身存在问题，网络编辑对其不加甄别、判断而直接转载采用，于是在激烈的市场竞争中，为了争夺读者的眼球，各种"出位"的情况经常发生。主要表现为：

（1）扭曲新闻事实或歪曲报道原意，将个别因素、孤立现象放大为全局性问题，对网民极端情绪的发酵起到刺激的作用；

（2）使用含有性暗示等格调低俗的词汇，已成为最常见的手法，借此迎合部分网民不健康的需求；

（3）故意制作与内容完全无关的耸人听闻的标题，对读者进行欺骗；

（4）滥用夸张、怪异的词汇，以达到哗众取宠的目的，试图激起网民的好奇心，促使他们点击；

（5）标题中出现关键性的错字、漏字，造成重大差错，产生不良甚至严重后果。

评议会指出，制作有特色的新闻标题，以大幅度提高新闻的内在价值，借此赚取点击量，是今天网络媒体运作的常态。但是，听任不负责任的、随意的标题制作，势必就会产生误导网民、误导舆论的后果。毋庸讳言，传统媒体近年来出现的"标题档"现象，极大地影响了新兴的网络媒体，而网络媒体又对这一现象起到了推波助澜的作用。2007年11月，某网站在转发传统媒体上的一则有关留学生的报道时，因改动后的标题严重歪曲事实，对当事人造成权益伤害，由此引发诉讼案。网络媒体对此应引以为训。

新闻标题制作的基本要求是"题文一致"，即标题首先应该能准确地揭示新闻的基本内容，避免以本人主观判断或主观意愿，进行倾向性或断章取义的表达，尤其是要避免通过导向错误、格调低下的标题传达错误的信息。新闻标题制作做到动情而不煽情，通俗而不低俗，幽默而不浮滑，以真正值得关注的内容和深度的思考来吸引网民，是每一位网站新闻编辑应该认真对待的问题。从网站高管到每一名编辑都必须意识到，要想使网络媒体尽快走向成熟，必须抛弃各种低劣的运作手法。

（二）显著

在网络新闻标题的写作过程中，一定要注意简短精练。

在此，我们拿几则报刊新闻标题与网络新闻标题进行对比：

报刊新闻标题：

征求对中共中央关于加强和改进新形势下党的建设若干重大问题的决定的意见

中共中央召开党外人士座谈会

胡锦涛主持并发表重要讲话

贾庆林习近平贺国强出席

网络新闻标题：**中央召开党外人士座谈会 胡锦涛发表重要讲话**

报刊新闻标题：

习近平在参加全国科普日活动时强调

全社会要弘扬创新精神提高创新能力

为建设创新型国家奠定坚实群众基础

网络新闻标题：**习近平：为建设创新型国家奠定坚实群众基础**

报刊新闻标题：

世界经济从危机走向复苏的关键时期——

中国成就鼓舞世界

网络新闻标题：**中国成就鼓舞世界　G20峰会期待中国主张**

通过对比，我们可以看出，网络新闻的标题已脱离传统媒体的新闻标题制作模式，逐步形成了"行文单行化、措辞简洁化"的鲜明个性。因此，在进行网络新闻标题的拟制时，一定要在准确的前提下，尽量使用独特的视角、不同的技巧、有特色的语言表达等因素来增加标题的差异化和个性化。比如：

扁案宣判：政治纷扰能否画句号？（来源：人民日报网络版）
刘翔上海赛复出 13 秒 15 屈居亚军（来源：华奥星空）
世界媒体峰会将于十月八日召开（来源：中国记协网）
阅兵 7 看点：将军领直升机群飞越天安门（来源：腾讯新闻）
职场新人必看：办公室里需提防"金枝欲孽"（来源：新华网）
台大校长勉励新生：拯救世界不如帮妈妈洗碗（来源：中国新闻网）
陈发树"逃税门"事件急剧发酵（来源：人民网）

二、导语的写作

导语是新闻的开头，表述新闻主要内容的第一部分。导语写作的一般准则是要突出全篇新闻的中心并吸引读者的注意力。人们在阅读网络新闻时，很少有人逐字逐句地阅读，因此对网络新闻也有"快餐化阅读"的形象比喻。由此，网络新闻的导语写作必须符合人们网上阅读的习惯，遵循网络新闻的相关规律。目前，为了使读者在尽可能短的时间内知晓新闻的内容要点，大多数网络新闻会选择采用"倒金字塔"的写作模式，即充分重视新闻导语的作用，把最重要、最新鲜、最能吸引人的新闻事实放在最前面。一般说来，网络新闻导语的写作有以下几种方法。

（一）叙述式导语的写作

叙述式导语的写作方法是指直截了当地用客观事实说话，通过摘要或概括的方法，简明扼要地反映出新闻中最重要、最新鲜的事实，给人一个总体印象，以促使其阅读全文。考虑到网络受众阅读习惯中跳跃性明显的特征，网络新闻导语在写作时，没有必要死守传统新闻写作中所要求的"5W"要素俱全，完全可以根据报道内容突出其中"3W"或者"2W"即可。

例如：

（1）2009 年 8 月 28 日，《中国新闻出版报》发布了《中华新闻报》停刊清算公告，此前该报曾多次试图引进战略资本，但都未能如愿。记者 9 月 3 日从国家新闻出版总署获悉，这是迄今第一家中央级新闻报纸倒闭。（《〈中华新闻报〉成首个倒闭中央级报纸》，千龙网）

（2）"我也没想到跑出这么好的水平，太出乎我预料了！"在离开正式比赛 398 天后，中国 110 米栏奥运冠军刘翔以 13 秒 15 的惊人成绩强势复出。（《上海大奖赛男子 110 米栏刘翔复出战 13 秒 15 亚军》，华奥星空）

（3）为应对甲型 H1N1 流感的传播，国家食品药品监管局日前发出通知要求，从 4 个方面切实加强甲感疫苗研制、生产等各环节监管，确保疫苗生产质量和安全。高度关注甲感疫苗不良反应，一旦收到不良反应报告，应立即与当地疾病控制机构联系，积极配合疾控机构的调查诊断，并按规定逐级报告。（《国家食品药品监管局：严密监测甲感疫苗不良反应》，人民网）

（二）描写式导语的写作

记者根据目击的情况，对新闻中所报道的主要事实或者事实某个有意义的侧面，作简练而有特色的描写，向读者提供一个形象，给人以生动具体的印象，这是描写式导语的一般特点。一般用在开头部分，以吸引读者，增强新闻的感染力。

例如：

（1）9月9日，华北空军某机场。一架架飞机在跑道上呼啸着，起起落落——这里，是国庆阅兵空中梯队最重要的训练场之一。（《空中梯队训练误差达到0秒》，人民网）

（2）2009年4月23日下午4点02分，四川省成都市中南西街2号金苹果幼儿园活动室里，小女孩宋馨懿甜甜地闭上眼睛开始许愿。面前的木桌上，一盒又大又漂亮的生日蛋糕上，四朵美丽的火花在小巧的生日蜡烛顶端跳动。旁边，驻渝某装甲团五级士官、当了18年兵的王肃满，激动得浑身打战。（《解放军叔叔为"总理让路女孩"过生日》，中国军网）

（3）柔柔的刘海，长长的睫毛，大大的眼睛，还有那蜿蜒在腮旁的涎水……这正是"小可爱"！今天下午2点41分，"最柔情微笑的战士"盛于峰终于在成都找到了地震中他曾抱过的那个孩子。再次抱起"小可爱"，感受怀里孩子健康而又俏皮的"挣扎"，"柔情的微笑"又在盛于峰脸上绽放。（《抗震救灾"微笑战士"找到"小可爱"》，中国军网）

（三）议论式导语的写作

往往采用夹叙夹议的方式，通过极有节制、极有分寸的评论，引出新闻事实。

例如：

（1）"中国的年轻官员正面临空前的发展机遇，而当前的制度设计也为这种发展创造了好条件。"新中国六十周年庆典临近之时，国家行政学院教授王伟于此间指出，在六十年的官员结构变化当中，队伍年轻化是一大亮点，而眼下的中国，新一轮选拔大幕正缓缓拉开。（《中国年轻官员面临机遇 新一轮选拔大幕正在拉开》，中国新闻网）

（2）在刚刚过去的一个月，中国各地以前所未有的严厉措施整治酒后驾车，这对有着几千年酒文化传统和一向讲究"人情"的中国社会，无疑既是进步也是挑战。（《中国整治"酒驾"满月 彻底杜绝有待长效机制》，中国新华网）

（3）"传统节日的发展应面向现代化，面向世界，面向未来，而不是回到过去。"中国作协名誉副主席王蒙20日在浙江宁波镇海区举行的"2009年中国传统节庆文化论坛"作关于传统节日若干思考的发言时表示，部分学校要求学生穿古装诵三字经有点走火入魔。

（《王蒙谈传统节日保护 直言"复古"有点走火入魔》，中国新闻网）

三、主体的写作

主体是新闻的主干，是对导语中已经提及的关键新闻要素进行更全面或深入的阐释和补充。目前，网络新闻的主体部分写作逐渐形成了以下几个特征。

（一）每个层次段落使用"小标题"进行导读

使用小标题对每个段落层次的主要内容进行提炼，可以减少网民的阅读负担，使得新闻主体更加一目了然。因此在写作过程中，我们应注意在表述清楚一个问题、完成一个层次段落的写作之后，学会提炼出中心语句作为小标题。

（二）逻辑清晰，层次分明

在进行网络新闻主体的写作时，一定要注意按照一定的时间、地点或人物、事件重要性等进行排序，避免将多个问题混杂在一起进行叙述或评论。

（三）短小精悍，言简意赅

网民阅读网络新闻的"快餐化"方式决定了网络新闻的主体内容一定要避免长篇大论，尽量减少修饰的成分。如果为了补充相关背景，可以在文中使用超链接的方式引导网民阅读。

（四）注意对新闻事件中的信息进行整合

当前，网络新闻的资源尚未得到一定程度的优化，很多网络新闻的同质化现象较为严重。为了突显网络新闻的独家性和差异化，网络新闻主体的写作是不容忽视的一个重要环节。在进行主体写作时，我们不仅要报道清楚 5W（事件 What、时间 When、人物 Who、地点 Where、原因 Why）要素，更要对现有的信息进行筛选、加工和重组。比如在报道"2009 年最佳人力资源典范企业榜单出炉"这则新闻时，仅仅报道出上榜企业有 IBM、万科、微软、通用电气等一百家企业是不够的，还需要通过各行业之间的横向对比和 2009 年与 2008 年的纵向对比，帮助网民归纳总结出这则新闻的意义所在。中国人力资源开发网在报道了基本的新闻要素之后，还补充了如下内容：

典范企业 IT/电信行业的企业最多

100 家典范企业涉及 19 大行业。其中 IT/电信行业的企业最多，其次是以机械、电气和自动化控制为代表的机电制造行业，金融保险和家电/电子产品行业同列第三。显见这几大行业少有绝对优势企业，并将在未来面临更激烈的人才竞争。房地产/建筑、化工/能源和物流行业，受经济环境的影响明显，此间的获奖企业数量较明显低于 2008 年。

网游、电子商务为代表的互联网企业高姿态招人加薪

数据显示，七成以上的典范企业经营在 2008 年年底遭遇 10 年来最大困难，但至 2009 年逐渐好转，并在 2009 年上半年结束时与 2008 年持平，甚至略有超越。100 家典范企业都认为，经济危机反而使它们进一步扩大了领先优势。55％的典范企业将继续在中国的投资和发展计划，但同时 82％的典范企业对 2010 年的经营"不敢太过乐观"。

以网游、电子商务为代表的互联网行业，以食品、日化为代表的快速消费品行业未受环境影响，以更高调的姿态在人才招聘、员工培训和薪酬福利等方面积极行动。

外资企业典范最多

2009 年 100 家最佳人力资源典范企业仍以外资企业为多，民营企业略减，国有企

业略加。外资和中外合资企业受经济气候的负面影响相对较大，但是中国的经营业绩均成为其在全球市场中恢复最快、增长最多的国家或区域。19家民营企业中，多数企业或经历过类似衰退，或经历并购重组，有抗波动能力和经验，19企业中有18家为上市企业。而当选的国有企业多数在行业内有垄断优势，2009年发展顺利。

（中国人力资源开发网）

四、关键词或背景资料的写作

　　网络的超链接特征使网络新闻具有更丰富的表现形式，因此我们可以打破传统的思维和写作套路，进行"层级化"写作。在进行网络新闻写作时，常常不是一次性地将所有信息和内容和盘托出，而是运用超链接的方式在不同的层次中逐渐展示出完整的内容。网民在阅读时，可以根据自己的需要去点击相关链接，来完成详细阅读。

　　在背景资料的写作中，既可以简单地描述与新闻人物和事件形成有机联系的环境和历史条件，更可以深入阐述新闻事件发生发展的时代背景，提供与新闻人物和新闻事件发生发展过程直接有关的背景材料，甚至是向记者提供消息、介绍情况的人的背景情况。

　　在网络新闻中，新闻背景资料既可以与新闻事实融合在一起进行线性的写作，也可以将新闻背景和新闻事实区别开来，通过链接的方式供读者随时查阅。比如，很多网站会在一则新闻之后附上"更多相关新闻报道"或"更多详细内容"等。

五、延伸阅读的写作

　　延伸阅读部分的写作，主要应注意两个问题。

　　第一，从浅层次来讲，延伸阅读部分的内容一定要与新闻主体内容有着一定的联系。而且这种联系不是牵强的，而是有机的、可以类比的。

　　第二，从深层次来讲，延伸阅读部分所选择的新闻内容一定要和新闻主体相辅相成，两者或者形成纵向横向的发展轨迹，或是从正反两个方面来培养网民看待问题的辩证性和全面性。例如：

乌鲁木齐职工公积金可交子女学费

　　记者从乌鲁木齐住房公积金管理中心了解到，截至目前，乌鲁木齐共有8户职工提取住房公积金用于子女交学费，共提取住房公积金4.94万元。

　　据乌鲁木齐住房公积金管理中心相关负责人介绍，今年1月1日起，乌鲁木齐住房公积金相关政策调整实施办法开始执行，其中包括困难家庭子女考取大学后无力支付学费可提取住房公积金。

上海市公积金可付房租

天津职工购房可提取父母公积金

政策房首付款将可用公积金

北京公积金管委会称:租房提取公积金手续将简化

职工今起凭房租发票可提公积金 不超房租总额

（人民网，2009 - 09 - 18）

综上，我们列出了网络新闻的基本结构示意图，有助于快速把握网络新闻写作的层次脉络，一旦受领写作任务，即可循格行事，从而带来极大的便利。

网络新闻的基本结构模式

标题：精练概括新闻的主要内容	
导语：表述新闻事件的主要内容	
主体：对导语中已经提及的关键新闻要素进行更全面或深入的阐释和补充	
关键词或背景资料：新闻事件发生发展的历史条件和环境条件	
相关阅读链接：与当前新闻信息相关联的新闻报道，用来延展读者的知识面	

特别提示

网络新闻的写作在现阶段必须坚持以邓小平理论和"三个代表"重要思想为指导，坚持正确舆论导向。

网络新闻的内容必须真实、及时，文字精练，富有整合力和原创性。网络新闻还可以充分运用网络的多媒体性，综合运用文字、图片、视频等，充分丰富网络新闻的表现形式。传统媒体的新闻稿件写作与新闻编辑、美工、排版等工作是分开的，而网络新闻写作则打破了这种各自为政的局面。网络新闻写作不再是单纯的文字写作，而是一种集文字、图片、图表、动画、音频、视频等多种元素于一体的技术化写作（见图8—4至8—6）。网络新闻的写作者需要开启新的理念，不能再只精于文字写作一门，不能再只偏重于文字和线性结构。总之，新时代的网络新闻写作者必须是全面的、多样发展的。

新闻背景:阅兵

2009年10月1日 10:04
来源:新华网 选稿:黄骏

东方网10月1日消息：阅兵，是对武装力量进行检阅的仪式，通常在国家重大节日、迎送国宾和军队出征、凯旋、校阅、授旗、授奖、大型军事演习时举行，以示庆祝、致敬，展示武装力量建设成就，并可壮观瞻、振军威、鼓士气。

阅兵通常分为三类：出征式阅兵、凯旋式阅兵和庆典式阅兵。阅兵时包括检阅式和分列式。有时只进行一项。检阅式是检阅者从受阅部队队列前通过，进行检阅的仪式。分列式是受阅部队列队从检阅台前通过，接受检阅者检阅的仪式。

中华人民共和国成立以来，已举行过１３次盛大的国庆阅兵。最近的两次分别为１９８４年的国庆３５周年阅兵和１９９９年的国庆５０周年阅兵。

【发表评论 393条】

[专题]60年，大国腾飞之路
[征文]讲述我的父亲母亲的故事
[征图]锦绣中华摄影大奖赛

> 延伸阅读

祝福、不安、不服?日媒以复杂心态报道中国国庆

作为与中国一衣带水的邻邦，作为世界第二位置即将被中国超越的经济强国，日本对新中国60岁生日的"祝福"似乎带着些许复杂心态。[全文]

庆典聚焦：国庆庆典中的"第一次"

从空中到地上，从武器到彩车，涌现诸多"第一次"。[全文][国庆阅兵之最]

[独家]从徒步方队"七宗最"看中国军人"亮剑"精神

14个徒步方队昂首阔步、阵容整齐，接受祖国和人民的检阅。从整齐划一的方阵中，我们感受到中国军人的精神——无往不胜的"亮剑"精神。[全文]

图8—4

（图片新闻　来源：人民网）

图 8—5

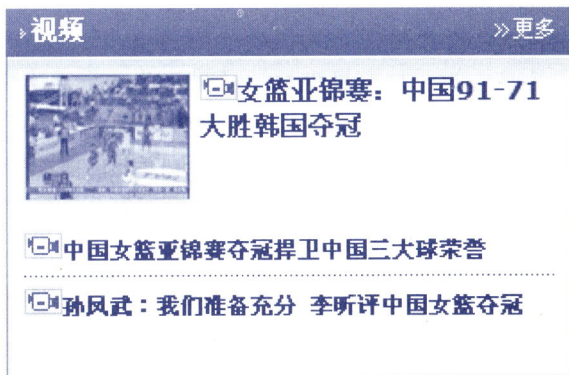

（视频新闻　来源：www.cctv.com）

图 8—6

病文诊疗

　　在网络新闻的写作实践中，经常会出现的主要问题有以下几种：标题提炼不到位或言过其实；关键词提炼不准，影响新闻的检索；正文过于冗长。在此，我们根据一篇网络新闻实例来进行简要分析。

台湾红十字组织会长陈长文接受采访时称
感谢大陆同胞的救援和支持①

2009年9月8日，参加台北听障奥运会的中国代表团通过台湾红十字会组织向台湾同胞捐款50万元人民币，用于台湾灾区的灾后重建。中国代表团团长贾勇表示，这是代表团和中国残疾人福利基金会的捐赠，希望可以为台湾受灾同胞加油，也希望能加强两岸尤其是运动员交流交往，增进双方了解。②

台湾红十字组织会长陈长文也在出席中国听障奥代表团的赈灾捐款活动时表示，"莫拉克"台风引发的"八八水灾"给台湾带来重创，大陆同胞十分热情、踊跃捐款。③他说自己非常感动，感谢大陆同胞给予的帮助。正像马英九先生在"八八水灾"追悼大会上特别提到的，大陆及大陆同胞本着血浓于水的民族感情，捐款逾五十亿元新台币，给予了受灾同胞热诚鼓励与支持。

在采访过程中，中新社记者提问了有关组合屋的问题，陈长文回答说，"八八水灾"发生后，大陆方面第一时间告知，愿意提供组合屋。这是雪中送炭之举，令我们很感动。当前，台湾中南部灾区正在重建，组合屋仍然是需要的。其选址、搭建工作，仍在一些没有多余安置房舍的地方持续进行。另有记者提问道：大陆民众很关心自己的捐款，能否真正用到受灾同胞的身上？对于此问题，陈长文回答：每逢天灾，一方面有受灾之人，另一方面有抱持"人溺己溺，人饥己饥"善心的人士。施予一方，毫无保留地捐献爱心，重点是捐给谁。这就需要款项的运用要透明，然后是媒体的监督、官方的监督及公益团体的自律。唯有如此，公益团体才能得到一般老百姓的公信；唯有如此，才能在灾难发生时发挥功能，把爱心人士的捐助科学地用在最适当的地方。在采访中，陈长文还强调了红十字组织的公信力不允许被质疑。北京、福建红十字会的两项捐款就超过一亿元人民币，这笔钱将"绝对"用于灾民安置与家园重建工作。相关捐款的动支情况，每天均会在台湾"红会"自己的网站上公布。"红会"还直接派人深入灾区，监督重建工作的进度。有学者提出：两岸应该建构并强化应急救难机制。对此，陈长文表示，官方之间的互动是一回事，从民间来看，历经两岸各自的灾难，以及南亚海啸等，两岸"红会"已默契十足。他说，从上世纪九十年代始，大陆发生华东水灾、云南地震等，两岸"红会"合作良好；十年前，台湾南投发生"九·二一"大地震，大陆同胞、"红会"也给予我们支持；去年，四川汶川大地震，我们之间的合作就更加顺畅了。④

此外，陈长文还透露：这个礼拜，大陆红十字会将组团访台。我们的态度是"主随客便"，如果大陆"红会"提出实际参与救灾的意愿，我们非常欢迎。也欢迎大陆其他民间组织，参与我们六十多个民间组织的联盟，彼此间有更多的切磋和交流。"不但在两岸的救灾救难工作中，大家可以整合力量；甚至在国际的救灾工作中，我们中华民族可以共组一个队、两个队。那是令我们骄傲的一个愿景。"

【评析】

①标题太过冗长。改为"台湾红十字会长畅谈两岸合作救灾"或"陈长文畅谈两岸合作救灾"更为简明扼要。

②导语不够清晰。

③表述累赘且长句子过多。按网络新闻的写作要求，应尽量减少使用长句子。

④内容欠缺层次感，段落过长，给网民阅读造成不必要的负担。可以增加小标题使得层次更加鲜明。

综上，这篇网络新闻主要有以下两方面的不足：一是重点不够突出。全文只是通篇记录了记者的提问和台湾红十字组织会长的回答，而没有点明这则新闻的意义所在，缺乏画龙点睛之笔。二是条理不够清晰。内容没有层次感，长句子过多，给网民阅读带来负担。

【修改文】下面我们看中国新闻网的一篇相关新闻报道：

陈长文畅谈两岸合作救灾

中新社记者　董会峰　刘舒凌

2009年9月8日，"八八水灾"届满一个月。台湾红十字组织会长陈长文接受大陆驻点记者采访时表示，两岸合作救灾已很默契，今后会更好，甚至可以考虑共组救援队。

感谢大陆"雪中送炭"

当日，陈长文在台北出席中国听障奥代表团的赈灾捐款活动。他用"三感"形容自己的心情：感动、感谢、感受到血浓于水的温情。

陈长文表示，"莫拉克"台风引发的"八八水灾"，给台湾带来重创。大陆同胞踊跃捐助，正像马英九先生在"八八水灾"追悼大会上特别提到的，大陆及大陆同胞本着血浓于水的民族感情，捐款逾五十亿元新台币，给予了受灾同胞热诚鼓励与支持。

在回答中新社记者有关组合屋的问题时，陈长文说，"八八水灾"发生后，大陆方面第一时间告知，愿意提供组合屋。这是雪中送炭之举，令我们很感动。当前，台湾中南部灾区正在重建，组合屋仍然是需要的。其选址、搭建工作，仍在一些没有多余安置房舍的地方持续进行。

确保善款用到最需要的地方

记者问：大陆民众很关心自己的捐款，能否真正用到受灾同胞的身上？

陈长文回答：每逢天灾，一方面有受灾之人，另一方面有抱持"人溺己溺，人饥己饥"善心的人士。施予一方，毫无保留地捐献爱心，重点是捐给谁。这就需要款项的运用要透明，然后是媒体的监督、官方的监督及公益团体的自律。唯有如此，公益团体才能得到一般老百姓的公信；唯有如此，才能在灾难发生时发挥功能，把爱心人士的捐助科学地用在最适当的地方。

陈长文强调，红十字组织的公信力，不允许被质疑。北京、福建红十字会的两项捐款就超过一亿元人民币，这笔钱将"绝对"用于灾民安置与家园重建工作。相关捐款的动支情况，每天均会在台湾"红会"自己的网站上公布。"红会"还直接派人深入灾区，监督重建工作的进度。

"中华民族可以共组救援队"

有学者提出，两岸应建构、强化应急救难机制。对此，陈长文表示，官方之间的互动是一回事，从民间来看，历经两岸各自的灾难以及南亚海啸等，两岸"红会"已默契十足。

他说，从上世纪九十年代始，大陆发生华东水灾、云南地震等，两岸"红会"合作良好；十年前，台湾南投发生"九·二一"大地震，大陆同胞、"红会"也给予我们支持；去年，四川汶川大地震，我们之间的合作就更加顺畅了。

陈长文透露，这个礼拜，大陆红十字会将组团访台。我们的态度是"主随客便"，如果大陆"红会"提出实际参与救灾的意愿，我们非常欢迎。也欢迎大陆其他民间组织，参与我们六十多个民间组织的联盟，彼此间有更多的切磋和交流。

"不但在两岸的救灾救难工作中，大家可以整合力量；甚至在国际的救灾工作中，我们中华民族可以共组一个队、两个队。那是令我们骄傲的一个愿景。"陈长文如是说。

（中国新闻网，2009 - 09 - 09）

上述例文很好地避免了原文中存在的问题。导语陈述完整、言简意赅且点明了这则新闻的重心。文章结构清晰、一目了然，每个段落配以小标题来点明主题，是一篇很好的网络新闻作品。

范文评析

【例文】

只有战斗员没有指挥员　志愿者活跃在救灾一线

新华社记者　陈山　李刚

在四川地震发生后，活跃着许多从全国各地赶来的志愿者，他们舍弃优厚的待遇，舍弃小家的温馨，把爱无私奉献给了灾区人，把党和政府的关怀、社会各界的爱心传递到了灾区人民的心中。

在四川采访的短短几天，中国网报道人员看到了许许多多志愿者的身影，听到了许许多多志愿者的感人事迹。下面讲述一个在抗灾前线发生的真实例子。

10名素不相识的普通人组成爱心团队

分别来自安徽、江苏、河南、陕西、贵州、上海等七省市，原本素不相识的10名普通人，在上海开往成都的K291次列车上不期而遇。对灾区人民的爱心让他们有了共同语言，他们不约而同地放弃了原本的"旅行"，组成了一个志愿者爱心团队。他们于5月20日在成都火车站结伴，一起来到四川省民政厅。

民政厅工作人员告诉笔者，这10名志愿者有专业军人、工人、企业经营者和自由职业者，他们自备干粮、帐篷、手套、口罩等物品，当天就加入成都龙潭寺救灾物资工作站志愿者服务队伍，负责清点分发来自全国各地的捐赠物资。

这个群体只有战斗员，没有指挥员

在奔赴工作站汽车上召开的首次志愿者协调会上，来自安徽宿松县的一名部队副营职转业待分配军官肖铭学主动站了出来。

"我们中间有几名党员？三人！那我们就成立个临时党支部吧。考虑到我年纪大党龄长点，就毛遂自荐任党支部书记了。"

随后，肖铭学给他的爱心团队明确任务。"小仲是党员，从特种部队退伍，能突击、肯吃苦，小叶从武警部队退伍，应对突发事件经验丰富，今天你们就任正副班长。以后视工作情况，再做调整。"

肖铭学嘱咐爱心团队的十名志愿者，"我们协助民政厅清点、分发救灾物资，责任重大，要敢于吃苦、团结协作，党员发挥好先锋模范作用，军人要有雷厉风行、敢打硬仗的作风，我负责协调全面工作。重申一下，在我们这个群体中只有战斗员，没有指挥员。"

有大爱，人生才会坦然踏实

5月21日，是领队肖铭学的36岁生日，在他的老家苏州有一个不成文的规定：36岁是人生重要的里程碑，意味着人生、事业、爱情有了着落，以后的日子会一天比一天顺当，因此生日要热热闹闹过的。为此他的家人提前做了准备，但他无暇顾及。5月19日晚，当他踏上开往灾区的列车时，一家人都感到十分意外。

原来，在地震发生的当天，肖铭学正在安徽宿松老家陪伴偏瘫不能自理的母亲。当他从电视上看到地震的消息，第二天就说服母亲返回苏州自己的家，做好了赴川救灾的准备。

有人问他这样做值得吗，他回答："值！太值了！一个人心中首先是要有大家才会有大爱，这样人生才会坦然、踏实。"

我要上一线！我要到最苦的地方去！

"我要上一线！我要去汶川、去北川！我要到最苦的地方去！我也要去——"这是志愿者们向民政厅提出最多的要求。他们来四川只有一个目的：上前线，用实际行动传递爱心，尽可能减轻灾区人民的疾苦。

董沪、仲大春是来自徐州的两名退伍老兵。5月20日，小董匆匆吃完女儿的满月面，就义无反顾地奔赴灾区，小仲把自己经营的汽车租赁生意简单交代了一下，与小董结伴踏上了开往成都的列车。

叶萌，安徽芜湖籍退伍战士。十年前，父亲去世母亲改嫁，个人独立生活。他说，感恩社会、感谢他人，是我做人的准则，因为我独自生活以来承蒙政府和社会的关心和帮助，参加救灾是我义不容辞的责任。

黄剑戈来自四川荣县。为了不让家人担心，借口出差来到灾区。

李敬芹，安徽省宿州市灵璧县酒厂下岗女工，曾是宿州市劳动模范，十佳青年，灵璧县三八红旗手，是造血干细胞和遗体捐献的志愿者。参加当地赈灾募捐工作尚未结束，她就志愿奔赴四川救灾。

张萌，安徽宿州萧县一名女青年，大地震一幕幕悲惨的画面让她心碎、心酸，她认为仅凭捐款是不够的，自己亲赴前线为灾区人民做点力所能及的事才有意义。

夜以继日忘我工作

中国网从四川省民政厅了解到，地震发生以来，许多志愿者夜以继日、忘我工作，协助民政厅收发和向灾区护送国内外救灾物资，达到121批，1千余万件，收发及时，财务清楚，丝毫无差。

"志愿者舍己为人、无私奉献的精神实在是令人敬佩！"民政厅副厅长陈克福感叹。

（中国网，2008 - 06 - 06）

【评析】

这是一篇优秀的网络新闻作品。全文主旨明确，重点突出，层次清晰，用语精当，堪称典范。

标题简洁、概括准确。

导语部分用简单的一句话概括了这则新闻的主要内容，对受众阅读文章也起到了很好的引导作用。

主体部分逻辑清晰，层次分明，每个段落的小标题可谓点睛之笔。表意明确集中，而且令人一目了然。这种写法很值得借鉴。

新闻背景部分采用叙述新闻事件和交代新闻背景相结合的方式，在娓娓道来的叙述中穿插了对人物和事件的背景介绍，两者相得益彰。

以下是一篇来自 2009 年 10 月 1 日《人民日报》的新闻稿件，请仔细阅读并根据网络新闻的写作要求改写成一篇网络新闻稿件。

庆祝中华人民共和国成立六十周年

国务院举行盛大国庆招待会

胡锦涛江泽民吴邦国贾庆林李长春习近平李克强贺国强周永康等出席

温家宝发表讲话

本报北京 9 月 30 日电 （记者陈一鸣）沧桑巨变波澜壮阔，共同祝愿伟大祖国。国务院 30 日晚在人民大会堂举行盛大国庆招待会，热烈庆祝中华人民共和国成立 60 周年。胡锦涛、江泽民、吴邦国、温家宝、贾庆林、李长春、习近平、李克强、贺国强、周永康等党和国家领导人同 4000 余名中外人士欢聚一堂，共庆佳节。

今晚的人民大会堂宴会厅张灯结彩，喜气洋洋。主席台上方国徽高悬，"1949—2009"的大字年号熠熠生辉，10 面鲜艳的红旗分列两侧。大厅内鲜花盛开，一派庄重、热烈、祥和景象。

晚上 6 时许，伴随着欢快的《迎宾曲》，胡锦涛等党和国家领导人步入宴会大厅，全场响起热烈掌声。

招待会在庄严的国歌声中开始。国务院总理温家宝发表了热情洋溢的讲话。他首先代表党中央、国务院，向全国各族人民和各界人士，致以节日的祝贺；向港澳同胞、台湾同胞和海外侨胞，致以亲切的问候；向出席招待会的各国朋友和所有关心、支持我国现代化建设的国际友人，表示诚挚的感谢。

温家宝说，1949 年 10 月 1 日，中华人民共和国宣告成立，开辟了中国历史新纪元。站立起来的中国人民，掌握着自己的命运，创造着共和国的历史。60 年来，中国共产党领导全国各族人民，团结奋斗，艰苦创业，中华大地发生了沧桑巨变。国家经济实力和综合国力极大增强，人民生活显著改善，社会文明程度大幅提升，国际地位空前提高。波澜壮阔的历史变迁，翻天覆地的社会进步，激励着每一个中华儿女。我们为祖国的日益强盛和欣欣向荣而倍感自豪。

温家宝说，60 年来，中国人民在毛泽东思想、邓小平理论和"三个代表"重要思想的指引下，解放思想、实事求是，成功探索了一条符合中国国情的社会主义现代化道路。没有改革开放，就没有中国特色社会主义；没有中国特色社会主义，就没有今天中国的繁荣和进步。中国特色社会主义，是指引我们胜利前进的旗帜。60年的辉煌成就，归功于伟大的中国人民，归功于伟大的中国共产党，归功于充满生机和活力的中国特色社会主义。

温家宝指出，60年的经验告诉我们：在整个社会主义初级阶段，必须始终坚持以经济建设为中心，以改革开放为动力，全面推进社会主义经济建设、政治建设、文化建设、社会建设以及生态文明建设；必须通过经济体制改革、政治体制改革和其他领域的改革，充分发挥全体人民的积极性、主动性和创造性，实现社会公平正义，使整个国家充满活力；必须发扬社会主义民主，健全社会主义法制，坚持依法治国，实现国家长治久安；必须加强和改进党的建设，深入开展反腐败斗争，密切党和政府同人民群众的血肉联系。

温家宝说，今年以来，世界经济经受着上世纪大萧条以来最为严峻的挑战，我国经济也遭受巨大冲击。我们坚定信心，从容应对，及时果断采取正确的政策措施，有效遏制了经济增速下滑的势头。我们要保持宏观经济政策的连续性和稳定性，增强宏观调控的针对性、有效性和可持续性，实现经济平稳较快发展，并为世界经济的可持续复苏作出贡献。

温家宝强调，国家的安定，民族的团结，社会的和谐，是各项事业健康发展的可靠保证。我们要坚定不移地维护社会稳定，维护人民群众的根本利益；坚定不移地坚持民族区域自治制度和国家民族宗教政策，巩固和发展平等团结互助和谐的社会主义民族关系。

温家宝说，我们要坚决贯彻"一国两制"方针，保持香港、澳门长期繁荣稳定。我们将坚持一个中国原则，同台湾同胞一道，开创两岸关系和平发展新局面，推进祖国和平统一大业。我国将坚持独立自主的和平外交政策，始终不渝地走和平发展道路，推动建设持久和平、共同繁荣的和谐世界。

温家宝指出，我们正站在新的历史起点上。再过40年，将迎来新中国成立100周年。到那时，一个富强民主文明和谐的社会主义现代化国家，将巍然屹立在世界东方。我们前面的道路还很长，也不平坦。我们务必保持谦虚、谨慎、不骄、不躁的作风，务必保持艰苦奋斗的作风，增强忧患意识，居安思危，励精图治。展望未来，我们清醒、自信、坚定。让我们紧密团结在以胡锦涛同志为总书记的党中央周围，高举中国特色社会主义伟大旗帜，以邓小平理论和"三个代表"重要思想为指导，深入贯彻落实科学发展观，万众一心、开拓进取，谱写中华民族伟大复兴的新篇章！（讲话全文另发）

在欢乐的乐曲声中，中外朋友频频举杯，共庆新中国六十华诞，共祝中国更加繁荣富强。

招待会由国务委员兼国务院秘书长马凯主持。

出席招待会的还有：王刚、王乐泉、王兆国、王岐山、回良玉、刘淇、刘云山、刘延东、李源潮、汪洋、张高丽、张德江、俞正声、徐才厚、郭伯雄、薄熙来、李鹏、李瑞环、宋平……
　……………

在京的中共中央委员、候补委员，在京的原中央顾问委员会委员，在京的中央纪律检查委员会委员，在京的第十一届全国人大常委会委员，在京的政协第十一届全国委员会常务委员；党中央、国务院各部门及中央管理的在京金融机构、在京国有重要骨干企业负责人，全国人大常委会办公厅、全国政协办公厅负责人，最高人民法院、最高人民检察院负责人，解放军各总部、各军兵种和北京军区、武警部队、中央军委办公厅、北京卫戍区负责人，各民主党派、全国工商联负责人和无党派人士代表，各人民团体负责人，北京市负责人；教育、科技、文化艺术、新闻、出版、卫生、体育、宗教等各界知名人士，全国劳动模范和先进人物代表，全国著名拥军模范、烈士家属、革命伤残军人、退役军人代表，全国民族团结进步表彰大会代表及少数民族代表等；在京的知名全国人大代表、全国政协委员和其他爱国人士；老将军、老红军、老干部代表；已故的党和国家领导人、元帅、大将的配偶；海外归国高层次人才和优秀留学人才代表；香港特别行政区人士，澳门特别行政区人士，台湾同胞、华侨、华人代表；在京的重要外宾、国际知名人士和配偶，各国驻华使节、国际组织驻华代表和配偶以及部分外国专家及其配偶，也出席了招待会。

（《人民日报》，2009－10－01）

【参考答案】

国务院举行国庆招待会

2009 年 9 月 30 日晚 6 时许，国务院在人民大会堂举行国庆招待会。胡锦涛、江泽民、吴邦国、温家宝、贾庆林、李长春、习近平、李克强、贺国强、周永康等党和国家领导人与 4 000 余名中外人士欢聚一堂。招待会在庄严的国歌声中开始。国务院总理温家宝发表了热情洋溢的讲话：

60 年的经验总结

温家宝指出，60 年的经验告诉我们：在社会主义初级阶段

——必须始终坚持以经济建设为中心，以改革开放为动力；

——必须通过经济体制改革、政治体制改革和其他领域的改革，努力实现社会公平正义；

——必须发扬社会主义民主，健全社会主义法制；

——必须加强和改进党的建设，深入开展反腐败斗争。

保持经济连续平稳发展

今年以来，世界经济经受着上世纪大萧条以来最为严峻的挑战，我国经济也遭受巨大冲击。我们及时果断采取正确的政策措施，有效遏制了经济增速下滑的势头。我们要保持宏观经济政策的连续性和稳定性，实现经济平稳较快发展。

巩固发展和谐民族关系

国家的安定，民族的团结，社会的和谐，是各项事业健康发展的可靠保证。我们要坚定不移地维护社会稳定，维护人民群众的根本利益；坚定不移地坚持民族区域自治制度和国家民族宗教政策，巩固和发展平等团结互助和谐的社会主义民族关系。

要坚决贯彻"一国两制"方针，坚持一个中国原则，同台湾同胞一道，推进祖国和平统一大业！

居安思危 开拓进取

我们正站在新的历史起点上。再过40年，将迎来新中国成立100周年。到那时，一个富强民主文明和谐的社会主义现代化国家，将巍然屹立在世界东方。我们前面的道路还很长，也不平坦。我们务必保持谦虚、谨慎、不骄、不躁的作风，务必保持艰苦奋斗的作风，增强忧患意识，居安思危，励精图治。

中华民族一定会谱写出伟大复兴的新篇章！

参考文献

1. 彭兰．网络新闻学原理与应用．北京：新华出版社，2003
2. 杜俊飞．网络新闻学．北京：中国广播电视出版社，2005
3. 金梦玉．网络新闻实务．北京：中国传媒大学出版社，2006
4. 仲志远．网络新闻学．北京：北京大学出版社，2002
5. 人民网 www．people．com．cn
6. 新华网 www．xinhuanet．com
7. 中国新闻网 www．chinanews．com．cn

第九章

广播新闻写作

第一节　什么是广播新闻

广播作为现代社会重要的大众传播媒介之一，在信息传播、监控社会和文化娱乐等方面具有重要功能。从 1940 年延安新华广播电台成立到广播事业辉煌发展的今天，从最开始单一的主持人播报到广播现场的录音报道、广播通讯，在广播新闻体裁更加完备成熟的现在，广播从来就是党和人民的喉舌，是党和政府用以宣传路线、方针、政策，弘扬所提倡的道德规范、思想观念的工具。其中，"新闻立社、立台"是我国始建广播电台的原则，因而新闻信息的传播在广播电视传播中占主导地位。

广播新闻，是指通过广播电台传播的新闻作品，是对经广播媒介播出的消息、通讯、录音报道等多种报道形式的统称，它作为一种行之有效的传播方式，在宣传、教育、服务、娱乐等方面起到了极为重要的作用。目前，办好新闻节目是各国主流媒体创办节目的重中之重，新闻节目（栏目）的水平，已经成为衡量电台、电视台水平的重要依据和媒体互相竞争的焦点。

第二节　广播新闻的特征及分类

一、广播新闻的特征

广播新闻是大众媒介向受众传递新闻信息的一种方式，首先要遵守新闻的一般规律，在达到新闻"新"、"快"、"准"、"奇"的同时，又要遵循广播媒介的传播规律。广播新闻写作是新闻写作的一般规律在广播这一特殊的大众媒介中的特殊体现。

广播是以无线电波为媒介传播信息的现代传播工具，它具有传播的快捷性和广泛性、收听的随意性、声音的传真性与声音的易逝性的特点，这些特点也使得广播新闻具有与其他媒体新闻不同的特征。

（一）广播新闻的优势

广播新闻的最大优势是"先声夺人"，迅速、及时地报道新闻事件。广播的这一优势是和电视分享的，但电视新闻的制作有一套相当复杂的设备，制作的环节比广播多，没有广播快捷，广播省了拍摄和制作画面的时间。对于突发性事件，电视不能马上拍摄到画面，更何况有的新闻事件根本无法拍摄到画面，这时，广播的快捷就体现出来了。广播新闻节目中，可以让记者与采访对象通过电话直播节目，省去了节目制作过程。电视也能借用电话采访的方式，但它必须用画面传输信息，不可能长时间使用电话采访，更不会频频中断节目，插播现场电话报道。

声音符号的传真性，使得新闻传播更为真实准确，而声音的真实和感情色彩，又强化了新闻的感染力，这也就是广播新闻的另一大优势——"真实感人"。好的广播新闻，能在文字符号向声音符号的转化中，准确地表达新闻作品中的思想感情、立场、观点，加上播音员的内外技巧的表达，从而增强新闻的说服力和煽动性。

听众面广，是广播新闻的又一优势。广播的收听非常方便，人们可以随时随地听广播，不必像看报纸、看电视那样，专门"挤"出一段时间。收听的方便性，使得广播新闻拥有报纸新闻和电视新闻无法比拟的广泛性，这个广泛性包括听众的范围和层次。广播老少皆宜，雅俗共赏，它拥有各个年龄段、各个文化层次的受众。

（二）广播新闻的劣势

清晰度低，是广播新闻的一大劣势。原因在于，广播的传播结构是线性一元的，它用声音这唯一的元素把新闻事实纳入时间的一维线性结构之中。而报纸新闻是在二维平面上的文字，阅读顺序由读者决定。听广播新闻时，听众不可能像浏览报纸那样随意选择版面，而只能顺着一条"线"听。这样就不容易把握信息的重点，甚至为冗余信息所累。同为线性结构的电视节目，具有声、画两种传播元素，画面能传达多种信息，声音没听清可以通过看画面来补救。而广播节目如果没听清，就没法补救了。

收听的方便性是广播的优点，同时也是缺点。方便，就不免随意。司机在驾车时听广播，学生在做作业时听广播，更有许多人是在晨练和吃早餐时随意去听广播新闻……这种"半收听状态"很可能漏过一些广播内容。克服这一缺陷的办法是增加新闻重播的次数。

广播新闻另外一个劣势，就是容量有限。口播新闻每分钟最多200字，30分钟的新闻节目也只有6 000多字，只抵得上对开报纸的半个版。根据测试，同样30分钟内，看报纸比听新闻广播获取的信息要多。广播一天最多播24小时，这24小时也不可能全部用来播新闻。加上必要的重播，广播传递的信息量就更有限。而报纸能通过扩版加张扩充信息容量。广播既不能通过延长一天24小时的时间来扩充容量，也不能依靠增加节目的套数来扩充容量。电台节目套数的增加，只是听众选择机会的增加，不能从根本上改变广播新闻容量小的劣势。

二、广播新闻的分类

广播稿是对广播中各种不同报道体裁的统称，它包括广播中播出的新闻、通讯、录音报道、广播讲话、广播对话、配乐（音）广播等报道形式。这些报道形式在写作上虽然各有不同的特点和要求，但是，由于它们的受众相同，因此，在写作上有一些相同的要求，在结构、语言方面，也有共同的特点。

（一）广播消息

广播消息，也就是狭义上的广播新闻。广播媒介播出的所有新闻性稿件，如消息、通讯、特写、专访、评论、录音报道等，都可称为广播新闻。但平时人们所说的广播新闻，一般是指广播消息。广播消息历来是广播新闻中适用范围最广、运用频率最高的新闻体裁，包括一般消息、综合消息、简讯等。突出广播消息的主角地位，符合新闻传播规律和广播媒介的传播特性，是使新闻广播更好地满足社会信息需求的必然。所以，广播消息写作就成为广播新闻写作的主要内容。

广播消息要求做到坚持真实性、时新性、思想性和简明性。真实性是新闻的第一生命。新闻除了传播信息、提供参考的功能外，还肩负着监控社会的功能，所以新闻真实性是微观真实与宏观真实的辩证结合。单一的真实不代表全面的真实，必须把它放到全局中、大背景下进行考察。如果新闻不能坚持真实性，也就失去了存在的价值。时新性是时间性与新鲜性的合称。新闻写作不但要讲究时间性，还要给人以新鲜感。思想性与媒体设置相关，即媒介通过具体的新闻报道，以影响、指导受众的思想、态度、情感和行为，最终把他们引导到一定的目标上去。坚持思想性必须做到寓思想性于信息传播之中，因为受众首先是为了寻求信息才接触媒介，继而接受媒介所要传播的思想。简明性是一切题材的新闻作品最显著的特征。简练也是最高级的写作技巧，对记者来说，它更是语言文字方面的基本功。美国新闻学者巴克赫斯特认为，写新闻最容易犯的毛病是写得过于复杂。为此他提出了 KISS（Keep it Simple and Stupid）原则，要求以最平实的语言在最短的空间内说完。[①] 具体地说，简明性包含两层意思：一是通俗明了，这是新闻作品写作的主要特征和主要要求。要达到这个要求，不仅要避免使用生僻艰深的字眼，还要控制好句子的长度。二是简洁凝练，就是说要用最简洁的语言进行最准确的表达。

（二）广播新闻专稿

在新闻领域里，"专稿"这个词有两种含义。一是相对于"通稿"而言的，不是通讯社向其所有用户提供的新闻稿，而是为某一家新闻机构专门提供的新闻稿，或者由该新闻机构自己独家采写的新闻稿。二是相对于消息、通讯和评论而言的，属于新闻体裁的一种。在我国，消息和新闻评论以外的一切新闻报道，包括广播通讯、广播特写、广播专访等，都可以叫"专稿"。

1. 广播通讯

广播通讯是新闻广播中使用频率最高的一种专稿形式。广播通讯和广播消息一样，具有很强的新闻性，也要迅速及时地反映社会生活。通讯对时效性效的要求比消息低，但需

[①] 参见［美］巴克赫斯特：《打开知名度》，福州，海峡文艺出版社，1989。

要详尽、生动、形象地描写人物，要有情节、有细节、有情感、有褒贬。广播通讯由播音员朗诵，就更是离不开"以情感人"。通讯写作将叙述、描写、议论、抒情等多种手法并用，篇幅比消息大，结构上的自由度也大。

2. 广播特写

广播特写是广播这种媒介的新闻特写。我国新闻界所指的新闻特写，是以描写为主要手法，摄取新闻事实中最富有表现力的片段和场面，形象地再现新闻事件、新闻人物的报道体裁。通过对新闻事件的典型场面、新闻人物的典型活动的近镜头同期声刻画，将有特征的真人真事放大，生动地再现于新闻受众面前。广播特写比普通的广播消息更具体、更形象、更生动、更有立体感和感染力。

3. 广播专访

广播专访更普通、更确切的名字是"录音访问"。顾名思义，是记者对事先选定的采访对象进行专题性报道。记者与访问对象围绕特定的话题交谈，把录音带进行适当剪接整理后播出。广播专访的题材广泛，凡是其他新闻体裁能反映的，均可以用专访表现。专访可分为人物专访和事件专访两种。人物专访以报道人物的事迹、经历为目的，采访的对象是先进模范人物和人们普遍关注的新闻人物，一般通过采访来报道他们的事迹，凸显其精神风貌和思想品格。事件专访以揭示某一新闻事件的意义为目的，围绕着介绍新闻事件的内容和意义展开访问。

（三）录音报道和现场报道

录音报道和现场报道不是广播新闻写作体裁的概念，而是报道的形式，可以为广播消息、广播通讯、广播特写和广播专访等所使用。录音报道是借助于现场音响来报道新闻的广播新闻报道形式。通常由现场音响、人物讲话录音和口播叙述语言（解说和文字稿）三部分组成。录音报道要捕捉典型情节和细节、采录典型音响，就得果断地选择该报道什么、不该报道什么，再经过后期的编辑整理加工，将完整而生动的新闻事实呈现给听众。

现场报道是利用无线电传输技术，将新闻现场录制的语音、音响等同时空地传递给听众，可分为实况转播（被动式的报道）和现场报道（介入式的报道）。适合于现场报道的题材有这样几种。一是事实引入，新闻事实发生的现场必须有较强的新闻性。二是场面集中，新闻事实单一而有层次，展开的场面比较集中、明确，便于记者进行现场观察、采录和述说。三是正在发生，新闻事实处于"现在进行时"中。四是音响典型，新闻现场具有能说明新闻事实的典型音响。五是可以进行公开报道，不涉及保密等问题。

现场报道又可以分为一般事件的现场报道和对突发事件的报道。一般事件是经过事先安排、记者能够有所准备的事件，比如重大庆典、会议、体育比赛、文艺演出、卫星发射，等等，保护好现场气氛，突出报道的现场感，是一般事件现场报道取得成功的基础。突发事件的现场报道在时间上更为紧迫，所以语言要更加简洁真实。在说事件时，最重要的技巧就是要有现场感，制造现场感对处于事发现场的记者来说，就是要充分调动感觉如看、听、触、嗅等，将现场的真实状况传递给观众。在运用感觉的同时，还要注意对比，在广播新闻中，记者的眼睛就是听众的眼睛，记者就是观众的代表，也是天然的丈量尺，可以通过记者本身与周围事物的对比来突出现场，比如说通过身高、体重、手长等的比较来突出现场的环境。另外，对于一个优秀的出镜记者来说，还要有敏锐的现场捕捉感，紧紧抓住突发事件重大和细微的变化。

请看下面一段突发事件的广播现场报道：

隆福大厦火灾目击记

  记：这里是隆福大厦的南口，现在时间是 8 月 12 日晚上 11 点 5 分，15 分钟前隆福大厦突发大火，现在整个隆福大厦的上空被一股浓烟团团地包围住，记者能闻到一阵阵烧焦的味道，虽然现在离火场的距离大约有 200 米，还是能够感觉到热浪袭来的温度。消防官兵已经赶到了火灾现场，大概有十几辆救火车已经开始了救火工作。（砸碎玻璃和喷水声、现场人声）

（四）广播新闻评论

广播新闻评论，具有和报刊评论一样的特性——新闻性和政论性。新闻性要求较强的时效性和贴近生活，而政论性指思想性或政治性，也就是言之有理，据事论理。

广播新闻评论的显著特点是针对性强，论据典型，说服力强。要求运用马克思主义的立场、观点和方法，对人们普遍关心、迫切需要回答和解决的实际问题，通过具体的科学的分析，实事求是地给予说明、回答和指导。同时要精心挑选作为论据的新闻事实，做到短小精悍而平易近人，以平等的态度，从听众最关心的角度带着感情说理。

第三节 广播新闻的要素内容及结构

广播新闻的结构是指广播新闻的整体与部分、部分与部分之间的组织关系，实质上就是怎样组织材料的问题。材料组织要求符合事物的内部联系和发展规律，以便更好地阐明事实，表达主题，取得较好的宣传效果。

一、广播新闻的要素内容

广播新闻的结构一般由导语、主体、背景、结尾四部分组成。

广播新闻的基本结构模式

新闻导语：五个 W 和一个 H	
新闻主体：承接导语，层次清晰，言简意赅	
新闻背景：说明解释，增强新闻价值	
新闻结尾：自然贴切，发人深省	

（一）导语

导语是新闻开头的一句或几句话，是新闻报道的精髓所在，它决定了整个报道的基调。导语必须一下子勾起听众的注意力，广播新闻能否抓住听众全取决于它。导语的写作，应尽可能简短地勾勒出新闻的主要信息，传达事实的特征。

1. 导语的要素——五个 W 和一个 H

一般来说，导语应该具备以下 6 个要素：谁（WHO）、何事（WHAT）、何地（WHERE）、何时（WHEN）、原因（WHY）和经过（HOW）。这条规则即是"五个 W 和一个 H"。有段时间，大多数的编辑都要求每条新闻导语必须全部具备这六大要素，而现在已经很少有这样的苛刻要求了。但是，在新闻的导语中，至少应该提到其中的一两个要素。而在这则报道结束之前，大多数的要素都应该具有。

如果一个句子作为导语，没有包含任何新闻要素，那么我们称它为"无新闻导语"，这在新闻报道中是不允许的，例如："美国助理国务卿克劳利接受了记者的采访。"这个句子如果作为一条新闻的导语，我们就将它评判为"无新闻导语"，因为我们所需要的"五个 W 和一个 H"，没有一个要素在其中是体现完整的。如果将这条导语加上一些新闻要素，就成了真正的新闻导语：为什么美国助理国务卿要接受记者的采访？（WHY）他对记者说了些什么？（WHAT）它可以改为：

> 美国助理国务卿克劳利 10 月 7 日在华盛顿回答记者提问时表示，美朝双边会谈有可能在未来数周内举行。

经过修改后的导语，虽然没有包罗"五个 W 和一个 H"，但是已经涵盖其中的几个要素："谁"（WHO）是"克劳利"，其身份是"美国助理国务卿"；"何事"（WHAT）是有关美朝双边会谈，有可能在未来数周内举行。其他的新闻要素可以在以下的结构当中为听众一一解答。

2. 导语的分类——硬导语与软导语

硬导语：这类导语一开头就会涉及新闻中最重要的信息和要素，是在新闻的一开头就将新闻的重要信息告诉给听众的一种导语样式。1945 年 8 月 14 日，美国杜鲁门总统宣布，日本已无条件投降。美联社在抢发这条爆炸性的新闻时，导语干脆利落："日本投降了！"这条短而有千钧之力的导语，当时就被新闻界公认为"最佳导语"。硬导语一般用于对突发事件的报道中，比如："受今年日全食影响，10 月 6 日钱塘江可能出现本世纪以来最大的一次潮涌。"

这类导语开门见山，一语中的，把最重要的信息最先传递给受众，满足受众渴望获得信息的需要，是最常用的导语表现形式。硬式导语在写作手法上突出写实，用词凝练、笔法简约，很少运用感情色彩强烈的词句。

如以下两则导语：

今晨六时左右，上海莲花南路罗阳路莲花河畔小区在建的 13 层住宅楼全部倒塌。

昨天（30 日）下午，市十三届人大常委会第 18 次会议顺利闭会。备受关注的《厦门市人大常委会关于预防和制止家庭暴力的决定》获得表决通过，并将于今年 12 月 1 号起施行。

硬式导语曾被前人奉为新闻导语写作的典范，然而，它容易使文章听来呆板、苍白、简单，陷入"千篇一律"的格式，因此，软式导语也就应运而生了。

软导语：此类导语一般都有一个巧妙的开头，使听众对接下来的新闻报道产生兴趣。这种开头不像硬导语那样直截了当，但是表达方式较为丰富灵活。软式导语常以描写式、反问式、仿写式、悬念式、隐喻式、引语式、背景式等表现形式出现，其中以描写、抒情、说明手法最为常见。

比如上面同样的例子，我们可以这样开头：

"我抬头一看，这栋楼正向南面慢慢倾倒，我看情况不妙，拼命往边上逃。"在建筑工人居住的简易工棚内，工人朱师傅为自己能够逃过一劫而感到庆幸。就在 20 分钟前，6 月 27 日 5 时 30 分左右，上海一栋在建的 13 层住宅楼整体倒塌，造成 1 名工人死亡。

家庭暴力报警将纳入"110"受理范围。昨天（30 日）下午，《厦门市人大常委会关于预防和制止家庭暴力的决定》获得表决通过，并将于今年 12 月 1 号起施行。

软式导语多用一些散文的笔法，导语结构松散，构思巧妙，或以写景、或以写人、或以一个故事为开头，它不是对全部新闻事实的概括，而是找出富有吸引力的一点，使读者注意力集中，用几个轻松的段落组织出一个富有戏剧性的开头。

如中央人民广播电台中国之声《新闻和报纸摘要》，于 2009 年 10 月 2 号 6 时 51 分对国庆当天全国人民通过广播、电视和网络，共同见证首都各界庆祝中华人民共和国成立 60 周年这一历史性时刻的报道：

昨天，在拉萨市城关区俄杰塘的居委会里，藏族老人们跳起了欢快的舞蹈，老阿妈拥珍说："看到现场我们国家的部队威武雄壮，心里很激动，更加无法形容来说明祖国的伟大和强大。我们高高兴兴、热热闹闹地演出几个节目，我们表演的节目是美好的心愿，为什么选这个，我心中认为今天看到的现场就是我们的心愿，实现了美好的心愿。我祝愿祖国更加繁荣富强，西藏人民生活更加美满。"

又如：

中广网北京 9 月 30 日消息　对一部分高校学子而言，这注定是一个特殊的学年——继今年秋季一开学已被流感大流行第二波袭击而措手不及，眼下又将面临被甲流疫情"捣乱"了的长假黄金周。

这类导语的特点是欲扬先抑，使读者一开始就感受到某种强烈的气氛，产生如临其境的现场感，或使读者达到作者所预设的某种情绪效应。

写好新闻导语是创作新闻体裁稿件的基础。导语虽然位居新闻报道开篇之首，但是它的形成往往是总览全篇材料和内容之后，加以概括和提炼的结果。概括提炼导语的功夫和能力，需要长期积累。只有具备敏锐地挑选和捕捉新闻的能力，才能写好导语，写好新闻报道。

3. 导语的写作方式

（1）引语式导语。

这种导语引用新闻中重要人物关键性或有针对性、有代表性、有新意的谈话，以增强消息的真实性、可信性与权威性。如：

"从出境游角度来讲，我们大约准备了 4 500 个航空机位和各方面的预订，从现在预订的情况来看，各条线路基本上报满，比去年增长了 20％。"国旅总社总经理孙先生说。对于各大旅行社而言，将今年"十一"称为"超级黄金周"可谓名副其实。长达 8 天的假期，加上六十年大庆，又逢中秋佳节等卖点，旅游市场相当红火。

采用引语式导语时要慎重，首先是这条引语必须符合这篇新闻的基调，其次是引语应尽量简短精练。

（2）悬念式导语。

悬念式导语是把关键的信息安排在报道的最后的写作方法。这种导语对新闻事件因素不予交代，而是留给观众一个线索，将具体的信息在新闻的主体中一一呈现。如：

只要他愿意，他每月可以赚几千元，但他摇摇头——不干；她要是愿意，有可能成为一名歌唱演员，但她却选择做一名售票员。上午，戴洪祥、杨本莉在北展剧场向 2 700 多人讲述自己的想法时，他们的口气充满了自豪。

这是一则先进人物报告会消息的导语。记者先把戴洪祥、杨本莉的反常之举告诉人们，这就设下了悬念，既产生了吸引力，又突出了消息主题——"要在自己的岗位上赢得社会尊重。"

（3）推延式导语。

是将最重要的细节放在几个句子之后再说出来。在消息的开头以一个事例、一则趣事开头，或设置某种情景，或唤起某种情绪，即所谓推延式导语。对于一些时效性相对较弱的深度报道或特写式报道，一般常用推延式导语。使用推延式导语，可以增加渲染力，突出新的报道角度。如：

> 昨晚，虽然赢了三个球，但"火箭"队的更衣室却比往常安静得多，更衣室里汗流浃背的男人少了不少，也没有人光着身子，而且更衣室里多了个新人——希瑟·蒂尔尼。

> 这位女体育记者是第一个被允许进入球队更衣室的女子。蒂尔尼威胁说她要上法庭去争取比赛后进入更衣室的权利，于是俱乐部的负责人就取消了禁止妇女进入更衣室的规定。

如果不用推延式导语，那么这则新闻报道的开头可以这样写：

> 昨晚，有史以来第一次，一名女记者被允许进入了火箭队的更衣室。
> 或者：女记者希瑟·蒂尔尼成为第一个进入火箭队更衣室的女子。

（4）否定式导语。

此类导语中包含了表示否定的词语，如不、没有等，这类导语最好是不要多用，因为用肯定的语言也能够表达出同样的效果，同时可以避免有的听众由于注意力的转移听漏掉这个否定词，从而得出相反的结论，引起对新闻信息的误读。

比如：

> 避免用：正在罢工的工人说他们不打算回去上班。
> 应该用：正在罢工的工人说他们打算继续罢工。
> 避免用：出租车公司说他们不打算增收汽油燃油税。
> 应该用：出租车公司说出租车的收费会维持目前的收费标准。

4. 导语的更新

有的重要新闻会在同一天的新闻甚至第二天的新闻播报中反复出现，这时候要对此条新闻进行一些改动，这就需要新闻撰稿人运用点睛之笔，使新闻更加精彩，更富有吸引力也更能紧贴时事，包含更多的新信息。

方法一是在新闻中发现一些新线索或者是新角度，使导语更有新意。

方法二是不断改写以前的导语，在新的导语中提供关于事件的最新动态。

例如，一则关于8名男子在毒品交易时被捕的报道，警方说他们是在一个冰毒供应点正在进行价值达50多万元人民币的冰毒交易时被警方发现的，下面是第一个导语：

> 今晨，有8名男子在警方对市中心一个冰毒供应点的突击行动中被捕，警方说这些男子当时正在进行价值达50多万人民币的冰毒交易。

一个小时后，导语改成：

今晨 8 点左右，有 8 名男子在警方缉毒突击行动中被捕，警方说这些男子当时正在进行价值达 50 多万人民币的冰毒交易。

再过一段时间，导语又写成：

目前警方正在对一批价值达 50 多万的冰毒进行看管和分析，这是他们在今晨的一次缉毒突击行动中缴获的。在这次的突击行动中有 8 名男子在进行冰毒交易时被捕，他们将因参与毒品交易被起诉。

在当天晚间的新闻报道中，导语写成：

在今晨本地警方进行的缉毒突击行动中，有 8 名男子在进行交易时被捕，他们将以涉嫌贩卖毒品罪而被起诉。据悉这次缴获的毒品价值为 50 多万人民币，对这次的突击行动警方进行了两个多月的周密部署。

由以上例子可以看出，随着事态的发展，在报道同一个新闻事实时，应该不断对导语进行修改，使听众在不同时段收听时，都能听到新的信息，这也是一个专业的撰稿人应该做到的。

（二）主体

广播新闻的主体，就是导语之后、全篇至末尾的那一部分，主体是整篇新闻的主要部分，也是全面展开新闻事实的必不可少的部分，主体部分能否写好，直接决定一篇新闻的成败。

1. 新闻主体的作用

（1）具体化导语。

导语一般只涉及最重要和最新鲜的事实，而且简明扼要，不能扩及多个有关方面，有时连新闻的六要素也不全，大都只突出一两个要素。这就要求主体补充导语没有提及而又应当涉及的内容，它要比较详细地展开事实，丰富导语部分的新闻事实。请看下面的例子：

中广网北京 9 月 21 日消息（记者王业丰）　据中国之声《央广新闻》17 时 22 分报道，北京地铁 4 号线将于本月 25 日正式开通，北京城又多了一条贯穿南北的地下线。

北京地铁 4 号线是沟通北京西部南北交通的重要线路，与开通时间不久的 5 号线东西相望，将北京城南北串联。西单、西直门、圆明园、动物园、中关村、新街口、北京南站等等都在地铁 4 号线的线路上。据预测，开通试运营后 4 号线日均客流量将突破 40 万人次。

北京地铁 4 号线上有 4 个换乘站，从海淀到丰台，4 号线中间经过西城和宣武[①]，可以说地铁 4 号线线路上有文物保护，有多线换乘；有高校科技，有南城发展，京西

---

① 北京地铁 4 号线于 2009 年 9 月 25 日正式开通。2010 年 7 月 1 日，原西城区和宣武区合并为新的西城区。

交通欠发达的历史，有望随着4号线的开通改变。这4个换乘站中，黄庄站可以换乘10号线，西直门站可以换乘2号线和13号线，西单站可以换乘1号线，宣武门站可以换乘2号线。其中，乘客换乘距离最短的是黄庄站，在黄庄站换乘10号线，最短换乘只需要不到一分钟。

这条广播新闻的导语，提到了新闻的核心部分：北京地铁4号线将于2009年9月25日正式开通。但是，如果不再补充相关、充足的新事实，受众就会产生疑问：北京地铁4号线具体线路和换乘站在哪里？该怎样换乘？这些疑问都在主体部分一一做了解答。这个例子说明，导语中涉及的事实，主体部分都应将其具体化、清楚化。

（2）解释说明导语。

有一部分消息，最新的新闻事实放于导语中作交代，在主体部分，不再进一步交代最新的新闻事实，只是交代与这一新闻事实有联系的背景材料，对导语进行解释、说明。例如：

中广网北京9月20日消息　人气漫画《蜡笔小新》的作者，51岁的臼井仪人被确定已经离世。日本警方在搜查臼井仪人的背包之后，发现有一只已经没电的手机，不过没有发现遗书之类的东西。

综合日本媒体报道，日本群马县警方今日表示，经过家属确认，在荒船山山崖下发现的尸体就是人气漫画《蜡笔小新》的作者臼井仪人。臼井仪人在9月11日早上对家人称"去群马县登山，傍晚就回来"，但出门后就再也没有回家，妻子打电话与他联系不到后，向埼玉县警察本部春日部警察署提出寻人请求。17日，日本埼玉县警察本部春日部警察署决定把搜寻人气漫画《蜡笔小新》作者臼井仪人的范围扩大到全国。19日，日本警方称在群马县的荒船山悬崖下发现一具男尸，有可能是日前失踪的人气漫画《蜡笔小新》作者臼井仪人，将于20日前往收尸并进行调查确认身份。警方指出，这名男性已经死亡，衣服破裂脱落，鞋子掉在附近，有可能是由崖上跌落，服装有部分类似臼井的穿着。20日，日本警方确认在荒船山山崖下发现的尸体是人气漫画《蜡笔小新》的作者臼井仪人（51岁）。

这则新闻第一段的导语部分报道了最重要的新闻事实：51岁的臼井仪人被确定已经离世。第二段属于新闻主体，这段文字是对第一段文字的解释和说明，详细交代确认臼井仪人离世的过程。所谓的解释和说明，就是对导语所涉及的内容，主体部分必须进一步提供必要的细节和有关材料（包括背景），以便受众对新闻事实有更清楚、更具体的了解。

由此可见，新闻主体在全篇新闻中的地位和作用极其重要，不可轻视。如何把新闻主体写好，自然是新闻工作者关注的重要问题。

2. 新闻主体的写作要求

新闻吸引读者的是导语，那么，使读者的注意力保持下去就得靠主体部分。主体部分要交代新闻的来龙去脉，要把导语所提示的东西告诉读者。因此，组织并撰写好新闻主体是极为重要的。

（1）围绕主题选材。

要选取最典型的材料作为新闻事实，以说明导语中提出的观点和问题。新闻主体的选材是否典型，是否有分量，直接决定新闻导语中提出的观点和结论是否能站住脚、能不能服人。请看下面这则广播新闻：

> "收到'请给我汇款'的诈骗短信，没有及时删除，险些酿成金钱损失的后果。"市民林先生今天（10日）向新闻广播说了一件听起来有些不可思议的事，事件的发生和他的粗心大意不无关系。来听记者晓霖的报道：
>
> 林先生从事建筑施工工作，平时和朋友之间常有金钱往来。为图方便，他和朋友之间的汇款都用短信互相告知的方式来进行。林先生说，一周内收到三条以上的朋友催款短信是常有的事。
>
> 9号上午，林先生收到一条短信，内容是"我的银行卡没磁了，你把钱汇到某某账号"。听说过此类诈骗手段的林先生没有搭理，继续午睡。中午的时候，他又收到了一条信息，这回是他朋友发来的，林先生欠他7万4千多元的工程款。朋友在短信中要求，林先生将钱汇到他的老婆的账户。林先生赶忙到银行汇款，之后朋友来电说钱怎么没收到，林先生赶紧看一下汇款单，发现钱被汇到一个名字叫彭素仙的账号上，朋友说，老林啊，你汇错人了。
>
> 林先生惊出了一身冷汗，难道自己在银行汇款时按错了短信，错把没删除的诈骗信息当成朋友的信息，这些钱已经进入骗子的腰包不成？林先生报警之后才发现，原来是自己一时疏忽摆了一个乌龙。林先生告诉记者，自己手机收件箱内除了诈骗短信和最新的这条催款信息之外，还有一条是几天前另一位朋友小王要求汇款的信息，他欠小王4 000多元的运费。巧的是，小王让林先生汇款的账号也不是他本人的，而是一名叫彭素仙的女士的；汇过款后，林先生懒得对短信进行清理，没有及时删除。这不，三条短信时间相近，摆在一起，内容看起来也差不多，粗心的林先生在银行汇款时调错了信息，把钱发错了地方。
>
> 朋友之间好说话，林先生联系了小王，对方表示立即将钱转回。而这起一波三折的事情也到此画上了句号。林先生说，都是一时疏忽惹的祸啊。幸亏调错的不是骗子的短信，否则血汗钱就打水漂了。

这则广播新闻的导语，概括交代了林先生差点因短信受骗的事情；主体部分承接导语，详尽交代这次事件的经过和结果，把导语中提到的事实交代得很清楚。应该注意的是，讲清导语中提到的新闻事实，只需讲清与该事实有关联的主要新闻事实，并不要求把与此有联系的所有事实全部罗列出来。

（2）层次清晰，主次明确。

主体必须鲜明、突出地体现新闻主题，因此，在构思主体时必须权衡每一条资料的价值，正确估计它们的"分量"。对那些必不可少的信息要详细介绍，仅仅是补充、说明的材料，可简略说明。对各个段落层次内容的详略、主次，也须认真考虑。请看下面这则广播新闻：

中广网北京 9 月 21 日消息（记者周婷玉） 第二届全国道德模范评选表彰颁奖典礼——《道德的力量》20 日晚在北京举行，中共中央政治局常委李长春出席颁奖典礼。

李长春强调，要大力学习宣传道德模范的感人事迹和高尚精神，推进社会主义核心价值体系建设，用榜样的力量引导全社会积极践行社会主义荣辱观，努力形成学习道德模范、崇尚道德模范、关爱道德模范、争当道德模范的浓厚氛围。

颁奖典礼由中央宣传部、中央文明办、解放军总政治部、全国总工会、共青团中央、全国妇联共同主办。20 时，伴随着《高天上流云》的歌舞，颁奖典礼拉开序幕。典礼按照助人为乐、见义勇为、敬业奉献、孝老爱亲、诚实守信 5 类道德模范，共分为 5 个板块。每个板块分别采用播放短片、现场访谈、情景再现、歌舞表演等方式，生动展现道德模范的感人事迹和高尚精神，深深打动了现场观众。人们用一阵阵热烈掌声，表达对道德模范的由衷敬意和高度赞誉。典礼在主题曲《像你一样生活》中落下帷幕。李长春等中央领导走上舞台，与全体道德模范亲切握手，勉励他们珍惜荣誉、再接再厉，在本职岗位上作出新成绩，在公民道德建设中作出新贡献。

刘云山、刘延东、陈至立、陈奎元出席颁奖典礼。

全国道德模范每两年评选表彰一届，2007 年首届全国道德模范评选表彰活动在全社会引起强烈反响。

这则新闻的主体重点在于颁奖典礼的过程，以及中共中央政治局常委李长春出席颁奖典礼时做的讲话，对于颁奖典礼的背景和其他出席人员，则作为补充材料，在全文最后做了简要的补充说明。

（3）文字简洁。

新闻主体部分要写的内容很多，但往往篇幅又有限制，要解决这个矛盾，除了上面所说的要选典型材料、合理安排主次外，还必须注意做到行文简洁。请看下面这则广播新闻：

中广网海口 9 月 18 日消息（记者朱永） 据中国之声《央广新闻》11 时 40 分报道，海口市推出居家养老服务。

海口市 15 个社区居家养老服务工作试点站同步启动，为海口三类老人免费提供保洁、陪医、聊天、读报等服务。这三类老人是：第一，具有海口市常住户口的，居住试点社区 60 周岁以上的三无老人。第二，75 周岁以上，享受低保的特困独居，空巢家庭高龄老人。第三，70 周岁以上，享受低保的，子女残疾重病，无力承担赡养义务的特困老人。

以上这条新闻在主体部分，对新闻导语进行了简洁的补充，关于居家养老服务的内容只用一句话简单概括，同时对能够享受这种服务的三类老人也只是做了政策上的简单介绍，言简意明。

（三）广播新闻的背景

广播具有传播的广泛性的特点，这使得广播新闻比较容易为普通老百姓所接受，但是每一个听众个体的知识水平、社会背景、成长环境、生活阅历、身处地域的不同，会导致对同一条新闻的收听效果以及能不能听懂造成很大的差异。要使自己所写的新闻容易被听众接受，除了行文要通俗易懂外，还必须对新闻的背景作必要的交代，使听众对与新闻事件有关的情况有所了解，帮助其理解整篇新闻，同时还能够深化新闻主题，增强新闻价值。

1. 新闻背景的作用

（1）交代新闻事件产生的原因。

所有的新闻事实的发生都有其原因。一般地说，除了对一些讲述基本生活常识的新闻事实背景没有必要交代其发生的原因外，多数新闻事实都需要进行这种交代。请看下面这则广播新闻：

中广网北京 9 月 18 日消息　据中国之声《全球华语广播网》12 时 47 分报道，10月 1 日马上就要到了，就在人们喜迎国庆 60 周年的时候，很多准妈妈也希望自己能抱个国庆宝宝，于是早早预约了剖腹产的手术时间。近几年"千禧宝宝"、"金猪宝宝"、"奥运宝宝"的浪潮一波接一波，在出生率提高的同时，另外一个数字也在不断攀升，那就是剖腹产率。

韩国被称为"剖腹产王国"，据统计，韩国有 40％的婴儿是通过剖腹产出生，现在韩国的这一称号已经被中国赶超。上世纪 50 到 70 年代，我国的剖腹产率仅在 5％左右，80 年代以后快速上升到 30％以上，目前部分城市的剖腹产率已经达到 40％以上，甚至少数医院已超过 60％。

剖腹产一直是解决难产生育或者抢救新生儿的一个辅助手段，并非最佳的生育方式。世界卫生组织对剖腹产率设置了警戒线：必须低于 15％。国外剖腹产率也有迅速上升的阶段，不过是在上世纪 70 年代，80 年代已趋于稳定，90 年代以后则逐步下降。像英国、瑞典、挪威等国的剖腹产率都在警戒线以下，我们的邻国日本仅为 7％～8％。

为什么我国有越来越多的产妇放弃自然分娩的方式呢？一些通过剖腹产生下孩子的妈妈说："当时已经快到中秋节，预产期比中秋节晚一个星期左右，男方父母希望在一个喜庆一点的节日出生，中秋团圆，所以日子意思也比较好，然后我就征求医生意见，觉得可能可以，然后就同意了，把孩子提前生出来了。"

医生："中国也是剖腹产比较多，有些是因为年纪比较轻，觉得顺产比较疼，就选择了剖腹产。"

北京市海淀区妇幼保健院院长、妇产科专家张运平对国内目前剖腹产率居高不下表示出了担忧，剖腹产率居高不下既有准妈妈的原因，也有医生的无奈和社会现实的因素：

张运平："难产因素是没办法，不剖绝对不行，为了大人和孩子的生命，这个比例不到 10％。另外就是社会因素，社会因素就是家里边，来了就要剖，没什么说的。还有就是医院的因素，咱俩都不愿意承担风险，因为生孩子本身就是一个复杂的过程，生孩子谁也不好说你一定就能生，一定就能顺利生，哪一个医生也不敢说你一定怎么样，所以在医患关系比较紧张的情况下，提高了医院的剖腹产率。"

剖腹产比例激增在世界各地都引起了广泛的争论，专家指出，孩子扎推出生不仅会给社会资源造成一定程度的紧张，同时剖腹产手术的潜在风险要远远高于正常生产。

张运平："他被动出来，很多事就没有做准备，出现很多不适应的并发症，剖腹产儿平衡系统差，相对于自然生产的儿童要低一些。从专业的角度，不赞成在特定的日期做干预，因为这样风险会高。应该一切顺其自然，该什么时候生就什么时候生，这样母婴的安全就提高很多。"

剖腹产率的高低，并不是一个纯医学问题，它在某种程度上也反映着社会发展的一个侧面。降低剖腹产率不仅需要准妈妈们转变观念，更需要医院和相关管理部门共同努力。

这段新闻的背景材料就清楚地交代了我国剖腹产率迅速上升的原因。

(2) 交代阐明新闻事件的实质和意义，使新闻的内涵更为明白。

我们在报道新闻事实时，为了进一步揭示这一新闻的实质和意义，增加这一报道的新闻价值，通常要利用背景材料。请看下面这则广播新闻：

中广网北京 9 月 24 日消息（记者柴安东）据中国之声《央广新闻》9 时 21 分报道，世界上传承时间最长、最广泛的家谱谱牒——孔子世家谱，今天上午 9 点完成中华人民共和国成立以来的第一次续修。

延续两千多年的家谱变迁，体现出新的时代脉搏。《孔子世家谱》从明代以来就有 60 年一大修、30 年一小修的订约，今天上午 9 点整，孔子故里山东曲阜的孔庙大成殿《孔子世家谱》续修完成。

虽然孔子世家谱有 60 年、30 年的订约，可是受战乱等历史条件限制，两千多年来，这个"世界最长家谱"只大修了四次：分别是在明代天启年间、清代康熙年间、乾隆年间，最近一次修谱是在 1930 年代。孔子世家谱续修工作协会会长、世界孔子后裔联谊会会长孔德墉说，盛世才会修谱，这次续修是有史以来的第五次，也是新中国成立以来的第一次，从开始收集资料到现在，花了十多年才完成。

最冲击眼球的就是这本厚厚的家谱的新登记人数就超过了 140 万人，再加上原有家谱的近 60 万孔子后裔，新家谱的孔家后裔已经超过了 200 万人。这本新版《孔子世家谱》有近四万页，分八十册装订，是目前世界上最庞大的家谱。

而最让人感慨的是，新家谱头一次把女性族人纳入，这是对旧时代男尊女卑观念的一次标志性颠覆，而且还把因为通婚等因素变为回族、苗族、水族、哈尼族、藏族等多个少数民族的孔子后裔和旅居海外的近4万孔子后人头一次纳入家谱，这更是对多年来我国民族团结融合和更多国人走向世界创业发展的见证。值得注意的是，新家谱找到了早年失去联系的分布在台湾屏东、龙潭、桃园等地二百多年的九百多名孔子后裔，以及失散在山西和河南超过千年的两支族人，这一次全都录入新谱了。

（3）传播知识，介绍与新闻主题相关的文史知识、科学知识、地理风景等。这些知识具有趣味性和知识性，能够增强新闻的可听性，使听众在收听新闻信息的同时获取到更多的知识。请看下面这则广播新闻：

中广网北京9月29日消息（记者汪恩民）　28日晚上，记者从"第16届中国国际钱江观潮节开幕式"获悉，受今年日全食影响，10月6日钱塘江可能出现近本世纪以来最大的一次潮涌。

据浙江海宁市水文站发布消息说，受今年7月22日日全食影响，10月6日钱塘江可能出现近本世纪以来最大的一次潮涌。今年日全食过后，钱塘江潮水的水文特征发生明显变化。以往，大潮通常出现在农历八月初一到初五、十五到二十两个时间段。根据日全食之后的水文记录，潮水的潮高较去年同一天平均高出20公分，大潮的持续时间则由往常的5天延长至7到8天。如果没有特殊的降水、风力因素影响，今年农历八月十八的钱塘江大潮能超过去年，成为近6年来最大的潮水。

据悉，在海宁观潮节期间，盐官观潮景区还将举行庙会，重现"安澜晓月，灯潮共赏"盛况。庙会期间，还将举办首届民俗文化节，以海宁灯彩艺术为核心，同时举行越剧、皮影戏等海宁本土的戏曲表演。由于今年的观潮节适逢中秋佳节，中秋节当天还将在观潮胜地公园举行中秋赏月、赏灯等活动。农历八月十八，还将在海宁盐官观潮景区海神庙举办海宁潮文化的代表节目祭祀海神活动，进行祭祀海神表演，展现祭祀海神活动作为浙江省非物质文化遗产的魅力。

杭州驴友叶丰满告诉记者，他最近一直在关注海宁的大潮。"很早以前就从课本里学到过描写海宁盐官观潮的课文，通过文字神游过这个著名的景区。我打算趁着十一长假，约着朋友自助游海宁，近距离感受大潮的魅力。"

记者了解到，海宁观潮始于汉盛于唐宋，发展至今已形成一股追潮旅游热。自1992年起历届观潮节活动累计吸引中外游客近800万人次。

2. 新闻背景的写作要求

（1）客观真实。

新闻的背景一定要经过证实才能在新闻中使用，而且新闻的背景一定要有助于听众理解新闻和把握整个新闻的轮廓，不能牵强附会。对于新近发生的事实，恰当地运用背景材料来说明问题，能够突出新闻的客观性，特别是对于广播新闻来说，由于听众的层次参差，更要在新闻背景上多下工夫。

（2）灵活运用。

背景材料在某一篇新闻中所占的地位，往往根据新闻内容的需要而有所不同。在多数新闻中，背景材料只是处于新闻的从属地位，为主体服务。但是，在一些知识性、趣味性比较浓的新闻中，背景材料所占的比重往往比较大，有的甚至处于主导地位。在这种情况下，新闻背景成为新闻主体的主要部分，新闻主题思想本身就是新闻背景和新近发生的事实相结合的产物。请看下面这则广播新闻：

新华社消息 日本中国友好协会13号向日本大田原市教委递交抗议书，强烈抗议其决定该市公立学校采用歪曲历史、美化战争的历史教科书，并强烈要求大田原市教委立即撤销这一决定。

日本枥木县大田原市教育委员会13号正式决定，该市所属的12所公立中学从明年4月开始全部采用由扶桑社出版的《新历史教科书》。该教科书将日本对亚洲各国以及太平洋地区发动的侵略战争称为"大东亚战争"，非但不承认其为侵略战争，反而把它美化成一场"解放亚洲"的战争。

这条广播新闻除导语外，其余部分几乎全都是背景材料，它几乎占主体部分的全部，成为主体部分的主要内容。

（四）结尾

广播新闻的结尾应遵循以下基本原则。

第一，要有实在的内容，切忌漫无边际。新闻稿的结构具有完整性、统一性，应把结尾作为结构的有机组成部分，将其纳入文章的整体结构通篇考虑，无论是内容，还是形式，都应与新闻稿的整体一致起来。好的结尾要起到深化主题、点明主旨的作用。这就需要构思结尾时结合它在稿件中所处的地位和应起的作用，精心设置其内容和形式，确保结尾能提供更多的新闻信息，帮助读者对稿件的新闻价值有更深刻的认识，以增强稿件整体的表达效果。

第二，结尾应当自然、贴切、水到渠成，切忌与导语雷同或重复，应沿着稿件的表达线索，顺势而行，防止为收尾而结尾。

新闻结尾是新闻事件的必然结局，是意尽言止时的自然收笔，它阐明新闻事实的意义，揭示事件发展的趋势，加深读者的理解和引起读者的思考。新闻的结尾无固定的格式和写法，常用的写法有结论式、前瞻式、解析式、启发式、号召式、鼓励式等，结尾要力争写出新意，做到深刻、含蓄、发人深省，切忌画蛇添足。请看下面这则广播新闻：

据中国之声10月27日《央广新闻》14时50分报道，近日，在全国大中小学生规范汉字书写大赛比赛中，其中获奖的大连学生多是来自农村的中小学生，为此，主办方对大连市中小学生写字水平进行一次调研，得到了一个耐人寻味的结果：目前大连市农村中小学生的写字水平要远远好于城市，而小学生的写字水平却要胜过初中生。

有关专家对此结果进行了分析，最后一致得出结论：导致这种结果最重要的原因就是"过分依赖电脑影响城里学生写字水平"，即经常使用电脑打字致使写字能力有所退化。跟城里孩子相比，农村虽然也有"班班通"工程，但电脑普及程度终究比不上城市，农村孩子绝大部分时候都靠手写，这让孩子们有了更多练字的机会。另外，主办方在这次调研中还发现学生到了高中之后，写字教育往往会出现断层，导致学生书写水平退化；而重视写字教育并常抓不懈的学校，学生规范汉字书写水平提高的幅度就较大，反之就会很差。

大连市语委办主任陈德京对此发表了自己的看法，他认为写字是一个人行为规范养成的基础工程，必须从小抓起，从早抓起，这样才能有利于青少年健康成长。青少年在写字的时候要认认真真、一丝不苟，这样在写好之后，会产生成就感。另外，学校也要重视对学生规范汉字的培养。在本届全国书法大赛中获得硬笔作品一等奖的大连庄河农村四年级的学生刘阳，他的指导董老师说，学校一直十分重视写字教育，在学生中成立写字小组，激发学生热爱写字的兴趣，这让学生们之间形成比赛"谁写字好"的良好风气。而且董老师还说，写字好的学生，写错字的就少，因为他会在练字过程中仔细观察字形。另外，因为孩子们一般都写古诗文来练字，所以写字好的学生往往作文水平也不错。

总体来说，想把字写好、写规范，就得肯下工夫多练、多写，虽然电脑打字有时候很方便，但不能因此懒得动笔而丢掉了基本的"写字"能力。

二、广播新闻的结构方式

最常见的新闻结构形式有下列三种：倒金字塔结构、金字塔结构、倒金字塔和金字塔相结合的结构。（详见第二章）

倒金字塔结构形式能使听众刚一听就明白新闻的最主要的内容，符合广播新闻"先声夺人"的特性，所以，倒金字塔结构形式被广播新闻长期广泛使用。

金字塔结构形式适用于故事性强、情节曲折的新闻事件。但由于不能从开始就一下子抓住听众，可听性不够强。

倒金字塔和金字塔相结合的结构形式，符合听众的收听思路，最符合广播消息的要求，运用得也最广泛。

第四节　广播新闻的写作要求

一、广播新闻写作的基础——理解声音符号

(一) 广播新闻写作的特殊性

广播新闻写作的特殊性，主要表现在它必须要运用听觉语言思维方式进行写作，而不是用视觉语言的思维方式来行文。在广播新闻的写作过程中，要养成用听觉符号思考和下笔的习惯，要让自己的文字语言让听众听懂，要用符合受众听觉习惯的顺序去安排整篇稿件的逻辑。

(二) 广播新闻写作的符号系统

电视新闻的语言符号系统包括视觉语言、听觉语言和语言语法——蒙太奇，而广播新闻所使用的符号系统主要是听觉语言符号系统——新闻音响，包括有声语言、音响和音乐。

1. 广播新闻音响的类型

(1) 主体音响。

所报道的主要事物或人物发出的声音，又称骨干音响。在运用音响的各种新闻报道中，都应当有主体音响。

(2) 环境音响。

所报道的事物或人物所在的环境中存在的各种声音，能够辅助表现时间、地点、条件、气氛。因此也称为辅助音响（由于环境音响并不是所有报道的事物或任务本身发出的声音，在报道中往往只起辅助的作用）。

(3) 背景音响。

所报道的事物或人物，以及与报道有关的以前录存的声音。

在音响的选择上，往往要求所选音响简洁多变，节奏明快，提倡音响形式的多样性。但是对音响的选择不能只追求形式而忽视内容，更不能把音响当成调味品，必须时刻遵循形式服务于内容这一基本准则。

2. 广播新闻音响的功能

运用丰富多彩的音响来报道新闻，是广播媒体的独特手段。

(1) 增强报道的可信性。

广播新闻中的主体音响，是所报道的主要事物或人物发出的声音。就是把新闻主持人

或播音员要说的话，让被采访人亲口用真实的语言表达出来，这样的信息更有说服力。

（2）增强报道的现场感。

现场报道的音响通常会选择那些能契合人物的心理、个性、激情、精神境界，能使听众在感情上产生共鸣、激起兴趣、留下深刻印象的音响，这种音响能够揭示在特定时间、特定地点、特定环境中发生的新闻的特征。

（3）增强报道的感染力。

情感是受外界刺激而产生的心理反应，没有想象和感受的助推，情感就难以释放出来，好的新闻音响不但能够加强报道的可信度、现场感，更能增添报道的活力。环境音响在录音报道中的优势，正是在于它能够表达出那些只用语言难以表达的感情和情绪。

对音响的上述三种功能，不能等量齐观。音响最基本的功能是增强报道的可信性，现场感、感染力是在真实、可信的基础上形成的，所以广播音响的运用必须真实。另外，在广播新闻作品中，要最大限度地发挥新闻音响的作用，还必须要注意音响、音乐和有声语言的互补与协调。

3. 设计引言

音响自然地运用到广播新闻文稿里去，需要引言来完成这个工作，虽然引言在整条新闻中表意功能并不强，有时候甚至可以忽略它的功能，但是它却是必不可少的、重要的一部分。引言主要是用于自然地衔接文字稿和录音，同时用于解除如遇到机器发生故障、录音不能及时播放的被动。

在文字稿中介绍"录音"的引言一定要灵活，避免使用"下面播送录音"这样的话语。可以用以下几种说法：

> 对于大家反映的情况，相关部门进行了如下的答复……
> 在采访中，××先生说……
> 当天晚上，我们在××家里录下了楼下歌舞厅传来的噪音……

写录音引言最常用的方法就是用一两句话把录音内容概括出来，但应注意避免使用和录音完全相同的语言：

> 例1：六小龄童称赵丽蓉是一位天才的表演艺术家，他深情地向记者说起与赵丽蓉在《西游记》中结下的母子之情（出录音）：赵丽蓉老师在第15集扮演老皇后，赵老师的投入、认真让我很感动。我们结下了深厚的感情，她是一位天才的表演艺术家，虽然没有读过书，但是她一举手一投足都是那么有戏。我们因为演这部戏结下了母子之情。以后，不论在哪里见面，我都喊她"妈"。

如果是对于新近发生的新闻事实的报道，可用较为笼统的开头方式：

> 例2：今天早晨在××机场发生了一起飞机坠毁事件。本台记者××已经赶到了现场，现在请听××发回的现场报道：（出录音）这起事件至少已经导致十一人死亡，

据负责营救的工作人员说，飞机残骸内还可能有未寻找到的遇难者尸体。

总之，广播新闻写作要综合应用各种新闻音响，取长补短，创造性地发挥声音符号的信息表达功能。同时，引言和叙述语言要做到音响符号的逻辑联系的作用，组合各符号，并用相对活跃的叙述语言加以整合，是广播新闻写作的符号系统协调的关键。

4. 广播作品增强传播效果的措施

广播新闻与电视新闻相比，最大的劣势就是在视觉感上，但是好的广播新闻作品是能够在文字的写作上对此进行弥补的。首先是注重多角度、多方位、多侧面地刻画新闻事物，力求把新闻事实表述得直观可感。在表述具体内容时，少用笼统、抽象的概括性语言，多用生动、细致的语言刻画细节，"细节是事实中的事实"，在写作中要抓住有意义的细节，力求用细节展示新闻事物特征，加深听众印象。

其次，从听觉效果上来增加听众的印象，也是广播新闻增强传播效果的一种重要方法。最常用的方法就是广播新闻的重播。新闻节目的整点滚动播出符合广播新闻传播规律。如果听众没听清楚，他可以在下次重播时再听一遍。另外还表现在新闻提要的前后重播上，在广播新闻节目开始对本次新闻节目的主要内容做个介绍，以吸引听众收听，节目结束时再次重播新闻提要，可以让中途开始收听的听众了解已经播出的主要内容。

最后，在新闻稿件中，需要对一些主要信息或者是不可或缺的材料进行重复。这种适当的重复叙述是必要的。广播新闻中的某些内容，特别是人名、地名、单位名等专有名词，要反复叙述，不允许在导语中出现一次后就用代词她（们）、他（们）、它（们）来代替。一般的做法是在导语、主体、结尾各重复一次，避免整篇新闻全是代词，否则，没有从头收听的听众就会搞不清"他"、"该单位"等词指代的内容。第二种重复的方法就是对文章的关键点做出解释，例如在新闻的背景部分向听众提供背景材料时，对关键性的地名、人名作解释，可以使听众加深印象，还可以对历史、地理、风土人情等相关知识进行介绍，另外，对新词语和专业性较强的术语也最好加以解释。

二、广播新闻语言遵循的原则——口语化和通俗化

语言的口语化和通俗化，是广播新闻写作的重要要求。"为听而写"，就是要用深入浅出、通俗易懂的语言表达，让大多数听众一听就懂，印象深刻。广播语言是"为听而写"，那么在选词上必须要符合人的听觉接受习惯，同时广播新闻口语化要求新闻稿念起来声调响亮，音韵和谐优美。为此需要注意以下几点。

（一）要用双音词，不用或少用单音词（一个字或音节组成的词）

汉语建构简易灵活，一个音节的字就可以构成词，即单音词。多用单音词，可以达到简洁的效果。但是，单音词念起来不上口，听起来也没有双音节的词语清楚，所以广播新闻写作应多用双音词，不用或少用单音词。如"可"、"能"、"已"，声音短促简洁，但是

用在广播语言中不清楚，应替换为"可以"、"能够"、"已经"。又如："今天我虽有时间，但不愿上街"，在广播语言中就应该将单音词换成多音词："今天我虽然有时间，但是并不愿意上街去玩"。

另外还可以多用叠词，来增加稿件的音韵美，如沉甸甸、美滋滋、冷飕飕等。许多象声词，同时也是叠音词，如哗啦啦、乒乒乓乓，这些词语都能增添语言的音乐美。

广播新闻写作要注意语音的响亮和谐，但在写作的时候，无须对每句话都仔细推敲。不仅是因为做不到，而且没这个必要。否则，广播新闻就"快"不起来了。广播新闻写作只能在力所能及的情况下，兼顾声音的要求。不能过于强求，更不能为了"听起来很美"，以词害意。

（二）要用口头语，不用或尽量少用文言词或半文半白的词

在书面语与文言文中，多用单音词；在口语和白话文中，多用双音词。把单音词改成双音词，其实就是把文言词改成口语词。如"故"——"所以"，"若"——"假如"。有的词虽不是文言词，却是书面语，也要改。如"上述"改成"上面这些"，"据悉"改成"据了解"，"地址"改成"位置在"，"竣工"改成"完工"，"日益"改成"越来越"，"尚属首次"改成"还是第一次"，"为宜"改成"比较合适"等。但这并不是说，一切文言词都不可以用。广播作为大众传媒，它使用的语言不同于一般的谈话体，而是介于谈话体和文书体之间；受众的文化积累也在不断提高。叙述有关古代的话题时，在听众能听懂的前提下，适当运用文言词表达意思，能使广播新闻作品简练典雅，增强传播效果。

（三）不用音似意不同的词

由于汉语中有许多音同而字不同、意不同的词语，所以在广播新闻写作中，尤其要注意音同字不同或音近字不同的词语。如"微机"和"危机"，"京剧"和"惊惧"，"胜利"和"省力"，"唠叨"和"老道"，"义父"和"衣服"，"田地"和"天底"，"展示"和"暂时"，"先进"和"现金"，"建议"和"简易"等。尤其值得注意的是，我国地名中有许多音似字不同的地名，如"贵州—贵阳"和"湖南—桂阳"，"福建—泉州"和"广西—全州"，"内蒙古—集宁"和"吉林—吉林"等，如果在播音中不加以区别或者没有冠上省名，就极易使听众产生误解。一方面，播音员要强化自己的语音表达功力，同时可以通过增加字时值、音量和改变重音位置等方法区别；另一方面，在写作新闻稿时应该把这些可能引起歧义的字词，调换成不易听错、误听的词语，以免达不到新闻传播的预想效果，甚至造成新闻信息的误传。

（四）少用或不用简称

广播新闻写作中，要尽量使用全称，少用或不用简称。比如一段新闻中"小教已经成了学生的另一热门选择"，这里的"小教"是"小学教育"的意思，从文字稿上看来基本都不会理解错误，但从广播中听起来，就会对"小教"这个词语感到陌生，不易理解。多数简称有一定使用范围，不是谁都能听得懂。值得注意的是，政府公文用语应尽量少

用简称，"一区四市"、"一保四抓"这些近年来常出现在政府政策中的新名词，如果不看文件的原件，市民甚至机关干部也很难一下子明白它们是什么意思。像"一保四抓"这个简写，深圳有深圳的含义，上海有上海的含义，没有特定的意思，容易产生误解。如：深圳建设"一区四市"，乍一听还以为深圳有一区四市。只有熟读政府文件才会知道"一区"是指综合配套改革试验区，"四市"是指全国经济中心城市、国家创新型城市、中国特色社会主义示范市、国际化城市。所以，政府的法规文件，尤其是广播新闻的宣传，要尽量少用不规范的简称，即使要用，也应有解释，让听众听得清楚明白，才有利于措施的落实。

病文诊疗

【原文】

重庆涪陵区 541 名学生放弃高考

重庆涪陵区今年有大约 5 000 名高三考生，而其中有 541 名考生放弃参加高考。

昨日，涪陵区招办公布"××××年部分高三学生放弃参加高考的情况"：2003 年，涪陵 17 所学校招生 5 500 余人，去年 12 月，各中学上报给区教委的参加毕业会考总人数仅 4 837 人，流失了 663 人。而高考报名时缩减到 4 296 人。

该区从未出现过如此多的学生放弃高考，为弄清原因，区招办对 500 多名弃考生进行走访调查。结果显示：264 人外出打工；98 人因经济困难等原因辍学在家；82 人因成绩差升学无望，自动放弃；37 人转到其他学校就读。据调查，该区 6 所农村高中，弃考的达 252 人，其中涪陵×中 78 人弃考，涪陵×中 67 人弃考。区招办延长报名时间到 2 月 27 日，接纳符合条件的考生直接报名，结果也只有几十个学生来报名。

区招办同时也对其他各区的招生情况进行了比较分析，做到工作中衰多益寡。

【评析】

这则新闻有以下几点问题：

（1）数词使用凌乱。

这则新闻里充满了大量的数字，在广播新闻中数字在很大程度上确实具有较强的说服力，但是这些数字的出现是为了让听众更清楚新闻的事实，不是让听众做数学题，甚至因诸多数据影响收听。所以，广播新闻写作者应替听众想好，将一些重要的数字具体化，不要让听众边听边计算，否则丢失了一些重要的信息不说，而且容易使听众产生厌烦的心理。

以上新闻中的某些数字完全可以去掉，用比例来代替，如："重庆涪陵区今年有大约5 000名高三考生，而其中有541名考生放弃参加高考。"可改为：重庆涪陵区今年有541名考生放弃参加高考，超过高三应届学生的10%。

"结果显示：264人外出打工；98人因经济困难等原因辍学在家；82人因成绩差升学无望，自动放弃；37人转到其他学校就读。"可改为：结果显示：高校收费高、大学生就业压力大等是学生放弃高考的主因。近一半的弃考学生外出打工，还有近20%因经济困难等原因辍学在家。

（2）主体内容层次不够清晰，略显凌乱。

（3）新闻结尾多余。

此条新闻从主要报道内容来看，是对重庆涪陵区当年高考考生流失情况进行的报道，最后一段的结尾可以删去。结尾处用的成语"哀多益寡"意思难懂，出现在广播新闻中，不容易被大部分听众所理解。

【修改文】

重庆涪陵区放弃高考学生人数达历年之最

记者昨日从重庆市涪陵区招办获悉，今年重庆涪陵区有541名考生放弃参加高考，超过高三应届学生的10%，这是该区放弃高考学生人数最多的一年。

据区招办对500多名弃考生进行走访调查的结果显示：高校收费高、大学生就业压力大等是学生放弃高考的主因。近一半的弃考学生外出打工，还有近20%因经济困难等原因辍学在家。

2003年，涪陵区17所学校招生5 500余人，去年12月，各中学上报给区教委的参加毕业会考总人数仅4 837人，流失了663人。而高考报名时缩减到4 296人。区招办为此将报名时间延长到2月27日，可接纳符合条件的考生直接报名，结果也只有几十个学生来报名。

范文评析

【例文】

上海一在建商品楼倒塌致一工人死亡

中广网北京6月28日消息（记者陈平 梁兴旺） 据中国之声《新闻纵横》7时36分报道，轰隆一声巨响，上海闵行区一幢13层在建楼房昨天突然发生整体倒塌，导致一人死亡。事故发生后，上海市有关部门迅速调查处理。建筑专家表示，造成楼房整体倒塌存在三个可能的原因，请听中国之声记者陈平、梁兴旺的报道：

（记者梁兴旺录音）：倒塌的楼盘位于上海市闵行区淀浦河边上，楼盘名字叫莲花河畔景苑，楼房倒塌后，中国之声记者陈平第一时间赶到了现场。

（记者陈平录音）：位于罗阳路的该小区售楼处大门已经关闭，整个小区已经拉起了警戒线，封锁区域内停放着一些应急抢险的车辆和120救护车。警方透露，在事故中丧生的工人为安徽籍民工，姓肖，28岁。事发时，他正在楼里取工具，楼房倒塌前他没来得及逃出，不幸丧生。正在执勤的保安向记者证实，除这名工人外，没有造成其他的人员伤亡。

附近早起的居民说，他们是眼睁睁地看着这幢楼房倒塌的。

（出居民录音）"我以为我眼睛花了，看到前面一幢楼一点点一点点下来了，最多5秒钟，整下子'轰隆'一下子下来了，5点3刻倒下来的，后来里面民工'哗'逃出来了，逃出来了马上打电话，大约过了5分钟，警车来了。"

（记者梁兴旺录音）中央电视台记者赵钱江描述当时倒塌的情况：（赵钱江录音）"这座倒塌的楼房可以说是连根整体倒下，有些房间的玻璃还没有完全安装。"

（记者梁兴旺录音）大楼倒塌后楼体的情况如何，记者电话采访了正在现场的上海东方早报记者龙毅：

（龙毅和陈平采访录音）："楼倒了之后，楼体有没有断裂的地方？""有裂开的地方，但是没有断开"，"它是从哪一层裂的？还是整体裂的？""裂缝还挺多，可能是摔裂的感觉"，"是摔裂的是吧？""它倒的方向是向河的方向还是向相反的方向？""相反的方向。""向河相反的方向倒的。""前边的楼没有被砸到吧？""没有。""周围的工人和业主他们怎么说？""业主都不大清楚，工人当时都在睡觉，并不清楚倒塌的原因。"

（记者梁兴旺录音）龙毅说，目前除了倒塌的这栋楼以外，小区的其他楼房还没有受损迹象。

记者陈平在采访中了解到：为保证倒塌楼房附近居民安全，有关方面正在组织对周围建筑进行安全检测。

（记者陈平录音）可能受影响的居民已被妥善安置在罗阳路小学内。倒塌的楼房就建在罗阳路与淀浦河之间，楼房整体倒塌后，警戒线外面一些市民谈论着楼房倒塌惊险的一幕。楼房倒塌后，一些业主闻讯赶来，显得异常焦急，聚集在罗阳路小区大门对面的一家小饭店里，焦急地等待着有关方面的说法。据附近居民介绍，倒塌的楼房已进入最后工期。可能于今年9月交房，均价大概在每平方米一万八千元，目前，小区内其他几栋楼已暂停施工。

（记者陈平录音）淀浦河是流经上海市区的一条较大的河流，此前有报道说，在距离倒塌楼房二十多米远的河边，河道防汛挡墙大面积坍塌，长达八十多米。有观点认为可能是挡墙的坍塌引起了地表应力的改变，从而导致了楼房的整体倒塌，但是记者在现场看到，楼房是向与河道相反的方向倒去。

（记者陈平录音）另外记者从现场了解到，倒塌的楼房前面正在开挖一个大型地下车库，两排已建好的楼房之间已被挖走了大量的土方，而倾覆的楼房正好倒向开挖地下车库的一侧，现场一位施工人员认为，倒塌的楼房附近可能有暗浜，暗浜的存在造成地下泥土流失，影响楼房地基发生变化，导致楼房倒塌。

（记者陈平录音）北京科技大学土木与环境工程学院教授金龙哲表示，楼房倒塌的主因要从地质方面来考察，倒塌存在三种可能，第一种可能，与地基打得深浅有关：

（金龙哲录音）"就说它这个地下的地质条件就是它的地基是否穿过了松软层。"

（记者陈平录音）第二种可能是，有其他地下工程在建设，导致楼房倒塌：

（金龙哲录音）"地下如果有地铁或者工程的话，你比如说像矿山，采空后会有一个地表下沉，这种可能性也会有。"

（记者陈平录音）第三种可能是受河流冲刷的影响：

（金龙哲录音）"从力学这个角度来说，不可能说一次都给冲刷掉，地表下沉的整个过程就是看哪一块应力最集中它就下沉哪一块，那么正好它下去的就是背着河流这块，先它先下沉，这种可能性也会有。"

楼房倒塌后，上海市政府领导亲临现场，指示安监、水务等相关部门迅速组成调查组，相关调查人员已进入现场展开调查。有关事件的最新进展，中国之声将全天重点关注。

【评析】

此新闻属于典型的对突发事件的报道，作为一篇广播消息，它有自己的特点。首先是它的结构。受广播形式的局限，广播消息一般采用线性发展结构，以适应听众"听"的习惯。这篇消息采用单线结构，先介绍这则新闻的信息，然后是记者从事故现场发回的采访报道。层次清楚，重点突出，使听众能很容易"听"清事情的来龙去脉。

其次是采访对象适当。采访对象从事件的目击者、媒体同行、地质专家这些不同角度，逐步为听众还原事故现场，并由专家向听众解释事故发生的主要原因。

最后，音响的使用，也恰到好处。（1）录音和记者的叙述相辅相成，较好地表达了新闻内容；（2）录音和记者的叙述穿插交替，避免了单一叙述或单一录音带来的单调感，让听众能兴趣盎然地"听"下去。（3）录音的使用，当事人现身说法，为新闻报道增添了真实性和可信度，更让听众觉得亲切、自然。

1. 根据所给材料撰写一则广播新闻导语。

中国旅游饭店业协会最新公布的《中国旅游饭店行业规范》（中国旅游饭店业协会2009 年 8 月修订版）中，已经删去了"12 点退房，超过 12 点加收半天房费，超过 18 点加收 1 天房费"的规定，取而代之的第三章第十条为："饭店应在前厅显著位置明示客房价格和住宿时间结算方法，或者确认已将上述信息用适当方式告知客人。"中国旅游饭店业协会 2002 年制定的《中国旅游饭店行业规范》中，第三章第十条规定：饭店客房收费以"间/夜"为计算单位（钟点房除外）。按客人住一"间/夜"，计收一天房费；次日 12时以后、18 时以前办理退房手续者，饭店可以加收半天房费；次日 18 时以后退房者，饭店可以加收一天房费。

2. 根据以下材料撰写一则广播消息，300 字以内。

中广网北京 9 月 3 日消息　教育部有关负责人 2 日表示，《通用规范汉字表》为期 20天的公开征求意见工作已经结束，社会各界人士共提出建议近 3 000 件，对今后字表的增补取舍、修改完善将起到重要作用。

据介绍，8 月 12 日至 31 日公开征求意见期间，社会各界人士发来电子邮件 2 688 件、信函 157 件、传真 67 件，总计 2 912 件。许多人士还通过报纸、广播、电视、网络等媒体提出了大量宝贵的意见和建议。

教育部负责人指出，从公开征求意见情况看，社会各界对字表公开征求意见的方式均予以充分肯定，认为字表的研制和发布有利于汉字的规范与发展。同时，民众也结合工作和生活需要等不同角度，提出了许多针对性强、富有建设性的意见和建议。

据了解，社会意见和建议主要集中在字形、补充用字和异体字三个方面的问题。关于字形问题，44 个汉字字形微调引起社会广泛关注。大多数意见认为字形微调会改变长期以来形成的使用习惯，将给大众用字造成麻烦，担心影响学生学习、考试和增加社会成本，认为不宜轻易改动。关于补充用字，要求补充用字的意见和建议占有很大比例，要求补充的字主要是姓氏、人名、地名、科技语等方面的用字，大都是在语料库和许多渠道中难以收集到的社会用字。关于异体字问题，多数意见赞成字表恢复 51 个异体字，认为符合社会用字实际需要，比如"淼"、"仝"等字。

此外，不少人士还对繁简、字量和字级、字表体例等问题提出了意见和建议。

教育部负责人表示，公开征求意见结束后，有关部门将采取多种形式，继续征询各有关方面的意见和建议。对社会各界的意见和建议，将仔细整理，认真研究，充分吸收，努力制定出一个充分体现民意、能够满足社会需要的字表。

【参考答案】

1. 广播新闻导语：宾馆饭店业"12点退房"的行规近日"寿终正寝"，正式退出全国旅游饭店业行规，更换的条款未对收费时间点作明确限制，仅要求明示。

2. 参考文：

《通用规范汉字表》征求意见工作已结束

教育部有关负责人2日表示，《通用规范汉字表》为期20天的公开征求意见工作已经结束，社会意见和建议主要集中在字形微调、补充用字和异体字三个方面。

据了解，44个汉字字形微调的问题引起社会广泛关注，大多数意见认为字形微调会改变长期以来形成的使用习惯，将给大众用字造成麻烦。关于补充用字，要求补充的字主要是姓氏、人名、地名、科技术语等方面的用字。关于异体字问题，多数意见赞成字表恢复51个异体字，认为符合社会用字实际需要，比如"淼"、"仝"等字。

教育部负责人指出，从公开征求的近3 000件意见情况来看，社会各界对字表公开征求意见的方式均予以充分肯定，认为字表的研制和发布有利于汉字的规范与发展。

参考文献

1. 方延明. 新闻写作教程. 北京：高等教育出版社，2006
2. 张育仁. 神妙的媒笔——当代广播电视新闻写作学. 昆明：云南人民出版社，2002
3. 程道才. 广播新闻写作（修订版）. 北京：中国广播电视出版社，2001
4. 李法宝. 新闻写作的艺术与技巧. 广州：中山大学出版社，2005
5. 赵淑萍. 广播电视新闻采访与写作. 北京：北京师范大学出版社，2006

第十章
电视新闻写作

第一节　什么是电视新闻

电视新闻是当今社会新闻报道的主要手段之一，它与报纸、杂志、广播、网络、手机等媒体共同构建起现代新闻传播的庞大体系。

关于电视新闻的界定有种种论说，本书采用的定义是："电视新闻是以现代电子技术为传播手段，以声音、画面为传播符号，对新近或正在发生、发现的事实的报道。"[①] 这个定义的确立，囊括了电视新闻的共性与个性。"以现代电子技术为传播手段"，表明电视新闻与广播一样，同属电子媒介，这与作为印刷媒介的报纸有所区别；"以声音、画面为传播符号"，表明在电子媒介中，电视新闻与广播亦有所不同，后者以声音为传播符号，而前者则是以声音和画面的视听双通道来传播信息，正是因这声像兼备的传播符号，才使电视新闻具有个性化的传播特点与优势。

第二节　电视新闻的特征及分类

一、电视新闻的特征

电视新闻与报纸、广播、手机新闻最根本的区别在于它是以电视为媒介的新闻。因此，电视新闻既具有新闻的根本特征，又有其作为电视传播媒介的特性，认识电视新闻的特性并充分发挥和利用，是制作优秀电视新闻的重要基础。

1. 时效性

新闻是易碎品，电视新闻更是如此。在新闻传播中，时效性直接影响新闻价值的实现程度，这一点在电视新闻传播中体现得极为明显。随着现代技术的发展与普及，电视新闻的时效由"TNT"（Today News Today——今日新闻今日报）发展到"NNN"（Now News Now——现在新闻现在报），即在新闻事件的发生、发展过程中做同步报道，即使新闻发生地与我们远隔重洋，通过卫星传送也可以做到现场直播，使观众的收视与事态进展本身同步，从而突破了新闻传播在时间和空间上的局限。

---

① 杨伟光：《电视新闻分类与界定》，3页，北京，中国广播电视出版社，1994。

2. 现场性

电视新闻将观众"带"到新闻事件的现场，将新闻事件的实况"呈现"给观众，由观众自己去看、去听、去观察，使观众能够更为精准地了解新闻，这就大大提高了新闻传播的准确性和可信度。现场画面的运用，特别是一些有强烈视觉冲击力的现场画面以及典型的现场音响、语言都能够给观众强烈的现场感。

3. 纪实性

与报纸、广播媒介相比，电视新闻立体化的信息传播使它能够呈现给受众真实、强烈而丰富的现场信号，能够对特定时空中特定的人、事、物等进行过程化的记录和传播。电视媒介正是通过这种直观可感的视听信息使受众获得身临其境的体验。

4. 综合性

电视新闻的综合性主要体现在以下两个方面。

（1）电视新闻可多种传播符号综合运用。

电视拥有丰富多样的视听手段，信息一旦通过多种传播手段传输，便能以直观、具体、形象的符号作用于受众的感官。一条电视新闻可以有影像、声音、现场音响、文字等多种传播符号，因此和其他媒介新闻相比，电视新闻的综合性最强，也最能充分调动受众的视听，以全方位的信息给人留下立体的感受。

（2）电视新闻可多种传播通道综合传输。

传统电视的传播通道是单一的，即在某一特定时间内，一个电视频道只传播一条新闻消息（当然，这种信息可由多种传播符号综合编码而成）。近年来，随着电视制作技术尤其是数码技术的发展，一个电视频道拥有了同时传播两条以上的新闻的能力。比如，通过正常新闻播出状态下飞字幕的方式播报重要突发事件；利用键控技术，在不改变整个画面的情况下，在画面的局部空间嵌入另一画面元素，由此组成新的画面；分割屏幕，主要空间进行正常的新闻报道，余下空间提供其他信息，如天气、商业信息，等等。

5. 贴近性

与报纸、广播等大众传播媒介相比，电视是迄今为止最利于人际交流的媒介。[①] 近年来，电视新闻在选题上越来越重视民生题材，在报道角度上越来越重视民生维度，在新闻播报风格上也越来越贴近大众，从"播新闻"到"说新闻"的变化，都表现出电视新闻贴近百姓的特征和趋向。

二、电视新闻的分类

由于分类标准和分类角度的不同，电视新闻可分成不同的类型。

---

① 参见周勇：《电视新闻编辑教程》，8页，北京，中国人民大学出版社，2002。

（一）体裁分类

根据新闻体裁的不同，可将电视新闻分为消息类、专题类和评论类电视新闻。

1. 消息类

消息类电视新闻是电视新闻中最主要的类型，这类新闻运用电视手段，简明扼要、迅速及时地对新近发生或正在发生的新闻事件进行报道，短小精悍，时效性强，如中央电视台的《新闻联播》、《新闻早8点》、《中国新闻》、《体育新闻》等栏目，通常播出的就是消息类电视新闻。

2. 专题类

专题类电视新闻是就某一新闻题材或新闻事件进行详细、深入、系统、全面的报道。它或对新闻事实做详细、系统的解释和分析，或对新闻事件的发生和发展过程进行追踪报道，一般又称这类电视新闻为"深度报道"、"专题报道"或"新闻纪录片"。这类电视新闻通常出现在专题类或杂志类新闻栏目中，以纪实、访谈、调查、谈话等多种方式展现，如《东方时空》、《焦点访谈》、《新闻调查》等栏目，就常常播出专题类电视新闻。

3. 评论类

评论类电视新闻是电视台对重大的或有典型意义的新闻事件做出分析和评断，表明记者、编辑或媒体的态度、立场、意见的一类新闻节目形式，具有鲜明的针对性、政策性和指导性。在形态上，"电视评论源于报刊文体，有相当一部分样式类似于报刊评论。同时，在传播实践中也逐渐形成了诸多适应自己传播特点的节目形态和评论样式"①。

（二）题材分类

根据新闻报道内容及侧重点的不同，可以将电视新闻分为人物报道和事件报道。

1. 人物报道

这类电视新闻围绕新闻人物展开报道，进而展现人物的风采或形象特征。人物报道并不排斥新闻事件，只是新闻中的所有事件都是围绕典型人物所选取的，在对事件的报道中，通过表现典型人物，使报道言之有物，增强新闻人物的感染力。对英雄模范人物或反面人物的报道都属于这种新闻类型。

2. 事件报道

这类电视新闻围绕新闻事件进行报道，进而展现事件的价值和意义。根据报道内容和所涉及的社会生活的不同方面，又可以将其分为时政新闻、社会新闻、经济新闻、文教新闻，等等。

（三）传播形态分类

电视传播是包括声音和图像的双通道传播，在电视新闻中，以播音员播报新闻稿件传

---

① 涂光晋：《广播电视评论学》，265页，北京，新华出版社，1998。

输信息的，我们称之为口播新闻；以现场图像传输新闻信息的，我们称之为图像新闻；以滚动字幕的方式传输新闻信息的，我们称其为字幕新闻。

值得注意的是，现在除了字幕新闻出现于荧屏下方，单独传播新闻信息外，完全单一的口播新闻、图像新闻实际上已经很少见了。口播新闻日益为口播加画面、口播加图表的形式所取代，图像新闻也演变为口播导语与图像报道配合应用的播出方式，这样一来，新闻的播出更有层次感，重点更突出，也更生动形象。

（四）消息发生地域分类

按照新闻事件发生的地域，电视新闻可以分为国际新闻和国内新闻。同样，国际新闻也可细分为亚洲新闻、欧美新闻，等等；国内新闻也可细分为本地新闻、外地新闻。作出这样的划分，可以使新闻节目变得更有针对性。

第三节　电视新闻的要素内容

不同类型的电视新闻，在构成上各有不同。消息类电视新闻一般由标题、导语、主体和结尾四部分组成。专题类电视新闻一般由标题、引言、主体和结尾四部分组成。评论类电视新闻一般由标题、由头、主体和结尾四部分组成。消息类电视新闻要素突出，内容简洁，有时会省略掉标题和结尾，重在导语和主体部分；专题类电视新闻结构富于变化，往往通过质疑—释疑的方式展现新闻事件的来龙去脉，起伏跌宕，引人入胜；评论类电视新闻观点突出，常常通过摆事实、讲道理的方式启人深思，发人深省。

电视媒介本身的特性，使得电视新闻在结构上具有如下特点：

（一）结构线索单一

电视新闻的结构要符合线性传播的特点，力求线索单一、结构明晰，能够让受众在短短的几分钟之内掌握报道要点。线索单一、结构明晰表现在新闻报道中，常常按照新闻事件发生发展的顺序进行报道，逐步深入揭示主题。逐步深入的报道方法，既符合人们认知事物的规律，也符合电视线性传播的特点。

（二）层次清楚

在叙事详略得当、繁简适宜的基础上，电视新闻各事例相互照应、环环相扣，段落之间过渡自然、步步衔接，层次清楚，主干突出，在结构上符合视听规律，便于受众的接受和理解。

（三）核心信息重点处理

电视新闻会利用多种电视手段对核心信息加以强调和突出，如对核心信息进行适当重复，对重点画面定格放大，对需要渲染的人、事、物配以特殊音效等，这些方法都能突出重点，引起受众的特别关注。

第四节　电视新闻的写作要求

什么样的电视新闻写作才算是高水平的写作？优秀的电视新闻写作应该掌握哪些技巧，达到什么标准？

在西方广播电视界，为记忆方便，提出了"4 个 C"标准，该标准引自美国汤姆·麦克尼克尔的《节目主持人写作评估》一文，用来衡量广播、电视新闻文稿的写作水平，它们是：

Clear——清楚

Concise——简洁

Correct——准确

Conversational——口语

1991 年，美国三所名牌院校——印第安纳大学、南加州大学、马里兰大学用这"4 个 C"标准，对美国三大电视晚间新闻节目中的三位一流节目主持人的写作进行了评估，所得出的结论是：优秀的写作读起来顺口，听起来自然，在总体上能形成简洁、明快、流畅、直截了当的风格。这"4 个 C"标准，可以说是电视新闻写作的基本要领，又是最高的标准。

电视新闻视听结合的语言形式和转瞬即逝的传播特点，决定了不同类别的电视新闻在写作上有着共同的规律和要求。

一、电视新闻写作的基本要求

（一）用事实说话

"用事实说话"是新闻写作的基本方法，受众观看电视是为了获得更多的事实，而不是观点，用事实说话，是受众对电视新闻媒体的基本要求。

1. 用典型事实说话

在大量的事实中，要选取鲜活的、为受众所未知的事实，此外选取的事实应具有典型性，对一个典型的事实做深度透彻的报道，往往可以把其他类似的普遍问题连带出来，具有"以一当十"的作用，极具说服力和代表性。

2. 通过再现场景说话

电视新闻中的人和事，一般都是具体可感的。通过摄录现场画面使新闻事实逼真地再现，能让新闻报道传神、有形，使观众产生身临其境的感觉，更具有可信性和说服力。

3. 借用同期声说话

同期声是指电视记者通过采访得来的被采访者的原话。电视新闻报道将不同身份、不同个性人物所说的话，不拘一格地加以采用，可以使报道不仅具有强烈的现场感，而且富于变化，还能够充满人情味，有助于克服新闻写作中容易出现的单调乏味和概念化毛病；另外，同期声一般都有出处，即属于消息来源，从这个意义上说，也有助于提高新闻的真实性，如果同期声来自重要人物或重要机构，还有助于提高新闻的权威性，也增强了新闻的说服力。

（二）声画文融合

电视新闻写作必须充分考虑文字系统与图像系统、声音系统的关系。电视新闻写作须将文字转化为声音，即有声语言，才能使文字与画面和同期声同构为"立体的新闻"。电视新闻的立体化传播既扩大了新闻的信息含量，又能帮助观众了解新闻特殊而深刻的内涵。

1. 和画面对应，相辅相成

文字只有与画面有机结合，才能产生"电视化"程度较高的电视新闻。电视新闻的文字稿不是独立的个体，而是以画面为基础、和画面紧密配合、相互协调的一种听觉元素。在电视新闻传播中，应将二者完美地结合起来，充分发挥各自的作用，达到相得益彰的效果。

2. 和其他声音元素配合得当

在电视新闻的声音元素中，除了解说词之外，还有人物同期声、现场音响等，较好地运用同期声和现场音响，可增强报道的现场感。如果解说词能和同期声互相承接，互为补充，则能更好地烘托新闻主题，共同承担起传播视听信息、揭示新闻内涵的功能。以下面的新闻片段为例：

（解说词）洪水过后，一位农民掩饰不住内心的伤痛

（农民的同期声）"啥都没有了，吃的，穿的，戴的全都完了，连双筷子都没有给我剩下。"

解说词对同期声进行了提示和铺垫，而同期声则对解说词进行了承接和呈现，生动感人地把灾后农民的伤痛之情表达了出来，真实自然，现场感强。

（三）语言准确规范

电视新闻语言与其他新闻媒体的语言一样，要求做到准确、简约、规范。

1. 表达准确，表意确切

汉字的构词能力特别强，词汇丰富，词义微妙多变。在写新闻稿时，要格外注意词义的差别，在表达时，要选取最贴切、最合适的词语来表达。电视新闻的一个重要功能就是传达信息，既然人们获知信息的目的就是为了消除事物的不确定性，因此，电视新闻文字必须准确，表意确切。

2. 节奏紧凑，言之有物

新闻要达到很强的感染力，还要依靠节奏来制造气氛。节奏要做到紧凑而不拖沓，一是要注意文字稿本身的节奏，二要注意文字稿的节奏和画面的内容应协调一致。

此外，为了增强受众的记忆力，还应该锤炼字句。毕竟，电视新闻不仅大多篇幅短，而且还要留给观众一定的看画面的时间，如果稿件中灌满过多的解说，引用太多的数据、细节，不但会影响观众对画面的记，还会让观众产生听觉疲劳，效果适得其反。

3. 语法规范，逻辑严密

电视新闻广为传播，新闻语言本身具有一定的示范性，因此，在新闻稿写作中，要注意语法规范、逻辑严密，否则就会造成语义上的模糊不清，使受众理解困难，甚至造成歧义及误解。如下面的例句：

> 例1：他喂养的2 000只绍兴鸽，成活率达到1 800只。
> 例2：整顿物价。
> 例3：……在国际上达到最好水平……
> 例4："省工商银行……努力扩大网点建设，堵住死角。"
> 例5：今天上午，某某队和某某队将争夺冠亚军。

例1中，"成活率"是指成活数和喂养总数的比率，而不是具体的只数；例2中，"物价"只能"调整"，无法"整顿"；例3中，"水平"只有高低，没有好坏；例4中，"漏洞"才能堵住，"死角"只宜消灭；例5中，句子的本意是表达两个队争夺冠军，而非争夺亚军。这些句子都有语病，须仔细推敲修改。

4. 把握分寸，切忌拔高

电视新闻稿的语言易写成空话、大话、套话，比如"取得了前所未有的成绩"、"得到了空前的提高"、"做出了积极的贡献"、"领超国际先进水平"，等等，这些语言不仅没有任何实际信息，还会给受众造成"假、大、空"的印象，所以，在写作时，一定要把握好分寸，用事实说话，提高真实性，让观众信服。

5. 对陌生名词要解释

电视新闻总是以追踪社会生活的最新变动为己任，这就不可避免地要经常接触众多的新事物、新观点、新词汇。对在新闻中出现的新生事物，一定要恰当解释，以便受众清楚了然。

与此同时，考虑到为听而写、为视而写的特殊性，电视新闻语言还必须遵循通俗化、口语化和生活化的原则。

1. 通俗化原则

电视是大众传媒，电视新闻语言也应该是大众化、通俗化的语言。所谓通俗，即要求写作中运用的话语、词语要浅显易懂，使受众一听就明白讲的是什么，切忌使用生僻、古旧、"新潮"的词语，让受众不知所云。当然，电视语言所要求的通俗化，是在严格遵守语言规范性和准确性的前提下进行的，不能单纯以通俗为目的而破坏新闻语言的准确性。

2. 口语化原则

所谓口语化，就是要求电视新闻语言尽量不采用书面语言，而用日常的口语来进行写作。口语化要求语句简洁、流畅、清晰，避免使用书面化的复合句、长句和倒装句；尽量选用双音词和口头词汇，避免采用同音词，不滥用简称和代词等，这样才能使受众在视听时毫无障碍，而且能准确、完整地接受和理解播出的新闻信息，达到良好的收视效果。

3. 生活化原则

生活化的新闻语言就是大众化、群众化的语言，它来自生活、来自大众，具有浓郁的生活气息和生命活力，最生动、最形象、最朴素，因而也是最能打动人心的。生活化与通俗化、口语化是密切相关的，由于电视是具有最广泛群众基础的大众传媒，因此也就对电视新闻语言有了生活化、通俗化和口语化的要求。

二、电视新闻的写作要求

（一）消息类电视新闻写作

1. 标题

（1）标题的作用。

电视新闻标题不同于报纸新闻的标题，报纸新闻的标题可以既有主题，又有副题，而电视新闻则往往只有一个标题，这个标题就像新闻的眼睛，有着十分重要的作用。

1）引人入画。电视新闻要吸引人，就要通过标题这个"向导"，好的标题，能够引人入胜，抓住观众的眼球和注意力。

2）揭示内容。标题在一定程度上，能够呈现新闻的主要内容，使观众很快就明白该新闻在讲什么，进而深入了解更为详细的内容。

3）加深印象。电视新闻的标题通常言简意赅，经过高度概括，寥寥几个字就把新闻的主要内容告诉观众，使观众印象深刻。

4）衔接分段。在一档新闻节目中，标题可以在各条新闻间起衔接、分段的作用，从而突出重点，划清层次。

5）美化荧屏。与画面内容和谐一致的标题，不仅能够加深观众的印象，同时也有美化荧屏的作用，给人以美感。

（2）标题的写作要求。

概括来讲，电视新闻的标题写作有如下 5 项要求。

1）表意准确，避免产生歧义。以真实为生命的新闻语言，要做到表达准确，避免产生歧义。

例1：南京冠生园：年年出炉新月饼　周而复始陈馅料

例2：不满伊朗拒绝妥协态度（引）

俄罗斯要缓建布什尔核电站（主）

例1的标题言简意赅，突出对比"年年"、"新月饼"和"周而复始"及"陈馅料"，而"南京冠生园"又是一个比较知名的品牌，看到这个标题，观众不由得会产生思考，南京冠生园和这则新闻有什么关系，新月饼和陈馅料之间是怎么回事，标题表意明确而又有吸引力。

例2则主宾指代不明，引题可以有两种理解："不满——伊朗拒绝妥协态度"或者"不满伊朗——拒绝妥协态度"。前者拒绝的动作是伊朗发出的，后者拒绝的动作则是俄罗斯发出的。新闻事实原是指俄罗斯不满伊朗的拒绝妥协的态度，主宾指代不明导致了理解的偏差。

2）传达重要信息，避免假、大、空。新闻标题从属于新闻事件本身，是新闻中最重要、最有价值部分的浓缩和提炼，应该紧扣新闻事件本身，不能游离于新闻事件之外，更不能为了标新立异而对新闻事件进行拔高或偏离。以下列新闻标题为例来分析：

例1："7·13"——申奥成功日　万众欢腾时
例2：北京奥运倒计时1 000天　吉祥物发布活动举行

例1标题突出了"时间"、"事件"，说明了群众的反应，通过标题对新闻重点内容做了很好的交代。例2的标题也紧扣新闻事件主体，是该新闻中最重要部分的体现。

3）高度概括，避免拖泥带水。新闻标题作为新闻的眼睛，应该是对事实最为精练有力的概括，因此所使用的语言必须高度洗练，删繁就简，避免拉杂琐碎、拖泥带水。

例1：46名村官吃上财政饭
例2：县文化中心二馆一场综合楼工程公开招标择优确定施工单位

例1的标题通俗精练，让观众一目了然。而例2中，"二馆一场综合楼工程"的信息传递过于琐碎，"公开投标"旨在"确定施工单位"，后半句的"择优确定施工单位"也可以省略，因此原标题可改为《县文化中心工程公开招标》。

4）画龙点睛，避免鱼龙混杂。电视图像能让人产生身临其境的感觉，是电视新闻的首要元素，所以电视新闻的标题应该起到画龙点睛的作用，以达到扣人心弦、吸引观众看下去的目的。

如咸阳兴平电视台播出的新闻《从种花大王到种粮大户》，标题中的"大"字用得有气势；渭南白水广播电台的新闻《掌声在田间地头响起》，具有音响效果，这些标题都起到了画龙点睛、突出主题的作用。

5）要素完整，避免交代不清。标题本身就是一条简明新闻，为了提高时效性，增加信息量，电视新闻的标题应尽可能纳入新闻五要素，使观众在新闻详尽播出之前就能对基本内容有大体了解。

例1：小汤山今夜开始收治病人

该标题清楚交代了时间、地点、主体、事件等新闻要素，既简洁明了，又完整清晰，观众看一眼就能对接下来要播报的新闻事实了然于胸。

2. 导语

导语是新闻的第一段或第一句话，它以简明、生动的语言把新闻中最重要、最新鲜的事实，经过提炼、概括和总结展示在开头部分，吸引观众的注意。

导语是新闻事实的核心和精髓，是新闻语言的高度概括和集中体现，能够起到提示新闻要点、引导收视、吸引读者、奠定新闻展开的逻辑顺序与结构关系的作用。

（1）导语的写作要求。

1）选材精粹，突出最重要的新闻要素。电视新闻节目的导语，不可能也没有必要涉及所有的新闻要素，只需着重强调突出某些最重要的要素。一般地说，事件性消息注重何时、何事；人物新闻多强调何时、何人；经验性消息更注重何因、如何；至于新闻的其他要素，则可放在新闻主体中分别交代。

2）高度浓缩，避免和主体重复。导语是主体的"浓缩"，而不是"重复"，所谓的"浓缩"，是对新闻的主要内容进行高度概括和提炼。

3）具体形象，要有吸引力。电视新闻中的导语要尽量避免概念化、抽象化，最好选用经过提炼的典型事实、形象化的情节或富于特点的细节，这样能使导语更加生动、形象。

4）照应主体，避免脱节。导语是消息的开头，是一则消息的有机组成部分，不管以什么样的形式出现，在内容及语言上，都要与新闻主体协调一致，相互呼应，避免与新闻主体脱节或相互抵触。

（2）常见的导语类型。

1）直接式导语。直接式导语的特点就是直接陈述新闻事实，用简练平实的语言把新闻中最突出、最有价值、观众最想知道的事实开宗明义地交代出来，吸引观众的注意力。例如《涉嫌"故意"传播艾滋病　医护人员被判死刑》的导语：

> 19日，利比亚班加西刑事法院宣布，判处涉嫌故意向利比亚儿童注射艾滋病病毒的5名保加利亚护士和1名巴勒斯坦医生死刑。

该导语开门见山，直截了当，把新闻事实和盘托出，这种类型的导语适合事件类新闻的报道。

2）对比式导语。运用对比、衬托的方法，把作者要说的事实和观点鲜明地亮出来。例如《南京冠生园：年年出炉新月饼　周而复始陈馅料》的导语：

> 中秋节就要到了，去年的这个时候，南京、成都等地的一些消费者反映，他们购买的月饼还没超出保质期就发生了霉变。当时这些事情只是被地方媒体简单报道了一

下就不了了之。然而，我们的记者在对一家月饼生产厂家进行了整整一年的跟踪调查后发现：月饼发霉的背后，隐藏着更为触目惊心的事实。

又是一年中秋节，通过对比，联系到去年中秋节消费者的反映，引出话题，一年的追踪调查背后到底隐藏着怎样的触目惊心的事实呢？对比自然，引人入胜。

3）悬念式导语。悬念是文学作品中最常见的一种表现手法，消息类的新闻导语也可以通过设置悬念来激发观众的兴趣，然后随着主体部分的展开逐一揭开谜底，以不断激发观众的兴趣。例如：

> 一批印着"五粮液"、"西凤"、"杜康"和"中国红葡萄酒"等字样的商标，被从酒瓶上撕了下去。

看到这里，观众可能不禁会问，是什么原因要把商标从酒瓶上撕去？进而产生疑惑和好奇，不由得随着主体新闻的展开去一探究竟，直到悬念一一得到解决。

4）提问式导语。在导语中先提出问题，引起观众思考和兴趣，然后用事实作答，使观众进一步关注。例如：

> 例1：日本茶叶源于中国，这早已成为定论，但日本茶道是从哪里传入的？她的故乡在何处呢？

> 例2：春节一天天近了，邮局寄包裹的柜台前一片红火，人们在年关前寄出的是什么呢？

在写提问式导语时需注意，导语中所提出的问题应该是当前人们所关注的、感兴趣的事情，而且也应该是令观众迷惑不解又急切想寻求答案的，不能无疑而问，故弄玄虚。

5）评论式导语。对一个事件进行点评，揭示被报道事物的意义或真相。例如《秋收之后话粮改》的导语：

> 上世纪末，我国粮食长期短缺的局面明显缓解，步入总量平衡丰年有余的农业发展新阶段。本世纪的第一年，经国务院批准，具备了市场先发优势、效益农业已初见成效的浙江率先实行粮食定购，放开市场、放开粮价、放开经营，粮食这个与国计民生关系最为密切的产品开始走向市场。

6）引用式导语。引用新闻中主要人物的重要讲话或是富有新意的语言，将其置于新闻的开头，能够给人以深刻的印象；也可以引用启发式的名言、谚语、诗词、典故等；或引用其他与新闻事件相关的、令人感兴趣的材料，以增加文采，激发观众的兴趣。

在写引用式导语时，需注意以下几点：所引用的话，必须能够在一定程度上反映出新闻的主题；所引用的话必须忠于原意；所引用的话不宜过长；所引用的话应该精彩、生动、富有新意，能吸引观众。

7）描写式导语。以具体描写开头，或从现场情景、氛围写起，或用典型情节及细节做引，或从自然风光入手，再使用新闻事实点出主题思想。例如《内江警方围捕蒙面持枪歹徒》的导语：

今天早晨 8 点 20 分，一名蒙面持枪歹徒，劫持人质和一辆日产"三菱"越野车，在逃至东兴区西林大道四号路时被警方拦截。记者闻讯用最快速度赶到现场。

这样的导语描写生动，现场感强。

3. **主体**

主体是消息的主要部分，它承接导语，阐发导语所揭示的主题思想，或回答导语所提出的问题，对新闻事实或新闻事件进行具体的叙述和展开。

（1）主体的结构类型。

一般说来，主体部分最常用的有以下 4 种结构类型。

1）倒金字塔式结构。导语之后，新闻主体按新闻事实的重要程度或受众的关心程度进行排序。其特点是头重脚轻，短小精练，断裂行文，利用段落之间的逻辑关系来行文，不用过渡段。优点是重点突出，成稿快，行文干练，有利于受众迅速把握报道重点内容，也有利于后期编辑控制报道时间。缺点是过于程式化。

倒金字塔结构适用于时效性强、事件单一的动态新闻。运用这种结构，要尽量与受众的价值标准和心理需求相一致，引导受众自然地从一个层次过渡到另一个层次；要注意交代事实发生的时间，防止因重要程度与时间先后不一而导致混淆事实。

2）时间顺序结构。导语之后，新闻报道主体根据新闻事件发生、发展直到结束的时间先后顺序来安排层次，展示事件的过程，这种结构保持了新闻事实原貌和事件进展的完整性，行文自然，线索清晰，符合受众接受信息的习惯。不足之处在于最重要的事实往往在报道的中间或结尾，容易被掩盖。

这种结构常用于现场报道和对富于情节性的消息进行口播。其叙事与事件的客观进程相一致，有利于受众了解新闻事件的来龙去脉，运用这种结构要注意突出重点，控制详略程度，切忌平均用墨、主次颠倒。

3）逻辑关系结构。在导语之后，主体部分根据事物的内在逻辑关系或问题的逻辑性来组织材料、安排层次。主体可依据事实之间的对比关系、因果关系、并列关系、递进关系或主从关系等安排层次段落，展示新闻事实。例如：

四大手段确保北京 2008 年奥运会供水安全

［导语］记者今天从北京市水务局了解到，北京市正在通过实施四大手段确保2008 年奥运会的供水安全。

［解说］这四项措施中的第一个就是要加大水资源的优化和配置来提高水的使用效率。

［解说］再一个就是要加大全社会的节水力度，包括工业节水、居民生活节水和农业节水，通过节约用水，节约水资源来提高水的使用效果。

［解说］第三个重要的手段就是北京市将加大使用再生水的力度，把更多的中水用在农业灌溉、城市园林灌溉，来替代目前使用的清水。

［解说］此外，还将加大雨洪水的收集力度来替代目前的一部分水源。

［解说］记者同时了解到，"南水北调"京石段的建设工程进展顺利，明年底可以基本建成，具备供水条件。

这个报道的主体分为五个部分，其中四段是对四项供水措施分别进行阐释，这四项之间是并列的逻辑关系，四部分缺一不可。因此，在报道时，如果所要报道的内容之间存在一定的逻辑关系，可采用相应的逻辑结构来组织材料。

4）金字塔式结构。报道将最重要、最精彩的内容放在最后，叙事充满悬念，直到最后才抛出一个出人意料的结果，这种结构适用于趣味性或反常性的题材，具有悬念感。

需要注意的是，金字塔式结构和时间顺序结构有时候很相像，但金字塔式结构的结局应该是整个报道的最高潮部分，而在时间顺序中，高潮的部分可能已经在中间出现了。

（2）主体的写作要求。

1）避免和导语部分重复。主体的功能是对导语中所强调的事实进一步展开、补充、延伸，而不是简单地重复导语的内容，应补充新的信息。

2）层次分明。所谓层次分明，不仅体现在对新闻事实有条不紊的叙述上，而且还表现在新闻事件和背景材料的组合上，短小精悍的消息必须条理清晰，组接恰当。

3）材料充实。主体部分内容充实，信息含量大，选用有鲜明个性的典型材料，对新闻事实的前因后果给予充分交代。

4）语言简洁。消息的语言简洁、朴实，在此基础上再追求生动、新鲜，避免大话、套话、空话、虚话。

4. **结尾**

为了强化新闻的主题，强化新闻价值或扩充消息的信息容量，可以根据新闻内容，精心设计消息的结尾部分。结尾的写法可分为以下几种类型。

（1）点题式结尾。

点题式结尾就是在结尾部分亮出主要观点，点明报道的主旨，当然，这主旨是在前面所报道事实的基础上提炼出来的。

（2）反问式结尾。

在结尾处以反问的句式提出问题，引导观众对新闻事件进行深入思索，起到发人深省的作用。例如：

像这样悠闲自在，却要出钱请人帮助尽"义务"的做法，是不是使义务劳动变了味呢？

该例的标题是《变了味的义务劳动》，结尾一语中的，作者巧妙运用幽默诙谐的语言对此现象进行反讽，让观众从语言的"调侃"中反思这一怪现象。

（3）呼吁式结尾。

在新闻的结尾，对报道中一些亟待解决而又未引起足够重视的问题发出进一步呼吁，以引发社会的广泛关注，并促成问题的早日解决。

例如新闻《农机千里走中原》的结尾，就是呼吁有关部门充分重视广大农民对农业机械化的需求：

> 记者在河南各地看到，尽管形成了如此大规模的农机千里走中原现象，但仍然不能满足广大农民对农业机械化的需求，这种情况应引起有关部门的高度重视。

（4）抒情式结尾。

抒情式结尾以虚映实、调动观众的联想，以优美的意境进一步升华主题。如《北京奥运会倒计时 1 000 天　吉祥物发布活动举行》的结尾：

> 此时此刻，在北京的每一个角落，在广阔的中华大地，亿万颗心向世界敞开胸怀，亿万中国人心底的热望汇聚成一个共同的声音。
>
> 中国万岁！中国万岁！
>
> 欢迎到北京来！

电视新闻的结尾是事物发展的必然结果，是整个报道构思中必不可少的一部分，不是硬加上去的。恰当的结尾能够增加信息含量，加深观众对新闻的理解，深化新闻的主题，增强新闻报道的社会效果，为"后续报道"埋下伏笔。

5. 新闻背景材料

新闻背景材料是指新闻事实产生的历史条件和环境条件，是跟新闻事实密切相关的内部联系和外部联系。新闻背景材料具有纵向性（新闻事实的来龙去脉）和横向性（新闻事实与周围事物的关系）的特点。背景材料的运用能帮助观众进一步理解新闻事实，对深化新闻主题有着直接的促进作用。

（1）背景材料的作用。

1）揭示主题，深化主题，提升新闻价值。有则关于河南省禹州市中华药城开工的报道，如果没有如下背景材料的运用，人们可能认识不到这条新闻的重要价值：

> 禹州自明代便是当时全国十大中药材集散地之一，改革开放后，禹州中药市场重又复兴，并新建了药行三条街，入住商户千余家，但随着市场的发展和中药行业的兴盛，现在的药行街已远不能满足客户及市场发展的需要。

简短的几句背景材料，道出了禹州中药材市场兴盛的历史渊源，把兴建中华药城的意义一下子凸显了出来。

2）突出新闻的"新"。有些新闻是报道新成绩、新变化的，如果恰当运用背景材料进行今昔对比，就能形成强烈的对照，起到烘托新闻事实或新闻人物的作用，就更能突出"新"字，增强宣传效果，让观众体会到社会及历史的进步。

（2）运用背景材料应该注意的问题。

1）背景材料应真实、简明、典型。注意收集各种和新闻相关的声像材料，并在其中选取最近的、最能直接揭示事物本质意义的背景材料，使用材料应做到简明扼要、突出重点，避免材料堆砌、层次不清、主题分散。

2）背景材料应灵活运用。背景材料的位置是比较灵活的，在电视新闻报道中可独立成段；也可根据画面视觉效果的需求，按照电视线性视听规律，以段落或句群的形式把背景材料穿插在导语、主体或结尾中，形成错落有致的层次；也可以将背景材料"化整为零"，以句子或句子成分的形式隐入导语、主体或结尾之中。

3）应围绕报道主题或主要新闻事实选择背景材料。一条新闻一般只能围绕一个中心来写，不能游离于新闻主题和新闻事实之外，"引旧意在显新"，所以新闻背景材料一定要紧扣主题，和新闻主体材料要配合恰当，防止东拉西扯、分散主题。

4）增强趣味性，引起观众的注意和兴趣。在背景材料的运用中，巧用历史典故、民歌民谚、民间传说等，不但可以增强新闻的感染力，加强记忆，而且还可以引发人们的浓厚兴趣。

在使用新闻背景材料时，一定要摆正主要事实和背景材料之间的关系，巧妙运用背景材料，真正为新闻增色。

（二）专题类电视新闻写作

电视专题节目是以报道的方式对社会政治、经济、军事、文化等方面的某一热点进行较为系统、全面而又深入的探究和表现的节目类型。其中，以深度报道为最常见的节目形态。电视新闻深度报道是指凭借声、画形象，对重大的新闻事件、有影响的社会问题和社会现象所做的报道与点评，其中包括背景介绍、分析解释、归纳预测等。[①]

电视新闻深度报道因其充满理性思辨色彩、矛盾冲突明显和报道立体化、多侧面、多角度等特点而深受观众喜爱。然而，深度报道的写作不像普通消息那样简单，它在选材、采访及撰稿等方面均有不同的要求。

1. 选题要求

深度报道的题材应该是具有一定社会意义并有重大价值的人物、事件、经验和社会现象等。所谓一定的社会意义，是指报道的问题具有较高的社会关切度，是广大群众普遍关心、密切关注的问题，同时又具有正确的舆论导向，这是深度报道赖以产生的前提。所谓有重大价值，则指的是所选择的事件或现象具有极大的信息承载量和牵动力，具有进行深入调查和层层推进的可能性。

---

① 参见叶子：《电视新闻节目研究》，174 页，北京，北京师范大学出版社，1994。

（1）矛盾性。

所谓矛盾是指事物内部或事物之间，既互相依存又互相对立。有矛盾就会有冲突，有冲突就会有碰撞，有碰撞就会有争议和高潮。发现矛盾，分析矛盾，进而关注和调查，这正是电视新闻深度报道的任务，较好地完成这一任务，才能显示出电视新闻深度报道的深刻性和感染力。

（2）整体性。

一般的新闻报道有五要素，即何时、何地、何人、何事、何因，而深度报道则着重在"联系"上做文章，将新闻事件发生的相关背景、当事人与所处的社会环境的联系及新闻事件将会带来的社会影响一并表现出来。换个角度来看，深度报道其实是要求记者能够对纷繁的新闻表象进行筛选和挖掘，力求将新闻背后的本质表现出来。例如：《追沙溯源北行记》将环保这一重大主题与首都北京联系在一起，一句"沙漠每年以2%的速度向前推进……北京就有被沙漠埋没的危险"，就像往一池死水里投进了一颗重磅炸弹，起到了振聋发聩的作用。

（3）思辨性。

对新闻加以立体表现的深度报道，是新闻追求历史真实，体现当代意识的最佳模式之一，思辨性是它的一个重要特征。优秀的深度报道，往往能把理性寓于事实之间，不仅审视新闻事实的新闻价值，而且更注重从反映社会脉搏和时代精神的高度选择题材、提炼主题，在提炼的过程中折射出理性的思辨色彩。

2. 表达手段

电视新闻深度报道可同时调动同期声、解说、录音资料、音乐等手段，使之相互配合，最终以对播、交谈、问答或听众参与等方式播出。电视新闻专题的表达手段，包括诉诸视觉的手段，如活动画面、照片、图片、动画、字幕、特技等；诉诸听觉的手段，如使用同期声、解说、录音资料、音乐等。电视新闻专题可适当采用这些手段，做到与内容相协调，从而起到烘托内容、激发受众情感、引起共鸣的作用。

3. 写作要求

（1）体现人文关怀。

有人以为深度报道关注的是大事、要事，因此在写作上有意"玩深沉"，以致脱离实际。其实，在选题、拍摄和写作中所表现出来的人文关怀才是深度报道真正的魅力所在。注重人文关怀，就要在写作、选题和拍摄上贴近生活，反映老百姓的心声，从具体事物切入，抓住要点，揭示新闻背景，站在百姓的角度来看待问题，分析问题，体谅他们的难处、苦处。比如在《焦点访谈》、《新闻调查》中，看到辍学儿童对走进学校的祈盼，下岗工人的迷茫和无奈，被劣质种子坑害后农民欲哭无泪的悲愤控诉，这些生动的画面、真实的同期声、深刻的警世解说，无不倾注着深切的人文关怀，这种关注和关怀，是及时的、形象的、有针对性的、有很强的感染力。

（2）从事实中提出问题。

电视新闻深度报道常以某个问题作为引子，进而综合各方观点，一路挖掘下去，最后得出结论。同时，深度报道在追踪过程中也要根据情况的变化不断地发现问题，提出思考，寻找答案，这是深度报道在写作上的又一要求。问题的提出一定要有根据，是从事实中发现的有疑而问、为大众而问、在关键处发问，而不是凭空捏造、生硬乏味，甚至脱离实际的无疑而问。

（3）夹叙夹议，评述结合。

叙述和议论应该是一个有机的整体，只有在整个报道中做到叙议结合，让人们了解了事实真相以后再发表观点并有理有据，才能发人深思，令人信服。

（4）缩小口子，深采细挖。

生活中的现象纷繁庞杂，因此在深度报道中可缩小口子，抓住焦点，把握主要矛盾，从细微处入手，然后深入挖掘，刨根究底，进而揭示新闻事实的本质，反映客观事物的内在规律性。

（三）评论类电视新闻写作

评论类电视新闻节目是评论者、评论集体或电视新闻机构对当前具有普遍意义的事件、问题或社会现象表示的意见或态度。[①] 它具有两个鲜明特征。一是论说的具象化特征。评论类电视新闻是将事件、人物的影像直观反映在电视屏幕上，通过现场报道、纪实拍摄等手段将论说视觉化，以增强电视评论的说服力；二是评论形式的多样化特征。由于评论类电视新闻可以由画面、声音、同期采访、字幕、电子特技等多种视听符号加以表现，因此评论的表现形式做到了多样化。

优秀的电视新闻评论应做到"三性"的统一，即新闻性、说理性与电视性的统一。它依据新闻事实，就实论虚，以深刻的分析和议论，阐明代表社会主流意见的媒体立场和观点，是一种具有鲜明针对性和指导性的论说新闻体裁。它以电视化的表现手法将新闻性和说理性融会贯穿为一体，从而达到揭示真理、引导社会舆论的目的。而一则好的电视新闻评论要从选题和评论及结构写法三个方面入手。

1. 选题

电视新闻评论的选题好坏是直接决定新闻评论成败与否的关键。在政治层面上要选择政府重视、群众关心、普遍存在的题材，在业务层面上要达到"情、趣、理"三者的有机结合，从效果上看，节目在播出后要达到比较好的社会效果，能够正确客观地反映问题，起到良好的舆论引导作用。

（1）选题要有典型性。

电视新闻评论担负着舆论监督的重要职责，要做到以点带面，高度凝练，因此在选题

---

① 参见杨伟光：《电视新闻分类与界定》，22 页。

上一定要有典型性。所谓典型性，就是指电视新闻评论要选取那些具有代表性的新闻事件进行剖析和评说。实践证明，电视新闻评论的社会反响如何，社会效果如何，在很大程度上取决于是否抓住了典型的新闻事件。

（2）选题要有异常性。

所谓异常性，包括两个方面。一是指那些特定的社会行为，这些行为违反了社会准则与规范，破坏了特定的社会秩序，给社会造成了危害。这种行为既有道德层面的，也有法规层面的。二是指那些与人民群众息息相关的、但又暂时不为大家所熟悉或者无法理解的新鲜事物。对于前者，电视新闻评论通过对社会上这些不正常的、不合法的行为及现象进行评论、批判，引起广大群众的注意、警醒，从而使广大人民群众能明辨是非、善识丑恶，起到激浊扬清的功效。对于后者，电视新闻评论追根溯源，通过一系列严密科学的分析论证，阐述应如何看待这些现象对日常生活的影响，以及它将如何进一步发展，等等，有利于消除受众面对不熟悉或无法理解的新鲜事物时所产生的怀疑或焦虑，也有利于人民生活的稳定及社会的长治久安。

（3）选题要有建设性。

所谓建设性，指电视新闻评论所反映的事件能在社会生活中产生较大的效应。其中，正面的新闻事件能在观众中产生积极的效应，负面的新闻事件则能在观众中起到警示、教育、预防的作用。因此，作为担负舆论监督重任的电视新闻评论，应成为扶正祛邪、激浊扬清、解决问题、推动工作，促进社会健康发展的有力工具。电视新闻评论的这种建设性，是以舆论监督的方式扬善抑恶，倡导正确的行为方式和价值观，引导人民积极投入到社会主义物质文明和精神文明的建设中去。

（4）选题要有接近性。

电视新闻评论应更多地选择观众关心、感兴趣的事情，选择那些发生在老百姓身边的、与他们息息相关的现象，选择大众普遍感到有话要说、亟待解决的问题去分析评论，贴近生活，言群众所不能言，才能更好地吸引观众，为百姓代言。

2. 评论模式

（1）本台评论。

本台评论相当于报纸的社论，它是代表电视台编辑就当前重大事件或问题表明立场的指导性言论。在我国，本台评论实际上是代表本级或上级党和政府发表评论。本台评论通常由专门人员撰稿，编辑、播发都要按相关程序行事。

（2）访谈模式。

访谈类节目面对具有全局影响的大事、社会热点问题、与大众利益密切相关的话题进行探究分析，在调查中质疑，在质疑中探究，在探究中发现，在发现中评说，评论基于采访并渗透在采访过程中，由此形成了一种特有的电视新闻评述方式。例如中央电视台的《焦点访谈》就是典型的访谈型电视新闻评论节目。

（3）说新闻式评论。

说新闻式评论就是脱口讲述新闻，并在讲述的过程中即席发表评论员的评论。说新闻式评论的对象是民生新闻，重大的政治性新闻则一般用读屏的方式来播报。说新闻式评论将告知事件的过程与评论的过程紧密融合在一起，一边播放新闻录像，一边告知观众事件经过，一边对事件进行评论，使观众不但了解事件全过程，而且知晓评论者的态度及意见，是一种较为典型的口头述评模式。

（4）沙龙式新闻评论。

沙龙式新闻评论是一种正规的群言式新闻评论，指对某个新闻事实或现实问题感兴趣的一群人，聚集在一起展开讨论的评论方式。一般说来，这种评论方式有三个特点：有确定的事件或问题，评论场地专门化，评论方式群言化。

（5）电视论坛。

即由主持人邀请权威人士对当前国内外重大事件或群众关注的问题发表意见、看法、认识或态度的节目。

（6）电视述评。

电视新闻报道者一边报道事实的具体情况，一边对事实做分析评论的夹叙夹议的报道节目。传统的评论节目以评为主，述的部分只是作为评论的依据。而电视述评类节目则根据题材内容的需要，该述则述，当评则评。述、评结合，是目前电视台采用较多的形式。

（7）家常式评论。

所谓家常式评论，就是主持人及其请来的嘉宾，模拟人们在家里聊天的方式，随意即兴对时事进行评论的节目类型。这种新闻评论的特点是：评论场地休闲化，视角平民化，评论目的娱乐化，着眼于新闻的新、奇、趣。

（8）现场直播评论。

现场直播评论是评论员就某一突发事件、重大事件进行现场解说、评点，主要用于大型会议、文艺演出、体育赛事或突发事件，等等。其评论一般不做过多的背景铺垫，而是对事实进行直截了当的评论。因为是直播新闻评论的观点，因此要求评论员出语谨慎，不说过头话，不盲目预测，不偏不倚。

3. 电视新闻评论结构的基本形式和写法

在前面的"评论模式"里，我们已经总结了电视新闻评论的几种模式，下面着重分析一下主要评论模式的结构特点和写法。

（1）本台评论。

本台评论相当于报纸的社论，主要由标题、引论、正论和结论等部分构成。标题的制作要求准确贴切、简明扼要、鲜明生动。

引论的写作，常见的方法有：

1）开宗明义，点明题旨，凸显观点。

2）说明事件原委，交代写作动机。紧扣新闻事实，抓住其中一点，简洁地点出新闻事实的本质及其所蕴涵的现实意义。

3）以新闻为原由，为论证作铺垫。新闻评论依托于新闻事实，然后对新闻事实进行评析，为论证做好铺垫。

4）用设问点题，引起受众关注。评论开篇设问，直接切入新闻点，通过问题的提出，引起受众的关注。

5）摆出驳论观点，挑起论战高潮。在引论中摆出不同观点，通过新闻事实的逐步展开加以论证。

正论的结构安排方法：

1）归纳式论证结构，围绕中心论题，先依据材料推出分论点，然后归纳出总论点。

2）证明式论证结构，先提出论点，然后运用论据直接证明。

3）并列式结构，先提出总论点，然后排列出几个并列的分论点，从几个方面对总论点加以阐发。

4）递进式结构，提出总论点后，逐层分析，或由小到大，或由表及里，或由浅入深，或由现象到本质，从而把道理阐述得完整深刻。

5）正反式论证结构，提出论点后，先反后正，或先正后反，从正反两方面说理，形成强烈对比，是非曲直，昭然若揭。

6）比较式论证结构，提出论点后，通过对事物本身各个发展阶段的纵向对比或者与另一事物的横向对比，深入阐发道理。

结论的写作方法：

1）高昂激越式。电视新闻评论节目影响面比较广，在观众心目中又有一定权威性，因此对于需要弘扬提倡的主旋律可采用高昂激越的方式对社会进行呼吁，如对孔繁森、韩素云、张鸣岐等人的报道。

2）精辟概括式。电视评论的成功之一是论证的水平高、力度强。评论的力量在于讲述道理，以论说的力量服人。对于结论的精辟概括，是和论点的鲜明、论证的充分以及剖析的透彻相辉映的，共同构成一个有机的整体。

3）余音绕梁式。比如电视述评《造林还是造"字"》的结尾点评道："封山育林，绿化山川，是我们各级政府部门义不容辞的职责。陇西县部分乡镇加强封山育林的宣传本无可厚非，但要劳民伤财地去'造字'不造林，那也只能是违民意、毁民财、失民心了。陇西县是国家级贫困县，至今还有不少农民未解决温饱，花费如此浩大的人力、财力来建造这样的石头标语，说到底还是一种不注重实绩、只做表面文章的形式主义。好，感谢收看本期节目，再见。"这段评论给人们留下的是无尽的思索，"是要注重实绩"还是"做表面文章"的提出使人们对陇西县的"造林"宣传有了更深刻的认识，使受众在看完评论后有一个思索的过程，在心中对于评论所阐述的问题有一个认知，从而体现了整个评论的深度和力度。

（2）访谈式评论。

访谈式评论常常是先访后谈、先采访后评论。

以《焦点访谈》为例，其结构形式是按照事理逻辑的论证方式安排的。开头是评论员点题部分，说明本期访谈的缘由。正论部分是记者采访的内容，要么是点上的一个故事，要么是面上的普遍反映。然后记者带着问题采访，在报道式的采访中，由于记者对论题的有效控制，在一问一答中完成了论证过程。结尾部分是主持人对报道或者论证过程的总结。其特点是以冷静、持中的态度说明问题，表明观点，不肆渲染，点到为止。

（3）沙龙式评论。

沙龙式评论的结构样式就是与有准备的对象在专门的谈话场所谈论专门的话题。这个话题是预设的，演播厅成为观点交流的平台。表面上看，观点的主要发布者是特邀嘉宾和与其观点相近或相左的群众，主持人就像家庭主人一样，让不同观点在预设的框架内自由交锋。但是实际上，主持人是观点的组织者，在限定的时间内，他会让持有不同观点的嘉宾或群众拿出自己的论据来。大家可以发表自己的观点、看法，畅所欲言，最后主持人对这些观点进行归纳总结，亮明观点。

（4）谈话类评论。

谈话类评论是指通过主持人、评论员与特邀嘉宾在演播室就某一新闻事实或新闻现象进行面对面交流的评论形式。这类节目与访谈式评论和沙龙式评论的不同之处在于：评论参与者限于固定的主持人、评论员，以及与论题相关的内行专家、知情人；话题设置紧扣新闻事实和现象，当日新闻当日评论，充分体现时效性；评论的缘由或背景一般由主持人口述概括，少有画面音响的介入；评论场所固定在演播室。此类节目原来以中央电视台《央视论坛》为代表，现在中央电视台《新闻1＋1》也多采用这种形式。以《"夹"税的月饼》为例，评论以广东税务机关新出台一项政策为关注点展开评论。该政策规定，凡由单位购买的职工福利性月饼，要按价格于职工当月工资中扣税。主持人围绕这一主题，向请来的嘉宾（中央财经大学一位副教授）和新闻评论员提出一连串问题：该政策对不对？单位发的福利品怎么扣税？扣税后是否应该告知当事人？有没有更好的办法？也就是按"是什么—为什么—怎么办"的思维路径，与嘉宾和评论员共同建立起一问两答式的评论结构。

（5）记者述评。

记者述评的评论者由评论员换成记者，由记者在现场对新闻事件进行评述。记者有述有议，夹叙夹议，在叙述的基础上议论，在叙事的基础上明理。叙述为议论张本，把事件的来龙去脉交代清楚；议论为叙述点睛，使事实中所包含的观点得以提炼、升华。

其他的评论形式，诸如录音评论、连线式评论等，其结构与上面所举的评论类型大同小异，不再赘述。

电视新闻写作的实践表明，在电视新闻写作过程中容易出现一些较常见的问题，其中最主要的有声画错位、内容繁杂、结构紊乱、主题不明、导语和主体脱节、语言不简洁、表述产生歧义、书面语使用过多等。这些问题直接影响新闻播报目的的顺利实现。写作者应根据电视新闻视听结合的语言形式和转瞬即逝的传播特点，努力达到"4 个 C"的标准。

病文诊疗

【原文】

抓获歹徒　维护稳定

［解说］昨日，滨江市南岗区公安分局接到群众举报，有政府官员在东海龙宫娱乐中心嫖娼。

［画面］滨江市南岗区公安分局召开年终总结大会

［解说］接报后，数名警员前往。在包厢中发现 5 名穿着不堪入目的男女。一女看见了公安，迅速逃离。旋即有十数名男子赶来。一警员递出工作证，并说"我们是南岗区公安分局的"。一男子说"公安分局的算个屁"。于是拳脚相加，一位警员甫一掏枪，即被人用灭火器打中头部，枪亦被夺。一场混战之后，近处的公安局派出所纷纷来援，局势被控制住。

［画面］南岗区公安分局的夜间抓捕行动

［解说］嗣后，检察院以"暴力袭警"、"抢夺枪支"等罪名，提起公诉。公安抓获若干歹徒，2 名投案，5 名在逃。3 名受伤警员至今仍在医院中。

【评析】

（1）题文不一致。标题不仅没有反映新闻中最重要的信息，而且题大事小，空泛无物。

（2）声画不对位。解说和画面没有统一，声画分离，造成解说与新闻事实的脱节。

（3）事实前后不一致。前面叙述抓捕嫖娼，后面叙述抓捕歹徒，事实混乱，主题不明。

（4）语言啰唆，缺乏提炼。"一警员递出工作证，并说'我们是南岗区公安分局的'。一男子说'公安分局的算个屁'。"这些交代都显得琐碎。

（5）语言过于书面化。"甫一"应改为"刚准备"，"枪亦被夺"应改为"枪也被夺"，"嗣后"应改为"事后"等。只有遵循视听规律，观众才能听得明白。

范文评析

【例文】

WTO 第四次部长级会议审议通过中国加入 WTO

记者　肖振生　韩卫　李纪炎等

［解说］北京时间 23：20 分，中国代表团团长、对外经济贸易合作部部长石广生率中国政府代表团进入会场，并首次在前排就座。大会开始审议中国加入世贸组织的申请。世贸组织中国工作组组长杰拉德向大会报告了工作组工作情况，并向大会提交了《关于中国加入世界贸易组织议定书》草案和工作组代拟的《关于中国加入世界贸易组织的决定》。本次大会主席、卡塔尔财政经济贸易大臣卡迈勒提请大会审议通过中国加入世界贸易组织。

［同期声］会议主席、卡塔尔财政经济贸易大臣卡迈勒："（部长级会议）一致通过（中国加入世界贸易组织）。"

［解说］请记住 2001 年 11 月 10 日这一天，由于中国入世，世界为中国、为世界贸易组织、为全球贸易体制而喝彩。

这是中央台记者从卡塔尔首都多哈发回的报道。

（中央电视台，2001－11－11）

【评析】

这则电视新闻获得了 2001 年中国广播电视新闻奖的短消息一等奖，是一篇让瞬间变成永恒的经典之作。

该电视新闻采用全景画面与特写相结合的表现手法，旨在挖掘隐含在画面背后的新闻本质，同时又使用解说词、同期声与画面压字幕相结合的手法，在精短的新闻片中融入丰富的内容，通过解读快速转换的镜头，引导观众了解中国被批准入世的程序。尤其值得一提的是，片中省略了石广生长达 10 多分钟的讲话，仅仅用形象表现了中国代表的自豪神情和诸多国家代表的祝贺画面，让人感觉到生动传神的画面语言。

该新闻报道两次使用了压字幕，分别是新闻开头和结束部分：开头处"北京时间 2001

年 11 月 10 日 23：10 多哈喜来登酒店萨尔瓦大厅"点明了事件发生的时间与地点，这一开头颇似纪录片，隐喻这一时刻的重大历史意义，给观众以深刻印象；结尾部分"中国从'复关'到'入世'历时 15 年，而此次审议过程仅仅用了 8 分钟"一句话，让观众不禁回忆起十多年来中国在入世问题上所做出的努力和遇到的挫折，今昔对比，发人深省，折射出对祖国繁荣与强大的自豪感。

职场操练

1. 请将下列句子修改为准确恰当的电视新闻语言。

（1）最近各大媒体关于震惊中国足坛的"黑哨事件"作了详细报道。

（2）全乡投入植树造林的劳力由原来的两千九百人增至四千人。

（3）中国乒乓球队将于明天与日本队对垒。

（4）这就是资本家办的"慈善事业"。

（5）出席讨论会的全国劳模王华（陕西）、董桥生（重庆）先后发言。

（6）今年的税收政策全不改变。

2. 请根据以下画面拟出标题，写一则电视新闻报道。

画　面
街景
哈尔滨市容人员在街上检查
清洁工扫地
市容人员检查行人
小饭店收起幌子
工作人员在一门上贴封条
封条上写：全国城市卫生检查团 9 月 13 日来检查
检查团在市内街头行走
街道处处干净整洁
检查团开会镜头
3 天后街头乱停的车辆
工地乱堆乱放
公园门口混乱
垃圾站垃圾遍地
广场上洗车脏水乱流

3. 以中央电视台的《新闻调查》为例，分析其栏目风格及写作风格。

【参考答案】

1. （1）最近各大媒体对震惊中国足坛的"黑哨事件"作了详细报道。

（2）全乡投入植树造林的劳动力由原来的两千九百人增至四千人。

（3）中国乒乓球队将于明天与日本队比赛。

（4）这就是资本家办的所谓的"慈善事业"。

（5）出席讨论会的全国劳模陕西的王华、重庆的董桥生先后发言。

（6）今年的税收政策全都不改变。

2. 参考文：

检查团来了，走了！

全国城市卫生检查团从 9 月 13 日起，对哈尔滨市城市卫生情况进行全面检查。

检查团到来前夕，哈尔滨市紧急行动起来，清理街道，清除闲杂人员，关闭有碍观瞻的小饭店，查封卫生不合格单位等。9 月 13 日，哈尔滨市以美丽清洁的城市风貌迎来了检查团。全国城市卫生检查团在进行了为期 3 天的检查后，对哈尔滨城市卫生状况给予了充分肯定，昨天离开哈尔滨市。

今天，当记者再次来到检查团曾经驻足、查看过的地方时，"新貌"换"旧颜"，这里的一组镜头，同样拍摄于工地、公园、广场、垃圾站等。检查团走了，但城市卫生呢？

3. 《新闻调查》是中央电视台继《东方时空》、《焦点访谈》之后推出的一个以调查采访为主要形式，对社会普遍关注的事件或现象进行多侧面、多角度、深层次剖析的电视深度报道节目。该电视深度报道写作注意充分挖掘事实，在全面细致的调查基础上，选择引人入胜的切入点，在报道中注重故事的叙事性，并融入浓郁的人文情怀，报道深入有力，触动灵魂，因此在短短几年的时间里，《新闻调查》已成为备受观众欢迎的名牌栏目。

参考文献

1. 杨伟光. 电视新闻分类与界定. 北京：中国广播电视出版社，1994

2. 周勇. 电视新闻编辑教程. 北京：中国人民大学出版社，2002

3. 涂光晋. 广播电视评论学. 北京：新华出版社，1998

4. 张凤铸. 中国电视文艺学. 北京：北京广播学院出版社，1999

5. 赵玉明，王福顺. 广播电视辞典. 北京：北京广播学院出版社，1999

6. 高鑫．电视艺术学．北京：北京师范大学出版社，1998

7. 姚治兰．电视写作教程．北京：中国传媒大学出版社，2005

8. 石长顺．电视文本解读．武汉：华中科技大学出版社，2003

9. 吴保和．电视文艺节目策划与创作．北京：中国戏剧出版社，2002

10. 何日丹．电视文字语言写作．北京：中国广播电视出版社，2001

第十一章
广告文案写作

第一节　什么是广告文案

自从广告出现，就有了广告文案。但是，对广告文案概念的提出与界定却是在近代。19 世纪后期的美国出现了专业广告撰稿人，才有了广告文案这一概念。

在中国，对于广告的研究最早出现于徐宝璜在 1919 年底出版的《新闻学》，它是中国最早的新闻学专著，其中专设一章"新闻纸之广告"。后来著名报人戈公振在其《中国报学史》中也专设"广告"一节。1931 年，苏上达著《广告学概论》出版。但是，这三本书中均未提到广告文案的概念以及对这一概念的界定问题。

1979 年以后，中国广告业复苏，相继出现了一批有关广告的论著。1981 年，唐忠朴、贾斌著的《实用广告学》提到："为了达到预期的目的，我们在创作一篇广告稿（包括文字稿与图画稿）时，必须弄清它应遵循的几个原则。"1985 年，傅汉章、邝铁军著的《广告学》中讲到："广义的广告文，也称广告稿、广告拷贝（advertising copy）或广告表现，它的内容包括广告作品的全部，如广告文字、绘画、照片及其布局等等。例如，报刊广告，广告文不限于文字，也包括色彩、绘画、图片、装饰等。狭义的广告文仅指广告作品中的文字部分。本书所讲的广告文，是采用狭义的广告文概念，即广告文是用以展示广告宗旨的语言文字，不包括绘画、照片等。"两本书中所提到的"广告稿"、"广告文"、"广告拷贝"等，其实就是我们现在所说的"广告文案"。

1991 年，中国友谊出版公司出版的"现代广告学名著丛书"统一采用了"广告文案"的说法。而后出现的许多广告学译著和港台著作，内中也大都使用"广告文案"的称呼。现今约定俗成地把 advertising copy 翻译成中文的"广告文案"。

综观各种有关广告文案方面的著作，对广告文案主要有以下界定：

第一种观点：广告文案仅指广告作品中的语言文字部分。这种观点含两个要点：第一，必须存在于广告作品中，广告活动中的其他一些语言文字构成，比如广告计划书、广告策划书、广告预算、广告脚本中对镜头的交代等等，都不属于广告文案的范畴；第二，必须是语言文字部分，广告作品中的图片、编排布局、色彩、镜头画面、人物动作、音乐等，也不属于广告文案。

这一观点在很长一段时间内被认为是广告文案的标准定义，它将语言符号（语言文字）和非语言符号（画面、音响、音乐等）区分开来，认为广告文案只是语言符号，这一点是可取的。但是，它将广告文案限定在广告作品中，这对于广播、电视等运用视听语言的媒介明显不太合适，比如：

美国贝尔电话公司电视广告

（傍晚，一对老年夫妇正在餐厅里吃饭。此时，电话铃响了，老夫人连忙奔过去拿起话筒。一会儿，老人重新返回原处。）

老先生：谁的电话？

老夫人：是女儿打来的。

老先生：有什么事？

老夫人：没事。

老先生：没事？几千里她打来电话？

老夫人哽咽着说：她说她爱我们。

（两位老人，相视无言，激动不已。）

画外音：用电话传送你的爱吧！

很明显，括弧里面的内容在最后的广告作品中不是以语言文字的形态呈现出来的，它是在广告制作过程中对广告镜头需要拍摄的内容的描述。如果仅仅用广告作品中的语言文字部分来对广告文案进行界定，括弧里的内容不属于广告文案的范畴。但是，在电视广告作品的制作过程中，很难将文字语言和镜头画面分割开来，单单只撰写广告中出现的人物对白、画外音或者字幕。实际上，创作电视广告需要像电影编辑那样写出类似于剧本的广告脚本，再由广告脚本去指导镜头的拍摄。

所以，认为广告文案必须出现于广告作品中的观点是有很大局限性的，它仅仅适用于平面广告。

第二种观点：广告文案是指通过广告语言、形象和其他因素，对既定的广告主题、广告创意所进行的具体表现。这一说法也包含两个要点：第一，广告文案不仅仅指语言文字构成，还可以是图片、图像、音乐、音响等非语言要素；第二，广告文案不一定只出现在广告作品中，只要是表现广告主题和广告创意的构件，都称得上是广告文案。

这一观点被认为是广义的广告文案概念，和第一种观点相比，它打破了"广告文案必须存在于广告作品中"的限定，电视广告脚本里对镜头内容的描述等被涵括在广告文案里。但是，这一观点将非语言符号称为广告文案，则有失偏颇。

语言符号和非语言符号尽管都是信息传播的工具，但在长期的广告实践过程中，已经形成了明显的分工：语言符号由广告文案负责人完成，而非语言符号却是由美工、摄像、动画制作、配音等人员完成，这种分工已经科学地将广告文案和图画、音乐、音响等区分开来。所以，广告中的非语言文字符号不应属于广告文案的范畴。

第三种观点：广告文案是所有的广告运作中所形成的文字资料。这一观点将广告计划书、广告策划书、广告预算书等全部看成是广告文案。这些资料尽管都是文字材料，但它们是宏观上对整个广告运作的运筹和谋划，不是对广告主题、广告创意所进行的具体表现，很明显不能算是广告文案。

由上可见，广告文案的概念应该包括以下要素：

第一，广告文案是以语言文字符号为物质媒介或信息载体的，非语言符号不能算作广告文案。

第二，广告文案不单指广告作品中的语言文字部分，如电视广告脚本里对镜头内容的描述也属广告文案。

第三，广告文案是对特定广告主题、广告创意的具体表现，是为展现广告作品服务的。

本书给广告文案做如下定义：广告文案是以语言文字为物质媒介符号，具体表现广告作品既定的广告主题、广告创意的篇章。

第二节　广告文案的特征及分类

在印刷媒体时代，广告作品的好坏，主要是通过广告文案来衡量的。随着科学技术的进步和广告业的发展，广告作品开始运用图像、音乐、音响等非语言文字符号来表现，从而收到更大的视觉、听觉冲击效果。但是，有调查结果显示，广告效果的50％～70％来自语言文字部分，广告文案仍是广告作品的核心。

首先，广告文案写作是广告运作过程中必不可少的环节。在广告运作过程中（包括接受任务、市场调查、广告策划、创意设计、文案写作、媒介发布、作品面世、效果测评等环节），广告文案写作是承上启下的一环，不可缺少。其次，广告文案往往要直接面对受众发挥劝服作用。再次，对于广播电视等电子广告而言，广告文案是广告设计制作的依据，它要为镜头画面的拍摄以及后期配音等提供文字指导。最后，广告作品中非语言文字要素的表现力，也有待于广告文案的补充与加强。有的画面若不配上文字，会让人难以理解，语言文字能够比较详尽、准确、直接地传递有关商品和劳务的信息。

一、广告文案的基本特征

（一）原创性

原创性是广告的生命。广告文案的内容和形式都应是新颖独特的，是别的文案没有做过或者没有做到的。

广告创意大师乔治·路易斯曾说，广告是打破成规的艺术，而非建立定律的科学。他认为广告制作要打破各种枷锁，要标新立异、与众不同。乔治·路易斯创作出了许多放荡不羁的文案和富有冲击力的作品，例如著名的伏特加酒的平面系列广告，其中有两个是这样的：

> 一瓶伏特加对红番茄说："嗨，你这个正点的红番茄，若我们两个加在一起可以调成血腥玛利。我可是和别的家伙不同喔！"番茄说："我喜欢你，沃尔夫·史密特，你的确有品位。"

> 一个平放的伏特加瓶子对橘子说："甜心，我很欣赏你，我可很有品位，我要发掘你的'内在美'，亲一个。"橘子回答："上个星期我看到的那个跟你在一起的骚货是谁？"

以上广告文案是对生活中常见素材的组合加工，能给人"似曾相识"之感，但确实又是原创性的，耐人回味。

美国广告大师詹姆斯·韦伯·扬在《产生创意的方法》一书中说，创意完全是各种要素的重新组合。广告中的创意，常是有着生活与事件等"一般知识"的人士，对来自产品的"特定知识"加以新组合的结果。可见，原创性是以生活经验为基础的，要让受众产生"既在意料之外，又在情理之中"的感受。

（二）相关性

广告是一种有偿的传播活动，广告的目的是为了促销。好的广告文案必须要与广告产品、广告受众、广告媒介等密切相关。

首先，广告文案必须与广告产品相关，要紧紧围绕产品，以广告产品为中心。报纸广告是按照版面大小来收费的，电视广告是按照时间长短来收费的，如何在有限的版面和有限的时间内让受众记住广告产品或品牌名称？很明显，除了广告创意要好以外，一个成功的广告文案也会起到关键性的作用。比如，"请品一品龙井茶"（一品龙井茶广告），这个广告语使"品一品"三个字有了双重维度：可以是尝一尝的意思，也可以是品尝"一品"这个品牌的意思。这样一来，受众在看广告的同时很容易就记住了广告品牌名称。

其次，广告文案必须与广告受众相关，要以目标受众为靶子。目标受众是指广告信息的主要传播对象，即广告信息的主要接受者。广告文案必须符合目标受众的心理需要和接受能力。如果是婴儿用品广告，你的目标受众就是那些准妈妈或者年轻的妈妈们，那么，她们的心理特点是什么样的，她们最需要什么，关心产品的什么方面，她们的接受能力如何，这些都是在制作广告文案时要考虑的。很明显，文案要得到受众的喜欢，就要亲切、体贴，不能过于抽象。

再次，广告文案必须与广告媒介相关，要符合所用媒介的特点。因为每一种传播媒介都有它的优势和局限性，比如报纸等纸质媒介，受众可以自由安排时间阅读，阅读时可以细细品味，但它没有电视图像那么生动。而电视是一种线性传播，转瞬即逝，在接受时间上受众无法自行安排，也不可能倒回去再看一遍，但电视可以运用画面、图像、对白、音乐、音响等多重视听语言，比报纸更能吸引受众。撰写广告文案时要根据产品的宣传定位需要，充分考虑不同媒介的优缺点，报纸广告文案可以文学化一些，而电视广告文案则需要口语化。

(三) 震撼性

当今的消费者面临着各种各样的广告轰炸。有调查显示，一个成人平均每天通过电视、广播、报纸、路牌等各种媒介可接触到近 2 000 条广告信息，但真正能被他们注意到的却不到 100 条。这说明，消费者对广告刺激的反应有明显的选择性和局限性。有人提出了"注意力经济"的说法：如果你的广告能引起人们的注意，则推销商品的任务已成功了一半。广告文案也是一样，要能对受众形成冲击力。

二、广告文案的分类及类型

以发布广告的媒介作为分类标准，可将广告文案分为小众媒介广告文案、大众媒介广告文案以及新兴媒介广告文案。

小众媒介广告文案，是指通过覆盖面小、传播范围狭窄、受众较少的那一类媒介发布的广告文案，如霓虹灯、路牌、公交车体、橱窗等媒介上所载的文字就是如此；大众媒介广告文案，是一种传播范围大、受众广泛的媒介，如报纸、杂志、广播、电视等用语言文字发布的广告信息；新兴媒介广告文案主要是指利用互联网、手机等新媒介传递广告信息的文案。

这里，我们主要列举报纸、广播、电视等主流媒介以及网络媒介的广告文案。

(一) 报纸广告文案

报纸是目前运用得最广泛的纸质传播媒介。相对于广播电视等其他媒介，语言文字是报纸的根本，广告文案对报纸广告显得尤为重要。报纸广告文案的特点有以下几点。

第一，标题突出。大卫·奥格威曾指出，标题是大多数平面广告最重要的部分，它是决定读者会不会读正文的关键所在。在广播、电视广告作品中，我们很可能听不到或看不到广告标题，但在报纸广告作品中，广告标题一般处于核心位置，且用特殊的字体字号进行突出。

第二，文案一般较长。报纸等平面媒体的广告，是以版面大小计费，广告主为了达到短期的宣传效果，可以选择购买较大的版面，运用较长的文案。例如儿童百服宁药"广告找人"篇：

她在找一个人（上）

那天在火车上，我孩子发高烧，他爸爸又不在，我一个女人家，真急得不知怎么办才好。

多亏了列车长帮我广播了一下，车上没找到医生，还好有一位女同志，给了我一瓶儿童用的百服宁，及时帮孩子退了烧，我光看着孩子乐，就忘了问那位好心女同志的名字和地址，药也忘了还她，你瞧这药，中美合资的产品，没药味，跟水果似的，能退烧止痛，并且肠胃刺激又小，在我最需要的时候，百服宁保护了我的孩子。

人家帮了这么大的忙，我和孩子他爸都非常感谢她，真希望能再见到她，给她道个谢！

找到她了！（下）

王霞，听说你在找我，其实给你一瓶药，帮你的孩子退烧，只是一件小事。

那天在火车上，我听到广播里说你孩子发高烧又找不到医生，正好包里有一瓶医生给我孩子退烧的药——儿童用的百服宁，可以退烧止痛，肠胃刺激小，而且又有水果口味，孩子也乐意吃，所以就来给你救急了。那瓶药你就留着用吧，我家里还有，我孩子也常发高烧，家里总备几瓶，在最需要的时候，百服宁可以保护我的孩子，都是做妈妈的，你的心情我很了解。希望你以后带孩子出门，别忘了带施贵宝生产的儿童用百服宁！

第三，文案和图片互补。较之单纯的文字，图片生动形象，能够吸引受众的注意。但图片的含义需要用文字来画龙点睛，广告产品的名称、厂家或商家的情况等，也需要用文字来说明。研究资料表明：文字、图片能引起受众注意的百分比差不多是 1：4，而能唤起受众记忆的百分比却是 2：1。所以，报纸广告往往会用图片吸引受众的眼球，而用文案深化受众对产品的记忆。

（二）广播广告文案

受传播手段的限制，广播广告的影响力没有报纸、电视那么广泛，但它却有费用较低廉、受众覆盖面广的优势，目前仍有一定地位。广播广告文案有如下特点。

第一，口语化。广播广告没有有形的文字和视觉画面，它完全依赖消费者的听觉，有声的语言就成了它传递信息的主要手段。为了符合广播线性传播、转瞬即逝的媒介特点，这种有声的语言非常讲究口语化，即使用自然语言和日常用语。第二，大量运用对话形式。为了更加生动形象地表现广告内容和广告主题，同时又方便受众理解和接受，对话形式就成了广播广告的最佳选择。例如美国《时代》周刊的广播广告：

——对不起，先生，半夜三更你在这儿干什么？

——看见你太高兴了，警官先生。

——我问你在这儿干什么？

——我住得不远，那边，第四栋楼……

——先生，别废话了，请回答我，你在这儿干什么？

——哎，别提了，我本来已经上床睡觉了，可是突然想起来白天忘了买本《时代》周刊杂志看了。

——你穿的是什么？

——衣服，睡衣呀！哎哟？走的时候太慌张了，我老婆的睡衣，很可笑吧？

——上车吧，我送你回去。

——不行，没有《时代》周刊，我睡不着觉，躺在床上看看"电影评论"、"现代生活掠影"，这些栏目……

——好了，好了！快点吧，先生！

——我试着看过其他杂志，但都不合胃口，您知道《时代》杂志发行量一直在上升吗？

——不知道，我知道罪案发生的情况。（汽车发动声）

——像我这样的《时代》杂志读者多得很，比如说温斯顿·丘吉尔，你呢？快快，不好了，快停车，你总不能看着我穿我老婆的睡衣就这样去警察局吧？

——你到家了，下车吧！（停车声）

第三，与音响、音乐相结合。广播是一种"听"的媒介，需要用声音吸引听众。广播里的声音除了广告文案涉及的人物独白、对白、旁白等以外，还包括音响和音乐。通过与音响、音乐的结合，扬长避短，吸引消费者。例如雪碧饮料广告：

（蝉鸣起伏……）

男孩子：渴，渴……

（闪烁的音响）

女孩子：晶晶亮，透心凉……

（喝一口，吸干声）

男孩子：哇！

男生：哦！雪碧，当今生活，无论是宴会、旅游、运动……到处有你清凉的奉献！

（孩子笑声，青年欢乐声，摩托艇驶过，海浪声）

女声：雪碧。

以上案例将多种声音与有声语言相结合，给人身临其境的感觉，同时增强了产品本身的吸引力。在炎炎夏季，听了这样的广告，有谁不想喝该饮料呢！

（三）电视广告文案

电视广告文案是电视广告设计制作的依据，具有如下特点。

第一，同视听语言相互配合。电视广告同时诉诸人的视觉和听觉器官，是综合运用视听语言的媒介。通常情况下，电视广告总是要在文字之外，配上音响、音乐或者是人物对白、独白等，同时还要配上画面。在这里，多数情况是声音和画面与广告文案相配，而不是用广告文案去解释画面。也就是说，在写作广告文案时，就已经考虑了与音响、画面相配合的问题，所以广告文案成了广告设计制作的依据。

优秀的电视广告文案都是声画合一、视觉画面和画外音声音相结合、图像和文字相结合，这样才能产生 1＋1＞2 的整体效果。

第二，具有不同的表现形式。一般而言，电视广告文案主要有如下三种表现形式。

1. 电影文学剧本型

例如：

广州奥林匹克花园（某楼盘）广告

（五环篇）

四只球（篮球、网球、排球、高尔夫球）先后蹦跳出来，幻变为四个彩环。

一个健康的幼儿在地板上向前爬，定睛望向墙上的四个彩环，抓起蜡笔在墙上补上歪歪斜斜的第五个环。然后咧着嘴向观众笑。

出 logo 与旁白：广州奥林匹克花园，运动就在家门口！

（网球篇）

一健美少女挥拍，一球飞上蓝天。

同伴仰首惊呼：哦——

球掠过国道，一司机抬头惊呼：哦——

球继续飞，一居民从窗户探头惊呼：哦——

球掠过奥林匹克大厦。

出 logo 与旁白：广州奥林匹克花园，运动就在家门口！

从以上案例可以看出，此类表现形式的广告文案没有划分具体的拍摄镜头，只是围绕广告主题简洁交代出广告内容，它的优势在于可以给拍摄者（导演）二度创作的空间。

2. 文字式分镜头脚本型

例如：

安踏电视广告时尚运动篇

时间 30 秒

音乐：急速动感的 ROCK 音乐

镜头一：一时尚装扮的年轻人踩着滑板进入画面，能清晰地看到滑板及鞋上 ANTA 标志。（特写年轻人腰以下部分）

镜头二：滑板者在马路上的车流中自如地穿梭。（特写年轻人腰以下部分）

镜头三：一辆小轿车迎面而来（近景）发出"嘀——"的长鸣。（音乐急停）

镜头四：滑板者腾空而起（仰视，慢镜头）越过车顶。

镜头五：滑板者身后，几个滑板青年越过车顶（侧仰视，慢镜头），画面中车中人目光吃惊地看着滑板青年们。

镜头六：滑板者着地，向右边一条无车行驶的马路拐去，不时回头看身后。

镜头七：滑板者发现前方无路可走，仓促左拐，撞在一扇关闭的铁门上（急促的刹车声）。

镜头八：随着"咣——"的一声，画面晃动，音乐停止，滑板者呈大字仰倒在地上（俯视），画面上出现左右跳动的字幕——"不要得意忘形"。

镜头九："吱——"的一声，铁门上一块类似拍电影用的开镜牌子的左边掉了下来（牌子上画有 ANTA），以右边为支点自由左右摇摆，画面渐渐消失。（画外音：安踏）

此类表现形式的广告文案列出了具体的拍摄镜头，向拍摄者提供了一个基础较好、可以很快投入拍摄的脚本。其内容主要包括镜头号、视觉画面的设计、音乐音响的配合以及基本的镜头技法等。

3. 表格式分镜头脚本型

例如：

陈凯歌导演的雅虎广告（15秒版）

镜号（长度）	景别	画面内容（含同期声）	画外音	字幕	音乐、音效
1（1S）	中景	大黄狗在树林中奔跑			音乐起·········音乐止
2（0.5S）	中景	女知青和狗在乡间小道上嬉戏			
3（0.5S）	近景	转换到狗在树林中奔跑			
4（1S）	近景	转换到女知青和狗的嬉戏场面			
5（0.5S）	远景	翠绿的山林，涨满水的小河，女知青乘坐的长途客车在小桥上驶过			
6（0.5S）	特写	一条白色的毛巾挂在客车车窗上，毛巾随风飘动			
7（1S）	近景	女知青坐在客车窗边，毛巾从窗口飘了出去，女知青察觉			
8（1S）	中景	车子停在了山路上			
9（2S）	特写	车门打开，女知青下车			
10（2S）	特写	大黄狗衔着毛巾，蹲在车门口			
11（2S）	中景	女知青下车抱住大黄狗			
12（3S）		出雅虎中英文 logo 及雅虎网址	男生说唱：雅虎……	生活，因找到而快乐	

此类表现形式的广告文案简明清晰，一目了然，拍摄者很容易把握全局，做出评价和取舍，提出修改意见。

（四）网络广告文案

将一种传播媒介推广到 5 000 万人，收音机用了 38 年，电视用了 15 年，而互联网仅用了 5 年。互联网的发展使得广告信息有了新的传播载体，从 1994 年第一则网络广告出现在美国 Wired 杂志网络版上，到 1999 年第 46 届戛纳国际广告节将网络广告列为继平面广告、影视广告之后的第三类评奖形式，网络广告以它特有的魅力和吸引力，受到越来越多的广告主和广告公司的重视。

网络广告具有信息容量大、覆盖范围广、交互性强、便捷性、低廉性和精确性等特点，它能够将报纸、杂志、广播、电视等传统媒介广告的优势融合到一起，集各家所长，具有更强的视听综合效果。网络广告可分为电子公告板广告、电子邮件广告、WEB 站点广告、横幅广告、按钮广告、Flash 广告、视频广告、文字链接广告和弹出式广告等多种类型。不同类型网络广告的文案写作风格各不一样，但总体来说，具有以下特征。

第一，标题要有诱惑力。超链接是网络广告文案区别于一般广告文案最明显、最重要、最根本的特征，它将广告内容分成若干小部分来表达，诱导网民一层层地点击，获得一层层的广告信息。在这一层层的链接里，广告标题处于第一层次，标题是否具有吸引力和诱惑力，直接影响受众是否会进入下一个层次。可见，网络广告文案标题是整个广告成败的关键。

第二，语言要简洁。网民一般是在无意识的状态下接触网络广告的，就算被广告标题吸引，点击进入了广告页面，他们一般也不会有耐心去阅读冗长的广告内容。所以，网络广告文案一定要简练，有吸引力，最好能够一语中的。

第三节　广告文案的要素内容

一般而言，广告文案包括标题、正文、广告口号、随文四大基本部分。

一、广告标题

广告标题如同广告的眼睛，它反映广告的主题或诉求重点。好的广告标题对广告文案会起到画龙点睛的作用，使整则文案变得"活"起来。

美国著名广告专家约翰·加普斯说，在广告文案写作实践的 56 年时间得到的 50 条教训中的第一条，就是标题在广告中是最最重要的因素。广告文案的标题类似于新闻作品的标题或导语，是引起受众阅读兴趣、起到导读作用的精练文句，它是广告文案的主题，也是广告内容的诉求重点。日本著名广告学家植条则夫曾说：标题的功能大致可以分为四类：（1）吸引读者注意；（2）诱导读者阅读正文；（3）锁定潜在顾客；（4）直接招揽顾客。可见，广告标题是广告文案中不可忽视的重要构件。

（一）广告标题的撰写原则

1. 以广告主题为核心

广告主题是广告的中心思想，是统率广告作品的灵魂和生命线。广告标题是广告作品内容的高度概括。要使人们看到标题就能理解广告所要传达的内容，广告标题就要做到主题鲜明突出，不能故作离奇之笔，与广告内容毫无关联。

例如：

　　酒虽然空了，心却是满的
　　　　——某啤酒广告
　　光大花园拍卖健康
　　　　—— 某房地产广告
　　反对晚报！
　　　　——某晚报广告
　　谁说外国月亮比较圆？
　　　　——某啤酒广告

上述案例，都将广告主题比较鲜明地揭示出来了。第一条不直接说酒的质量有多好，说的是喝酒的人之间的友情；第二条凸显了此房地产公司以健康为中心的理念；第三条充分利用汉语的多义性，使"晚报"一词有了双重维度，更强调了该报纸以时效性为立身之本的主题；第四条带给人们诸多联想，给人以启发思考，继而体会到"好啤酒不分国界"、"保护民族产业"的主题。

进行广告标题创作时，一定要体现广告主题，使读者能在看到标题时就能对广告的信息中心有所了解，在匆匆一览之中，得到广告最主要的内容、最主要的利益承诺、全部的主题因素。

2. 以广告对象为基准

广告对象即信息接收者。广告能否成功，关键的一条就是广告文案能否进入广告对象的眼帘。广告标题一般处于广告文案中比较显眼的位置，它在诱发广告对象的阅读上起着重要的作用。

例如：

　　35岁以上的妇女如何才能显得更年轻？
　　　　——某荷尔蒙霜广告
　　有好口味，但不会有大腰围

　　　　　　——某黑啤酒广告

　　上述案例都紧扣广告对象，以他们的利益为基准。第一条是以 35 岁以上的妇女为广告诉求对象，而她们最关心的恰恰是如何留住青春；第二条主要是针对那些长期饮用啤酒的人，而他们最担心的是过度饮酒给身体健康带来的危害。

　　制作文案标题时，应以广告对象为基准，以他们的关注点为出发点，体现出对他们的关怀，进而诱发他们阅读广告正文的兴趣和消费的渴望。

　　3. 以新颖独特为生命

　　广告是原创性、相关性和震撼性的综合体。广告标题要做到发人所未发、言人所未言，唯有创意新颖独特，广告标题才能在众多的广告中脱颖而出。

　　　　除了钞票，承印一切
　　　　　　——某印刷店广告
　　　　长大了，我要当客户
　　　　　　——某实业公司广告
　　　　谁来电，让我心头一震
　　　　　　——某手机广告

　　上述案例中新颖独特的标题，创意十足，让人读过之后很难忘记。

　　4. 以形象生动为手段

　　在广告标题的创作中，可以运用多种修辞手法，使其变得形象生动。例如：

　　　　八月十五的月亮
　　　　　　——某灯泡广告
　　　　为美国人抹眼泪已经有 50 年了
　　　　　　——某纸品公司广告
　　　　一切从头开始
　　　　　　——某生发剂广告
　　　　它能将整个世界粘在一起
　　　　　　——某粘合剂广告

　　以上广告都采用了比喻、拟人、双关、夸张等文学修辞技巧，且比较简短，从而使得广告文案惟妙惟肖、生动形象。

　　广告标语不宜过长，要简明扼要，易懂易记，字数一般控制在 12 个字以内为宜。

　　(二) 广告标题的基本形态

　　按照广告标题的句式结构的不同，广告标题可分为单一型和复合型两大类。单一型又可分为单词组型、多词组型、单句型和多句型等类型。复合型可分为"引题＋正题"型，

"正题＋副题"型，"引题＋正题＋副题"型三种类型。

1. 单一型标题

标题只有正题，没有引题和副题。

（1）单词组型。

标题由一个词组或一个成语所构成，有的甚至只有品牌名称。如：

> "石"力雄厚
> > ——某石材厂广告
>
> "闲"妻良母
> > ——某洗衣机广告
>
> 丝丝入扣
> > ——某西服广告
>
> 非常共鸣
> > ——某啤酒广告

单词组型标题简练，方便消费者记忆，特别是用品牌名称作为标题，更能够加深受众对品牌本身的记忆效果，且能口口相传，实现小众传播。

巧用成语的标题形态，大多能与产品紧密联系起来，如"无'胃'不至"（某胃药广告），尽管社会对此褒贬不一，但这类广告所产生的独特效力是不可低估的。

（2）多词组型。

标题由两个及两个以上的词组构成，且词组之间一般由并列、递进或转折等各种逻辑关系衔接在一起。如：

> 我运动，我存在
> > ——某运动品牌广告
>
> 我的稳固，您的速度
> > ——某互联网数据公司广告
>
> 捐血一袋，救人一命
> > ——某公益广告
>
> 心宽体帅，内外皆美
> > ——某汽车广告

此类标题的结构，一般比较对称、均衡，比如"捐血一袋，救人一命"就是工整的对仗结构，它符合受众的审美要求，朗朗上口，适合于记忆和流传。所以，此类标题的运用范围相当广泛，在任何产品、任何媒介的广告上都得到运用。

（3）单句型。

由一个独立完整的句子构成的广告标题，在广告中运用最为广泛。如：

邦迪坚信没有愈合不了的伤口

   ——某创可贴广告

这是一个过时的情人节广告

   ——某手表广告

只有好消息比我们早到

   ——某快递公司广告

流行音乐不是从迈克尔·杰克逊开始的

   ——某音乐电台广告

单句型标题是为了能够简洁明了地表达广告的基本诉求点，不宜用过长的复合句式。

（4）多句型。

即由两个或两个以上有一定内在逻辑关系的句子所构成的广告标题。句子之间一般存在并列、递进或转折等关系，且一般由标点符号相连。如：

不要选择和邻居一样的车，要让邻居选择和你一样的车！

   ——某汽车广告

不想成为艺术家，想成为艺术品

   ——某百货公司广告

科技是力量，不是重量

   ——某电脑品牌广告

我不认识你，但是我谢谢你

   ——某献血广告

2. 复合型标题

广告文案中，如果出现两层及两层以上的标题（每一层标题都由一条单一型标题构成），就称为复合型标题。

从标题的功能角度看，有三种不同类型。第一为引题，位于正题之前，起引出正题的作用，引题内容一般比较虚化，作用是交代背景或者渲染气氛。第二为正题，正题是复合型标题的核心，用以揭示广告主题、交代中心信息，有时候会直接用品牌名称作为广告的正题。第三为副题，位于正题之后，字数相对较多，对正题起到补充说明的作用，副题内容较为翔实，是对广告商品特点的介绍，或是告知消费者可以得到哪些具体利益。

根据引题、正题、副题的不同组合形态，复合型标题分为三种：

（1）"引题＋正题"型。

正因为年轻（引题）

我，选择不一样（正题）

  ——某禁烟广告

海内存知己，天涯若比邻（引题）

电视电话能使山阻海隔的亲友见面畅谈（正题）

——某电信广告

（2）"正题＋副题"型。

广州碧桂园（正题）

给您一个五星级的家（副题）

——某房地产广告

冬雪寒梅入暖房（正题）

选择迪卡墙画，炉边看雪，画上吟梅，何乐而不为（副题）

——某印刷公司广告

（3）"引题＋正题＋副题"型。

四川特产（引题）

天府花生（正题）

越剥越开心（副题）

——某食品广告

万科城市花园告诉您——（引题）

不要把所有的蛋都放在同一个篮子里（正题）

（三）广告标题的表现形式

广告标题的表现形式有很多种，常见的有：

1. 新闻式

以发布新闻的形式向公众提供广告信息，模仿新闻标题或导语的特点来制作广告标题，使受众产生一睹为快的冲动。在新闻标题或导语中常用的词汇有新、最新、目前、现在、首次、发现、推出、消息等。例如：

苹果服装 4 月 6 日缤纷登场

——某服装品牌广告

新飞绿色通道服务活动新鲜出炉

——某冰箱广告

2. 承诺式

以消费者的利益为出发点，在标题中将广告中的利益点告知消费者。常用词汇有免费、减价、赠送、附赠、绝对、一定、气派、方便等。例如：

如果佩利纳还不能使你的鸡下蛋，那它一定是公鸡

——某饲料广告

虽然我们肤色有别，但绝对不含人造色素

——某鸡精广告

3. 比较式

对两种或者两种以上的同类产品进行比较，或者对同一品牌的新老产品进行比较，从而突出广告产品的优势。例如：

天下松子难嗑，我家松子用手剥

——某食品广告

古有千里马，今有日产车

——某汽车广告

4. 疑问式

提出问题，以引发消费者的思考，多采用反问或者设问的形式。例如：

今天你喝了没有？

——某牛奶咨询委员会广告

你见过书本大小的电焊机吗？

——某微型电焊机广告

5. 祈使式

用请求、建议、劝导或呼吁的口吻，直接且外露地促使消费者产生购买行为的广告形式。常用词汇有请、千万、试一试、让、无论如何等。例如：

请品一品龙井茶

——某茶叶广告

别忘了你的客人们

——某口香糖广告

6. 赞美式

直接赞美、夸耀甚至炫耀广告中的企业、商品、服务的特征、功能、有效性。常用词汇有最高的、最好的、最佳的、首次、第一、一流、完善、首创等。例如：

一流中的一流

——某葡萄酒广告

美国销量第一

——某香烟广告

7. 悬念式

利用人们对一则广告标题所含内容的关切心情而设置悬念。此类标题最大的优势在于它能引起人们的思考，促使消费者阅读广告下文。例如：

妈妈回家，别忘了买……
　　　　——某奶制品广告
你不妨看看那些强壮的小男孩正在吃什么！
　　　　——某麦片广告

8. 幽默式

通过幽默式的语言与受众的幽默感产生共鸣，激发受众的兴趣。例如：

我来迟了，因为我走了几万年
　　　　——某矿泉水广告
越吹越大
　　　　——某泡泡糖广告

9. 引用式

即引用诗词名句或者成语、谚语、歇后语等，有些标题为了更加接近广告产品，还会对引用的语言进行修改。例如：

不打不相识
　　　　——某打字机广告
千里之行，始于足下
　　　　——某旅游鞋广告

二、广告正文

广告正文以客观的事实、具体的说明向消费者介绍产品或服务，从而增强消费者对产品或服务的了解，促使其下决心购买。

(一) 广告正文的一般内容

1. 解释说明广告标题

如果在广告标题中设置了悬念，提出了疑问，或者对受众做出了某种承诺，那么在广告正文中就要解开悬念，对疑问做出回答，或者对承诺的具体内容进行说明。

例1：福特车的一则广告文案。其广告标题为："为什么我们车子的车前鼻如此粗短？"而正文一开头便为之释疑："VW 车不需要长的车前鼻，因为它的引擎放在后面。"

例2：大卫·奥格威为波多黎各写了一则著名的招商广告。

现在波多黎各对新工业提供百分之百的免税

为了提高波多黎各生活水准而做的一项戏剧性的邀请，本邦政府现在正提供美国制造厂如此压倒性的鼓励，因而已有 300 家以上的新工厂建立在这个距佛罗里达海岸961 英里的充满阳光的海岛上了。最大的鼓励政策是对绝大多数设在"波多黎各"新厂的制造商都给予百分之百的免税。例如：假如你的公司今年在税后净赚 53 500 美元，你如在波多黎各则净利就是 10 万美元——我赚 87%，只因为联邦的所得税法不适用于波多黎各，而一切地方捐税也一概全部免除。一项对一家俄亥俄州公司最近的分析显示，由于税金的免除与经营费的节省，把新厂设在波多黎各将把他全年的净利从 187 000 美元增到 442 000 美元。在波多黎各公司中，你的股息如得到 50 000 万美元，而你如在美国是净得 25 000 美元——因为联邦个人所得税法也不适用于此地。

例 2 的广告正文将波多黎各对新工业的优惠政策表述得非常清楚，是对标题中免税承诺的进一步说明。

2. 交代企业、商品或服务的特性

企业广告的正文通常应包括企业的历史、宗旨、特点、主要产品和企业的优势等。商品广告的正文应该对商品的功能、用途、个性特征、使用方法进行介绍。如果是服务广告，就应该介绍服务的性质、内容等。

我们来看下面一则广告文案：

穿哈特威衬衫的人

美国人最后终于体认到买一套好的西装而被穿一件大量生产的廉价衬衫毁坏了整个效果，实在是一件愚蠢的事。因此在这个阶层的人群中，哈特威衬衫就日渐流行了。

首先，哈特威衬衫耐穿性极强——这是多年来的事。其次，因为哈特威剪裁——低斜度及"为顾客制定的"——衣领，使得你看起来更年轻、更高贵。整件衬衫不惜工本的剪裁，会使你觉得更为舒适。

下摆很长，可以深入你的裤腰，纽扣是用珍珠母做成——非常大，也非常有男子气。甚至缝纫上也存在着一种南北战争前的高雅。

最重要的是哈特威是用从世界各角落进口的最有名的布匹来缝制他们的衬衫——从英国来的棉毛混纺的斜纹布，从苏格拉奥斯特拉德地方来的毛织波纹绸，从西印度群岛来的海岛棉，从印度来的手织绸，从苏格兰曼彻斯特来的宽幅细毛布，从巴黎来的亚麻细布。穿了这么完美风格的衬衫，会使你得到众多的内心满足。

哈特威是缅因州小城渥特威的一个小公司的虔诚的手艺人缝制的，他们老老少少在那里工作了整整 114 年。

假如你想在离你最近的店家买到哈特威衬衫，请写张明信片到："ＣＦ哈特威"，缅因州，渥特威城，即复。

这则广告使得哈特威衬衫在默默无闻百余年后，其销量在一年中提高了三倍，一举成

功，全国闻名。该广告文案正文部分较长，全面地从使用者的角度介绍产品。语言平实，介绍详细，没有一丝矫揉造作，用真心、诚心促成了消费者的购买决心和使用信心。

（二）广告正文的写作原则

（1）要准确地、直截了当地写作；

（2）不要用最高级的形容词、一般化字眼和陈词滥调；

（3）要经常运用用户经验来表达广告信息；

（4）向读者提供有用的咨询或者服务，而不单纯地讲产品本身；

（5）避免唱高调；

（6）用消费者易懂的通俗语言写作文案；

（7）不要贪图写作获奖广告文案；

（8）衡量优秀广告文案人员的标准是看他们使多少新产品在市场上畅销而不是用文字去娱乐读者。

广告正文在不同的媒介中有不同的表现形式。在印刷广告中，以文字表述；在广播广告中，以语言表述；在电视广告中，以语言文字结合活动画面来表述；在实物广告中，以文字结合商品实体来表述。无论哪种媒介形式的广告正文，都应遵循上述写作原则。

（三）广告正文的写作结构

广告正文一般由开头、主体和结尾三部分构成。

1. 开头

广告正文的开头部分一般为正文的第一句话或者第一个段落，在标题和正文主体之间起承上启下的作用。例如：

美菱冰箱锁住水分

留住营养与水分保鲜时间延长 50%。食物保鲜时间长短是冰箱品质是否优异的重要标志。美菱保鲜，独创"生态保鲜概念"，具有冰温保鲜、湿冷保鲜、抗菌保鲜、透湿保鲜、除臭保鲜、速冻保鲜六大专利技术。不仅能有效消除有害病菌，保护食物营养成分，去除异味，更为食物提供仿生态保存环境，将食物保鲜时间延长 50%，实现食物的长久新鲜，让你享受 21 世纪新鲜营养、健康文明的生活。

以上文案正文第一句话"留住营养与水分保鲜时间延长 50%。食物保鲜时间长短是冰箱品质是否优异的重要标志"便是开头部分，既是对文案标题的解释说明，又引出了后面的内容。

2. 主体

正文主体是整个广告文字宣传的中心部分，其任务是围绕广告主题，阐述商品的特征与过人之处，以关键性、有说服力的事实来给予证明。

中心段要抓住消费者的心理，将商品或服务的特色转化为他们的购买理由。如上述美菱冰箱广告文案主体将冰箱的特色成功地转化成了消费者的购买理由——保鲜时间更长、更健康，让消费者深切感受到广告信息与自身之间的关系，认识到商品带来的好处，由此产生购买兴趣。

3. 结尾

结尾部分又被称为广告随文或广告附文，是广告文案中交代信息（如售卖时间、地点、价格、服务保证、广告主或企业的名称、电话、传真、银行账号、厂址、联系人等）的文句。广告随文是整个广告文案中不可缺少的部分。结尾（随文）内容一般包含以下方面。

（1）品牌。

一个完整的品牌应包括产品或服务的商标、品牌名称、商品名称。

（2）企业名称。

广告有产品广告和企业广告。企业广告，在随文中一定要出现企业名称。在产品和服务广告中，如果产品或者服务已有了相当的知名度，受众可以通过品牌联想到企业，可不出现企业名称。

（3）企业标志。

一般来说，企业标志应该和企业名称一起出现，这是企业视觉识别的基本要求。

（4）企业地址、联系电话、联系人。

为了方便受众记忆，对联系电话可以用说唱的形式或者谐音等方式呈现。

（5）购买商品或获得服务的方法。

包括销售地点、服务机构的名称、地址、联系方法等。如果有邮购、直销等特别的服务方式，也要在随文中说明。

（6）权威机构证明标志。

比如舒肤佳香皂，是由中华医学会推荐的。

（7）需要特别说明的内容。

比如，正文中介绍了有奖活动、折扣、多买优惠的事情，就可以在随文中补充说明。

（8）必要的表格。

如果广告需要受众反馈，或需要受众提供有关信息参加抽奖等活动，就需要在随文中设计一个表格。

当然，随文的内容可以根据广告文案的主题和广告的具体目的来定，其格式并不是适用于每一则广告，而应该根据实际需要有所取舍。

（四）广告正文的表现形式

1. 简介体

简明扼要地对企业的情况、商品的特性、服务的风格等做出介绍。其客观性、直接性、适用性较强。

2. 公文体

用公文特有的表现结构、形式表现正文，给人客观、严谨、公正的感觉，进而提高广告信息的权威性和严肃性。例如贝克啤酒的报纸广告文案：

禁酒令

查生啤之新鲜，乃我酒民头等大事，新上市之贝克生啤，为确保酒民利益，严禁各经销商销售超过七日之贝克生啤，违者严惩，重罚十万元人民币。

此广告文案借用了公文中"令"的写作形式和语言风格特点来表达广告信息，使受众感受到一种独特的说服力。整个广告文案句子结构简要、语言表达严正，体现了贝克生啤制造商对推出这一营销新举措严肃、认真的态度。

3. 诗歌体

广告正文信息以诗歌形式表现，具有诗歌音韵美、形式美、语言美、意境美的特征。例如新加坡旅游宣传广告：

夕阳西下
新加坡依然
魅力十足
星光下的晚餐如梦如幻
芬芳的美酒香飘河畔
奔放的迪斯科挥舞热情
夜色中的大都市依旧生机盎然……这就是新加坡

4. 散文体

广告正文信息以散文形式表现。例如松下电器随身听广告：

想听清脆的鸟鸣声你可以从国际牌随身听中一听究竟，
你会沉浸在优美快乐的歌声中，如临现场，
国际牌以高传真的音效带您倾听大自然的天籁之音，
也希望您能亲自去体会、关怀这群枝头乐；
但我们也忧心地看到，
目前鸟类赖以生存的森林、水域已经逐渐被砍伐、污染，
鸟儿无枝可依，快乐的歌声越来越少了……
也许有一天要听鸟鸣声，只能从音响中去寻找了。
国际牌呼吁：请留给它们干净的空间生长，
因为那也是我们赖以生存的资源。
如果有一天，你聆听的只剩下这样的音符，
给它们一片干净的空间歌唱，莫等它们消失在我们耳畔。

5. 歌曲体

广告正文以歌曲的形式表现。由于歌曲体形式除了歌词（广告正文）之外，还需要旋

律的配合，所以只能在广播、电视等电子媒体中运用。

当然，广告正文的表现形式远远不止以上五种，常见的还有新闻体、论说体、故事体、相声体，等等。创作时应根据广告主题的表达需要来合理选择。

三、广告口号

广告口号，又称为广告标语或者广告语。广告口号是战略性的语言，是推广商品或服务不可或缺的要素，目的是经过反复和相同的表现，以区别于其他企业精神的不同，使消费者掌握商品或服务的个性。

(一) 广告口号的特殊性质

广告学家植条则夫说：正因为广告口号长期重复使用，企业的形象和理念才能被社会公众理解和接受，所以对受众来说广告口号一定要"易读"、"易听"、"易记"。一条成功的广告口号必须具备这样几个特点：简洁、明确、贴近、独创、有趣、易于记忆。

1. 广告口号使用的长期性

由于广告口号在一段时期内固定使用，具有长期稳定和反复宣传的特性，因此，广告口号写作一定要精心琢磨。

为了保护广告口号的这种特性，在西方国家，有的大企业的广告口号甚至像商标一样，注册后受保护，他人不得仿效。比如"味道好极了"——雀巢咖啡，"人头马一开，好事自然来"——人头马 XO。

因为广告口号使用的长期性，制作广告口号就要有一定的预见性和前瞻性，不仅要符合某一时期的宣传主题，更要符合企业或商品的长期形象目标。

2. 广告口号和广告标题之间存在互转

并不是所有的广告都同时有广告标题和广告口号，部分广告只有广告标题或者只有广告口号，比较多的情况是广告标题和广告口号同一。所以在写作中既要注意广告口号自身的独特性，也要注意它在互转状态下的特殊性，使二者在互转状态中相互兼顾。

3. 广告口号要便于人际传播

制作广告口号时要充分考虑到方便记忆和方便传播这两个因素。首先，尽量运用口语风格，用大众化的语言，用消费者日常生活环境中所运用的亲切、平易的语言。其次，要合乎音韵，文辞优美，要让受众感觉流畅轻松、悦耳动听，富于韵律感和节奏感，便于识记。再次，可以把握受众，进行情感渗透。对受众生活习惯、心理特征和情感需求进行把握，使广告能够迎合受众，让受众深切感受到企业为消费大众所作的努力以及对消费者的关切。

(二) 广告口号的写作类型

1. 按照内容的不同分类

可以分为形象建树型、观念表现型、优势展示型、号召行动型、情感唤起型等。

（1）形象建树型。

即广告内容主要对广告主体的形象进行表现，目的是建立一个让公众和目标消费者信任的形象。如大红鹰集团的企业形象广告之一：

胜利是一种突破

生命的热情

从不因沉默而冷却

胜利者深信

最好的进攻就是进攻自己

V 突破自我

大红鹰　胜利之鹰（广告口号）

案例中的广告口号"大红鹰，胜利之鹰"，就是对企业形象及品牌形象的一种建造，借此让消费者对该企业和品牌产生好感与信任。

（2）观念表现型。

广告内容不直接展示商品或服务的特性，而是通过对某种观念的提出和表达，来表现广告主体中企业、产品经销者、服务者的观念和看法，表现对一种消费方式和消费观的创造和引导。常见的运动品牌，几乎都用的是观念表现型广告口号：

耐克：Just do it（要做就做，只要与众不同，只要行动起来）

阿迪达斯：Impossible is nothing（没有不可能）

李宁：一切皆有可能

安踏：我选择，我喜欢；永不止步

（3）优势展示型。

这是最为常见的一种类型，一般是利用广告口号对商品或服务的优势进行展示，将广告主体的功能、特点呈现出来，让消费者用最便捷的方式了解广告主体的优势之所在。例如：

绿色食品，纯正北京酒（北京红星二锅头酒广告）

价格虽然高一点，营养却丰富得多（鲁花牌色拉油广告）

第一则广告口号突出了北京红星二锅头是绿色食品，第二则口号是告知消费者鲁花牌色拉油营养丰富。

（4）号召行动型。

在广告口号中，主要的诉求内容是向受众发出某种号召，号召他们行动起来，去做某一件事，去进行某种消费行动。这种号召，一般都是采用直接的方式，使用祈使句式来进行的。例如：

意大利真皮，真情真爱；现在拥有，正是时候（威信牌皮衣广告）

鄂尔多斯羊毛衫，说不尽的高雅！您不该错过这个机会！（鄂尔多斯羊毛衫广告）

（5）情感唤起型。

是借助受众心目中的人性因素、情感因素，用情感向受众呼唤、宣泄、倾诉，引发他们的情感体验和情感共鸣，以此求得广告受众和目标消费者的情感消费。例如：

> 妈妈，我能帮您干活了（雕牌洗衣粉广告）

这则广告以下岗职工的生活为题材，加入了亲情的元素，妈妈下岗后忙碌着找工作，孩子在家帮妈妈洗衣服，用的是雕牌洗衣粉，最后孩子用纯真的语言说道："妈妈，我能帮您干活了。"广告播出的时间正是中国面临下岗问题的时期，千万个中国家庭都被这句广告语打动了。

2. 按照句式结构的不同分类

分为单句型、对句型、前缀句型、后缀句型等类别。

（1）单句型。

这是广告口号常用的句型之一，由一个简单句构成，一般比较简短。例如：

> 有谁比妈妈更能摸清宝宝的底细？（某纸尿裤广告）
> 不打不相识（广东联通广告）
> 谁占我便宜？（广东电信广告）

（2）对句型。

是用两个短的单句组成的广告口号，一般采用对称或对偶的手法，且大都合乎音韵。这种句式的广告口号，读来朗朗上口，方便消费者记忆和口口互传，被广泛应用。例如：

> 酒虽然空了，心却是满的（喜力啤酒广告）
> 今年二十，明年十八（白丽美容香皂广告）
> 车到山前必有路，有路必有丰田车（丰田汽车广告）

（3）前缀句型。

这类句型的特点是在一个短句前，有一个作为前缀的短语，且前缀一般为产品或企业等广告主体的名称。这种句式的广告口号在传播过程中，商品或企业名称也得到了传播，运用得也较广泛。例如：

> 非常可乐，中国人自己的可乐（娃哈哈饮料广告）
> 乐百氏奶，你今天喝了没有（乐百氏牛奶广告）
> 雀巢咖啡，味道好极了（雀巢咖啡广告）

（4）后缀句型。

与前缀句型刚好相反，它是在前面表现对广告主体的评价和特征展现，在后面表现广告中提及的企业、产品或服务的名称。例如：

晶晶亮，透心凉，雪碧（雪碧饮料广告）

清除体内垃圾，昂立一号（某保健品广告）

回家每天喝一点，致中和五加皮（致中和五加皮广告）

可见，每种句式结构都各有其优势，制作广告口号时，应当依照其特点进行合理选择。

(三) 广告口号的写作要领

1. 简单易记

口号字句一定要简短才便于记忆，特别是广播与电视广告，稍纵即逝，口号太长就听不清，难于理解和记忆。

2. 突出特点

广告口号要起到鼓动性作用，必须结合广告主题，突出商品、服务或企业的独特之处。企业形象广告口号，可以选用企业的历史、专利技术、规模效应等方面来进行表现；产品广告口号，可选用产品的特殊功效，给消费者带来的方便、利益点等方面来进行表现；服务性广告口号，可选用广告主体的服务特色和消费者能得到的不同于一般的待遇和服务来表现。

3. 韵律感强

广告口号要有吸引力、感染力，便于记忆，使人乐于接受，最好能押韵动听，生动有趣。例如"人头马一开，好事自然来"，"钻石恒久远，一颗永流传"，"轻松上网，易如反掌"等等，都是极富韵律感的广告口号。

4. 调动情感

调动消费者的情感是广告口号制造鼓动效应的最佳方式。例如丽珠得乐胃药广告口号："其实，男人更需要关怀"，这样的广告口号，能激起目标消费者心中的层层波澜，使他们产生情感共鸣。

第四节　广告文案的写作要求

一、紧扣广告定位

好的广告文案除了要表现广告创意外，还必须做好广告定位。"广告什么"就是广告宣传的重心，可以是企业的独特形象，也可以是商品或劳务较之于同类的优势或特征；"向谁广告"指的是广告的作用对象，就是找准广告的目标受众和商品的目标消费者。

例如，宝洁公司的系列洗涤用品：海飞丝——去头屑；飘柔——洗发、护发二合一，令头发飘逸柔顺；潘婷——含有维他命原B₅，从发根彻底渗透至发梢，滋养头发，加倍亮泽；舒肤佳——洁肤且杀菌，唯一通过中华医学会认可；碧浪洗衣粉——对蛋白质污渍有特别强的去污力。这些广告词就是对产品功效的承诺，是产品的定位所在，在撰写广告文案时，相应产品就要紧紧围绕相应的定位展开。

德国大众牌汽车公司在美国市场上推出的"小即是好"的产品定位，广告文案是这样的：

想想小的好处

我们的小车并不标新立异。许多从学院出来的家伙不肯屈身于它；加油站的小伙也不会问它的油箱在哪里；没有人注意它，甚至没有人会看它一眼。

其实，驾驶过它的人并不这样认为。因为它耗油低，不需防冻剂，能够用一套轮胎跑完 40 000 英里的路。

这就是为什么你一旦用上我们的产品就对它爱不释手的原因。

当你挤进一个狭小的停车场时，当你更换你的那笔少量的保险金时，当你支付那一小笔修理账单时，或者当你用你的旧大众换得一辆新大众时，请想想小的好处。

二、把握行文顺序

首先，可以按照受众的接受心理来安排行文顺序。广告涉及的内容极其广泛，社会生活的各个方面几乎都可以成为广告的内容。但无论广告包括什么内容，采取哪些形式，都是利用人们视觉与听觉的功能，通过文字、图像、语言、音乐等向消费者传递商品信息，使广告引起消费者的注意与兴趣，使消费者记住广告品牌，并激发他们的购买欲望。因此，应按照"注意—兴趣—记忆—欲望—确信—购买行为"的接受心理顺序，一步步抓住受众。

其次，按照受众的需求心理来安排行文顺序。需求心理顺序，是指特定受众在特定环境中具有某种特殊需求时所呈现出来的特殊心理顺序。循着这个顺序写作，能让文案的发展脉络与受众的需求顺序产生一致，受众的兴奋点和渴望方向与文案的方向一致，便会自然而然地认真阅读下去。

再次，按照解惑顺序安排行文。按照解惑顺序写作，能较好地对应人们在遇到问题时自然地解决问题的本能性发展顺序，而不产生突兀的心理接受障碍。具体表现为：你有什么烦恼—我能解决你的烦恼—为什么能解决呢—解决的过程和相关证据。解惑顺序能够让受众认为，广告中的信息利益点是他解决问题的一个有效办法，并因此产生感激之情。

三、文案长短适宜

广告文案的长度要结合产品、市场、消费者、媒介等具体情况，合理运用，做到长短适度。

一般来说，适合适用长文案的情况有：工业品、消费品中的耐用品、高价位和高关心度的商品，产品处于导入期时、企业将进入新的竞争环境时，媒介为报纸、杂志、直邮、商品介绍小册子、专版广告时，针对理性受众、文化层次较高的受众、被动型受众时。

例如劳斯莱斯汽车的《这辆新型劳斯莱斯在时速60英里时，最大噪声来自电子钟》广告文案，共有700余字，包括19条标有序号的信息和一个以小标题为标志的专门说明发动机的段落，详尽介绍了汽车各个部位的优势及测试方法，信息之全面、准确足以使部分对汽车一无所知的受众成为汽车选购的内行。下面是该文案的部分正文：

"什么原因使得'劳斯莱斯'成为世界上最好的车子?"

一位知名的"劳斯莱斯"工程师说："说穿了，根本没有什么真正的戏法——只不过是耐心地注意到细节。"

1. 行车技术主编报告："在时速60英里时，最大噪声来自电子钟。引擎是出奇的寂静。三个消音装置把声音的频率在听觉上拔掉。"

2. 每个"劳斯莱斯"的引擎在安装前都先以最大气门开足7小时，而每辆车子都在各种不同的路面试车数百英里。

3. "劳斯莱斯"是为车主自己驾驶而设计的，它比国内制造的最大型车小18英寸。

4. 本车有机动方向盘、机动刹车及自动排档，极易驾驶与停车，不需司机。

5. 除驾驶速度计之外，在车身与车盘之间，互相无金属之衔接。整个车身都加以封闭绝缘。

6. 完成的车子要在最后测验室经过一个星期的精密调整。在这里分别受到98种严酷的考验。例如：工程师们使用听诊器来注意听轮轴所发的低弱声音。

7. "劳斯莱斯"保用3年。已有了从东岸到西岸的经销网及零件站，在服务上不再有任何麻烦了。

8. 著名的"劳斯莱斯"引擎冷却器，除了"亨利·莱斯"在1933年去世时，把红色的姓名第一个字母RR改为黑色外，从来没有更改过。

9. 汽车车身之设计制造，在全部4层油漆完成之前，先涂5层底漆，然后每次都用人工磨光。

10. 移动在方向盘柱上的开关，你就能够调整减震器以适应道路状况。驾驶不觉疲劳，是本车显著的特点。

11. 另外有后窗除霜开关，控制着有1 360条看不见的在玻璃上的热线网。备有两套通风系统，因而你坐在车内也可随意关闭全部车窗而调节空气以求舒适。

12. 座位垫面是由8头英国牛皮所制——足够制作128双软皮鞋。

13. 镶贴胡桃木的野餐桌可从仪器板下拉出。另外有两个在前座后面旋转出来。

14. 你也能有下列额外随意的选择：做浓咖啡的机械、电话自动记录器、床、盥洗用冷热水、一支电刮胡刀等。

15. 你只要压一下驾驶者座下的橡板，就能使整个车子加上润滑油。在仪器板上的计量器，指示出曲轴箱中机油的存量。

16. 汽油消耗量极低，因而不需要买特价汽油，是一种使人喜悦的经济车。

17. 具有两种不同传统的机动刹车，水利制动器与机械制动器。"劳斯莱斯"是非常安全的汽车——也是非常灵活的车子。可在时速 85 英里时宁静地行使。最高时速超过 100 英里。

18. "劳斯莱斯"的工程师们定期访问已检修汽车的车主，并在服务时提出忠告。

19. "班特利"是"劳斯莱斯"所制造。除了引擎冷却器之外，两车完全一样，是同一工厂中同一群工程师所制造。"班特利"因为其引擎冷却器制造较为简单，所以便宜 300 美元。对驾驶"劳斯莱斯"感觉没有信心的人士可买一辆"班特利"。

在以下情况中，尽量选择使用短文案：产品是消费品中的日用品，产品在各个方面都没有明显的特殊性，需要表现产品的附加价值，以产品的价格作为主要的诉求利益点，产品进入成熟后期，用广播广告、电视广告、户外广告、销售现场广告作为媒介表现，面对的是感性受众、文化层次不高的受众、冲动型受众、儿童受众和老年受众。

四、语言尽量生动

广告文案的语言文字是否生动形象，能否吸引受众，是广告文案成败的关键。

广告文案的语言应做到内容美。广告文案要通过语言文字来表现广告主题和广告创意，有关广告主题和广告创意的内容应该符合人们的审美需求。

广告文案的语言还应具备形式美。所谓形式美，是指客观事物的自然属性（色、形、声）及其组合规律（均衡、节奏、多样统一等）所体现出来的审美属性。因此，广告语言的形式美，就是由声音及其组合关系所体现出来的一种较为抽象的美，对广告效果有很大的影响。

为了使广告语言生动形象，达到内容美和形式美的统一，各种文学修辞手法被广泛地运用到广告文案中。

1. 比喻

招聘女秘书，长相像妙龄少女，思考像成年男子，处事像成熟的女士，工作起来像一头驴子！（美国一家报纸刊登的招聘广告）

有如第二层皮肤（牛仔裤广告）

像母亲的手一样柔软的儿童鞋（童鞋广告）

2. 拟人

为美国人抹眼泪已经有五十年了（美国纸品公司广告）

它们已经在地窖里睡了很多年（朗姆酒广告）

甜而酸的酸奶有初恋的味道（日本酸奶公司广告）

3. 双关

实不相瞒，天仙的名气是吹出来的（天仙牌电扇广告）

一切从头开始（101 生发灵广告）

催猪不吹牛（饲料添加剂广告）

4. 夸张

它能将整个世界粘在一起（福勒粘合剂广告）

如果佩利纳还不能使你的鸡下蛋，那它一定是公鸡（美国佩利纳饲料广告）

今年 20，明年 18，白丽美容香皂（美容香皂广告）

5. 顶真

骆驼进万家，万家欢乐多（骆驼电扇广告）

三洋叶片轻转，转出清凉世界（三洋电扇广告）

6. 回环

长城电扇，电扇长城（电扇广告）

康必得，得必康（药品广告）

王者享受，享受之王（苏格兰威士忌广告）

7. 引用

千里之行，始于足下（球鞋广告）

每逢佳节倍思亲（月饼广告）

一干二净（洗衣机广告）

8. 对偶

神州到处有亲人，不论生地、熟地；春风来时尽著花，但闻藿香、木香（中药店广告）

只愿世间无病人，不怕架上药蒙尘（药店广告）

9. 衬托

我跟它已经十年了，它比我的丈夫更可靠，他已经不在我身边了，但是我的精工表还伴随着我（精工表广告）

除了钞票，承印一切（印刷店广告）

10. 反语

不要太潇洒（杉杉西服广告）

本店钟表还是不太准，一年差一秒（瑞士钟表广告）

【原文 1】

某女星代言的上海某化妆品修护系列产品，曾在 CCTV - 6 播出广告，其中有这样一段情景，文案是这样的：

5 岁左右的男孩儿对女明星扮演的妈妈说："妈妈，长大了我要娶你做老婆。"

妈妈："那爸爸呢?"

男孩儿："我长大，爸爸就老了呀。"

【评析】

这则广告播出后立即遭到观众的强烈反对，原因在于文案创意不当。广告本想通过孩子的口吻表明这样一个意图：妈妈用了该产品不会老！但这明显不符合中国人的传统心理，有观众在网上这样留言："有些话在家里说，是温馨的；但是放到媒体上对公众说，显然是不合适的。"部分观众甚至称这则广告有乱伦嫌疑。该广告最终因创意不当、引起公众反对而被央视停播。

【原文 2】

某吸尘器广告文案：

来吧，吸走心里的忧愁吧

经不起风吹浪打的爱，干脆去除干净（画面上，正是黎明，一位姑娘坐在窗前，室内的圆桌上满是烟蒂，经历了一个难忘的夜，主人正打算用吸尘器清扫房间）

彻夜话别

天已灰白

我跟他一起挑的窗帘

也已褪了色

他说他喜欢的蒙娜丽莎的画

也要拿下它

清算他与我的关系

换一换我的心臆吧

【评析】

有人说这则文案颇有诗意，读来有一种别样的美感。但一般受众读了之后，可能感觉很别扭。人们花钱买吸尘器，一是希望除去灰尘，保持房间清洁；二是营造温馨的家庭气氛。没有谁购买这个东西，是为了清算破裂的爱情给自己心头带来的不快。如果购买吸尘器的目的之一是为感情的破裂做准备，那么还有谁愿意去购买呢?

范文评析

【例文1】

广东联通广播广告之"误会"篇

女：今天下雨，我恨……你……我们……完了。再见！（中间夹杂信号中断声）

男：我……你……

另一男声：小伙子，别沮丧，这有可能是网络的问题。你为什么不试试话音清晰的130网？你听！

女：今天下雨，我恨透这鬼天气，你快来接我，我们晚上去看电影。好了，我说完了。再见！

男：哈哈！一打就通。话无遮拦130！（笑声）

标版声："全省联网，一打就通。"刮目相看130，我们的努力在延伸。

【评析】

广播广告，没有文字和图像，全靠声音打动受众。该文案运用相声的表现手法，用戏剧式的情节吸引听众，颇有趣味性。此外，文案中三次提到广告宣传主体"130"，强化了消费者对广告主体的记忆。最后，文案点明广告口号，表明了产品优势及企业对消费者的承诺。

【例文2】

峨眉山竹叶青茶叶之系列平面广告

其一：

秀色可餐

——竹叶青

品"竹叶青"，

观其色，赏其形，

汤色嫩绿清明，如皓月中天，空明澄碧；

茶形饱满挺直，翩若竹影，

未尝其味，心已怡然……

其二：

暗香浮动
——竹叶青

品"竹叶青"，
细闻其香，
虽无茉莉之馥郁，但有山水之清芳，
至纯至真，
此刻，品茗渐入佳境……

其三：

余味悠远
——竹叶青

品"竹叶青"，
初尝似乎味淡，
然而一缕太和之气弥沦于唇齿之间，
久久不散……

【评析】

在这个系列里，三则平面广告分别用"秀色可餐"、"暗香浮动"、"余味悠远"作为标题，体现了茶道讲求"色"、"香"、"味"之境界。广告正文采用诗话的语言，凝练传神地展现出竹叶青在"色"、"香"、"味"方面的特质，同时营造出淡淡的高雅氛围。整个广告文案能调动起受众的视觉、嗅觉和味觉感官，使不太懂茶的人懂得了茶道的意境，使懂茶的人产生无限遐想，从而激发起购买欲望。

职场操练

1. 请创意一条提倡节约用水的广告语。
2. 请为你熟悉的城市设计一则电视宣传广告，要求写出分镜头广告脚本。

【参考答案】

1. 水是生命的源泉、工业的血液、城市的命脉。

万物之源，滴滴珍贵。

请不要让水龙头独自掉眼泪。

别让孩子知道的鱼类只有泥鳅。

地球上的最后一滴水将会是人类的眼泪！

2. 浙江东阳市城市宣传广告：

镜号	镜头角度及运动	镜头	时间	画面	配音	字幕及效果
1	平视	定格	1S	背景为东阳市市府广场，隔江拍摄，有少许的江面景观	东阳	屏幕中央：浙江东阳
2	俯视，纵深运动，推镜头	由中景至近景	1.5S	简略版浙江地图，只标注杭甬温及相邻的县级市义乌市，但"东阳市"三字字体较大，并逐步扩大，从画面中跃起	浙江中部木雕名城	
3	摇镜头，从俯视到仰视	远景	1S	中国·东阳木雕暨工艺品城建筑群外景，并着重突出		屏幕下侧：中国·东阳木雕工艺品之乡
4	平视，平行运动，摇镜头	远景	0.75S	市场内部优良的设施和生动的商品陈列（大型佛像、根雕等）		
5	平视，平行运动，摇镜头	中景	1.25S	市场内的商铺、商品（木雕工艺品）		
6	仰视	中景	1S	卢宅精美的木雕建筑装饰		
7	俯视	远景	1S	横店镇内各景区	横店影视城所在地	屏幕中下：东阳·横店影视城
8	平视	远景	1S	八面山		
9	平视，纵深运动，推镜头	远景	1.5S	横店影视城秦皇宫景区，四海归一殿		
10	平视	中景	1.5S	电影《英雄》在四海归一殿的打斗场面		屏幕中下：电影＊＊外景拍摄地
11	平视	中景	1.5S	游客在景区模仿、体验剧中情节		
12	平视	远景	2S	东阳市区江滨景观	浙江东阳	浙江　东阳

参考文献

1. 张微. 广告文案写作. 武汉：武汉大学出版社，2008

2. 李世丁，周运锦编著. 广告文案写作. 长沙：中南大学出版社，2003

3. 王汀，张力平编著. 华文广告语点评. 广州：广东人民出版社，2002

4. 白光主编. 中外感性/悟性/理性广告语经典与点评. 北京：中国经济出版社，2004

后 记

新闻写作能力是新闻从业者必备的一项基本技能。提高新闻应用写作能力，对于提高新闻从业者的新闻职场生存能力，促进新闻事业发展具有重要意义。目前，各种有关新闻写作的书籍虽然较多，但是针对新闻职场实际需求，从职场的实践案例入手，分析例文的得失之处，以正、误实例分析和经验讲述为主的书籍并不多。鉴于此，我们集多所高校新闻写作教学实践经验与科研的学术结晶，以集体智慧编写了这本《新闻应用写作》，旨在通过逻辑思维训练，文种要素讲解，正、误实例分析和经验讲述等方面的讲述，为学习者提供操作性强的学习读本。

本书注重对新闻应用写作理论的拓展和深化，在对新闻各文种的写作要求讲解中，大量吸收了国内外新闻应用写作的最新科研成果，注重以最新的优秀例文讲析新闻应用写作"应当这样写作"的真谛，以职场经验讲授新闻应用实战操练技能；在病文诊疗中，以大量翔实的实例说明修改的方法，分析失败或不合格的原因，解答了新闻职场常见的"为什么要这样写"、"不应当这样写"、"必须这样写"等实战操练问题。

本书新闻专业特色突出，知识体系健全，内容充实，形式新颖，既能满足研究生、本科生、高职高专学生学习需求，又能满足在职人员培训、自学等细分人群的新闻写作学习所需。

本书由西华师范大学汪莉教授主编，各章执笔分工如下：

第一章	西华师范大学新闻传播学院	汪　莉
第二章	四川理工学院中文系	杨爱林
第三章	西华师范大学新闻传播学院	李　涛
第四章	西华师范大学新闻传播学院	钟　颖
第五章	西南大学新闻传媒学院	钟　颖
第六章	西华师范大学新闻传播学院	肖玉清
第七章	西华师范大学新闻传播学院	谢太平
第八章	贵州民族学院文学与传播学院	闫　洁
第九章	西华师范大学新闻传播学院	梁　佳
第十章	西南大学新闻传媒学院	骆　鹏
第十一章	西华师范大学新闻传播学院	李　涛

全书由汪莉教授修正、统稿、定稿。

本书在编写过程中，借鉴和参考了新闻学界有关专家学者的科研成果，引用了一些范文和例文，中国写作学会会刊《写作》杂志社的邱飞廉社长对本书的编写总体规划提出了宝贵的意见，西南大学新闻传媒学院院长董小玉教授对书稿作了再审与修改，中国写作学会会刊《写作》杂志社彭文博副教授在本书编写过程中提出了许多中肯的意见，中国人民大学出版社有关同志为本书的出版付出了大量心血，在此一并致谢。

　　由于我们水平有限，书中错误和疏漏在所难免，恳请有关专家、学者和广大读者谅解并提出宝贵意见。

编者

2011 年 3 月

图书在版编目（CIP）数据

新闻应用写作/汪莉主编．—北京：中国人民大学出版社，2011
（职场写作实训）
ISBN 978-7-300-13374-4

Ⅰ.新… Ⅱ.①汪… Ⅲ.①新闻写作=教材 Ⅳ.①G212.2

中国版本图书馆 CIP 数据核字（2011）第 022642 号

中国写作学会推荐使用
职场写作实训
总主编 於可训 邱飞廉
新闻应用写作
主编 汪莉
Xinwen Yingyong Xiezuo

出版发行	中国人民大学出版社			
社　　址	北京中关村大街 31 号		**邮政编码**	100080
电　　话	010 - 62511242（总编室）		010 - 62511770（质管部）	
	010 - 82501766（邮购部）		010 - 62514148（门市部）	
	010 - 62515195（发行公司）		010 - 62515275（盗版举报）	
网　　址	http://www.crup.com.cn			
	http://www.ttrnet.com（人大教研网）			
经　　销	新华书店			
印　　刷	天津中印联印务有限公司			
规　　格	185 mm×235 mm　16 开本		**版　　次**	2011 年 4 月第 1 版
印　　张	19 插页 1		**印　　次**	2018 年 8 月第 2 次印刷
字　　数	389 000		**定　　价**	48.00 元